城脉

CHENGMAI

刘一达★著

都市交通大写真

DUSHIJIAOTONGDAXIEZHEN

中国社会出版社
国家一级出版社
全国百佳图书出版单位

图书在版编目（CIP）数据

城脉/刘一达著.—北京：中国社会出版社，
2011.2
ISBN 978-7-5087-3486-6

Ⅰ.①城… Ⅱ.①刘… Ⅲ.①纪实文学—中国—当代
Ⅳ.①I25

中国版本图书馆CIP数据核字（2011）第002501号

丛 书 名：《北京眼》书系
书　　名：城　脉
著　　者：刘一达
责任编辑：张　承

出版发行：中国社会出版社　　　　邮政编码：100032
通联方法：北京市西城区二龙路甲33号
电话：编辑部：（010）
邮购部：（010）66060275
销售部：（010）66080300　　传真：（010）66051713
（010）66051698　　传真：（010）66080880
（010）66080360　　（010）66063678
网　　址：www.shcbs.com.cn
经　　销：各地新华书店

印刷装订：中国电影出版社印刷厂
开　　本：170mm×240mm　1/16
印　　张：22
字　　数：250千字
版　　次：2011年2月第1版
印　　次：2011年2月第1次印刷
定　　价：35.00元

本书图片由作者及文章所涉及单位提供。但仍有一些图片无法联系到摄影者本人，相关权宜，请与本社联系（010）66055562

前　言

城脉，让人眼前一亮

毛保华

城市是一个以自组织人群为主体、以一定空间和自然环境为客体、以集聚经济社会效益为目的，以集约人口、经济、科学、文化为特点，并与周围环境进行物质、能量、信息交流的空间地域开放大系统。20世纪以来，世界城市的发展受到政治经济形势变化以及包括第三、四次新技术革命和第三次产业迅速发展在内的现代化浪潮的深刻影响。

1949年新中国成立时我国城市化水平大约为10.6%，到1978年我国城镇化水平也只有17.9%。我国城市的快速发展始于1978年全国第三次城市工作会议，这次会议总结提出了一系列新的方针政策，加上20世纪80年代后所建立的4个经济特区、14个港口城市，有力地促进了城市规划、建设与管理走向正规化。到2008年，我国城市化水平达到了45.68%。这个水平尽管仍低于世界平均水平，但许多大城市中由于人口的快速聚集所产生的各种问题已经成为城市管理者与城市居民关注的重要议题。

作为衣食住行的交通既是经济运行的动脉，对于人口密集的城市来说，也是关乎居民生活质量的、不可或缺的重要工具。北京是全国人民的首都，也是近年包括户籍人口与流动人口在内的总人口增长最快的城市。人口的快速增长，加上20世纪90年代中期以来的快速机动化使这个城市的交通问题已经成为人们热议的话题。

对于交通来说，每个人都是参与者与利益相关者。因此，各种场合经常都可以见到关于“北京交通怎么啦”、“北京交通向何处去”的讨论，这些看法也可谓“仁者见仁，智者见智”。

前些时间，看到刘一达的这部《城脉》，不觉眼前一亮！作为交通工作者，我还真仔细拜读了这部洋洋二十余万字的书稿。在我看来，这是部值得一读的好书，好在哪？

首先，作者搜集调查了关于北京交通的许多资料。在如数家珍的讲述中，可以看到作者对北京本世纪初的出行、改革开放前后北京交通的变化、近年北京交通的建设与交通拥堵现象的出现等故事的诸多论述与看法。我想，这些资料，也许并不能算正规的历史资料，但对于研究北京交通的专业或非专业人士来说，也不失为一部不可多得的参考资料。

其次，作者从一个交通参与者角度对交通的许多看法值得一读。交通是大家的交通，作为一个长期居住在北京的作家，作者用冷静的思维阐述了对交通演变的全面认识。之所以说全面，我认为作者在表述一个交通参与者的许多观点的同时，也表述了许多颇具交通专业特色的看法。在此北京交通运行状况难尽如人意的时刻，这种客观、全面的认识非常值得一读。

最后，作为北京的文化工作者，作者从文化角度对交通独具京味特色的阐述值得一读。记得段里仁教授说过，交通是一种文化。何谓文化？文化实际上就是人类生活的反映、活动的记录、历史的积沉，也是人类生活中的要求、理想和愿望的体现，是人类高级精神生活的组成部分。对于一个国家、地区或城市甚至企业来说，文化体现的是全体人员的要求、理想和愿望。从这个角度来看，无论是交通专业工作者，还是想了解北京文化或北京交通的交通参与者，我觉得这部书所体现的许多深刻的分析确有一读的必要。

系统科学专家于景元先生说过，交通是一个复杂的巨系统。为啥复杂？因为其中有人的因素在内。且不说物质上关于人的身体的许多奥秘目前医学界仍无能为力，人的思维上体现出来的形形色色的奥秘经常具有更大的不确定性，而它们对城市交通的影响与作用就更需要我们从各个角度去思考了。我想，这或许会成为读者读完《城脉》后的感慨吧！

附录：毛保华，北京交通大学教授、博士生导师，中国综合交通研究中心执行主任。

目　录

第一章　交通：与百姓息息相关的城市大动脉

第二章　时光流影：北京曾是自行车“王国”

城脉 cheng mai

第三章　城市焦虑：公交车里挤出来的叹息

第四章　放开眼界：从交通的点线到一个体系

第五章　历史机遇：奥运让北京道路建设提速

第六章　通途良策：公共交通成为城市交通主角

第七章　地下天光：轨道交通的火红年代

第八章　铸造辉煌：奥运交通为国人争光

城脉 cheng mai

目录

第九章　谱写新篇：为新中国60周年庆典保障交通

第十章　科技造化：智能谱写北京交通历史新篇章

第十一章　展望未来：公交城市成为现实

第十二章　面对现实：城市交通任重道远

第一章

交通：与百姓息息相关的城市大动脉

衣食住行，行与不行

大道理不说，说点实在的。您说老百姓过日子什么事儿最上心？

这还用问吗？4个字：衣食住行。

您算是说对了，这4个字不但老百姓最关心，我想也是每个城市管理者们最上心的事儿。

您别小看这4个字，往小了说这是民生。往大了说，这是一座城市，乃至一个国家是否繁荣富强的体现。体现这个词儿太含糊。体现什么，干脆说吧，是标志。

现如今，经济上的事儿都讲究用GDP来说话。有些老百姓搞不懂GDP到底是什么意思，但电视新闻里常念叨，总会知道GDP的数字越高越是好事儿。虽说这GDP是经济发展状况的指数，但说到底，还是关系到民生、关系到老百姓的衣食住行。

衣食住行，把“行”搁在了后头。一台戏，4个节目，最后的一个节目，行话叫“攒底”。有人说是“压轴”，错也！大凡“攒底”的，也是最好的节目。“衣”也好，“食”也是，“住”也罢，离开“行”全都得“搁菜”。

您琢磨去吧，干什么事能离得开“行”？要不怎么老百姓平时问这事办得怎么样？总要说，行不行呢？行，就是没问题，不行，就是这事黄了，完了。

“行”。啊，真是太重要了！

您从这个再简单不过的道理来看交通，就会明白交通在人们日常生活中的位置了。再往大了说，交通在一座城市，一个国家的位置的重要性，还用再说什么吗？

甭说了，三岁小孩都明白，出门没有路，有路没有车，行与不行？不行！

一场秋雨，给京城添堵

2010年9月17日，一个非常普通的日子。一场稀稀拉拉的小雨从北京城的上空飘落下来，秋雨给北京城带来了萧瑟的秋凉，同时也给北京的交通带来了寒意。那些下了班，开着私家车打算回家的人们万万想不到，把车开到路上，便陷入到一眼望不到尽头的塞车“泥沼”。

堵，不是一个地段，不是一个路口，城市的中心区，路网上的各个节点，二环、三环、四环、五环，那叫一个堵！堵得全城交通几乎瘫痪。二环、三环、四环、五环，这哪是路呀，简直成了停车场了。

夜幕下的环路，红色的汽车刹车尾灯，连成一片，放眼望去，如同一眼望不到头的长长项链，煞是壮观。只不过这红灯的海洋，凝聚着忧虑，跳动着司机们焦灼的心。

在崇文门东大街驾车西行的张慧民，不停地把头伸出车窗外，向前方眺望。路口高悬的红灯一直没变，汽车在缓慢地爬行，速度比乌龟爬还慢。从崇文门到正义路，走了半个多小时，这段距离，让步履蹒跚的老奶奶腿儿着走，也早就到了。

张慧民家住颐和园，那天下午，

二环路上车满为患

老婆给他发短信，让他别忘了早点回家。老爸今儿生日，在家门口儿不远的一个餐厅订好了生日宴。作为独生子，他特地到崇文门的新侨饭店买了生日蛋糕，但是车没开出几步，便赶上了堵车。

老婆的短信一个接一个，手机快要打爆了，直到最后电池没了电。急，烦，恼，怨，怒，他的心气儿跟手机似的，最后也一点儿没了脾气。老爸的生日宴因为缺了他，变得索然无味。那天夜里他12点多才到家，车在路上整整开了3个半小时。

“没辙，真是一点儿没辙！算我倒霉就是了。”事后，张慧民回忆起那天晚上堵车的情景，无可奈何地说。

城南的蒲黄榆，来自三个方向的车在一个路口交汇。雨雾中，几名交警在不停地疏导，但车流量太大，几十辆车互不相让，被纠缠到一起，纹丝不动。

尽管交警不停地吆喝，焦急的脸上汗水和雨水不停地流淌，警服早已湿透，但指挥基本失灵，被堵得心烦意乱的司机们早已失去耐心，集体鸣笛，发泄不满，使整个路口嘈杂混乱成一片。

但鸣笛又有何用？再牛的车一旦陷入堵车的洪流，简直是插翅难逃。

当晚7点，北京市交通管理局指挥中心的路况信息屏上，几乎是一片红色的河流，全市拥堵路段达到了143条，创下了历史上从没有过的纪录。尽管指挥调度中心紧急动员，上千名交警上路疏导，但效果并不明显。

据9月18日的《北京晚报》报道：昨夜10点多，市民张源和先生发出微博，称仍然被堵在长安街上。如果不是次日是休息日，昨夜的全城堵车的噩梦很可能将持续到今晨。直到今天，本报热线仍然连续接到市民电话，反映对交通拥堵的不满和对北京交通的建设性意见。

9月17日的全城大堵车，不由得让人回想起2001年12月7日，京城因一场小雪引发的全城拥堵。那次全城大拥堵，造成了城市交通的瘫痪，许多机动车司机直到凌晨才把车开回家。

9年前的那次大拥堵引起了各方面对北京交通状况的反思，并由此催生了北京雪天交通保障机制，以及一系列交通应急方案，但谁能想到，一场突如其来的小雨，又一次让北京的交通再度陷入了更加严重的拥堵。

在北京开车除了要有一定的车技，还要有足够的耐心。堵车，对北京的司机来说早已是家常便饭，以至于有司机说，在北京开车堵车是正常的，不堵车才是不正常的，如同我们的民航正点起飞和晚点起飞一样。但是像2010年9月17日这种全城大堵车，整个交通系统的瘫痪还是少见的。

连夜给城市“肠梗阻”把脉

当天夜里，北京的交通管理部门的头头脑脑们一夜没睡，午夜12点，办公室灯火通明。交通委召开紧急会议，对这次严重堵车进行了把脉。

据第二天见报的消息，交管部门认为，造成堵车的原因主要有六点：

一、京城当晚普降小到中雨，路面湿滑造成车辆行驶缓慢。

二、恰逢周末，市民各类聚会造成出行过于集中。

三、按北京现行的尾号限行措施，当天是尾号4和9限行，而尾号4和9的机动车相对较少。

四、临近9月22日中秋节，人们走亲访友、请客送礼，进出京道路及交通枢纽、繁华商业街区交通压力突现。

五、北京的机动车保有量增长迅速，截止到2010年9月12日，北京的机动车保有量超过451.5万辆，市区道路处于超饱和的状态。

六、当晚路面剐蹭事故增多。

从交管部门分析的这六点客观因素来看，“9·17”全城大堵车带有偶然性，因为六个堵车的因素赶到了一块儿，焉有不堵之理。

不过，把这六个因素分开来看，您就会发现这些“偶然”里，未必会成为“必然”。路面湿滑必然会造成堵车吗？周末聚会多就一定会造成堵车吗？不尽然吧。路面的剐蹭事故多，也许会引起出事路段的拥堵，但不见得一定会造成全城大堵车。

无独有偶，一个月之后的2010年

10月18日，北京又下了一场秋雨。这一天，同样是机动车限号4和9，但这天是星期一。也许京城开车族一个月前堵车的心理阴影还没消失，事先做好了心理准备，改变了出行方式。也许跟一个月前遇到的那场雨相比，缺少了节前走亲访友、聚会送礼因素。

虽说当晚高峰时段的拥堵峰值达到了120条左右，但过了晚8点的高峰期，拥堵状况迅速消退。据此，北京的交管部门表示，这说明“节日交通”的特点是导致全城拥堵的根源。

把道路拥堵的根源归结到了节日，显然这是就交通拥堵现象，一时一事的评价，缺乏客观的综合分析。假如只是因为过节才造成全城拥堵，那么北京的交通拥堵问题太好解决了，只要交管部门在节前或节日当中，采取相应的应急预案，岂不迎刃而解？

北京交通拥堵的症结，可谓头绪众多，因素众多，矛盾丛生，积重难返。

一位从业多年的老交警对笔者说：现在高峰时段的北京交通已经处在临界状态，在如此高的车辆保有量和使用率的前提下，甭管是哪个路段，路面稍有波动，如发生事故，出现故障，甚至是交警处罚违法车辆，都有可能造成拥堵。

这位老交警出言谨慎，他说的临界状态，并没点明主语。什么临界状态？但不言自明，他所说的临界状态是指交通瘫痪。

妈耶！交通瘫痪！无论如何，这是任何一个北京人都不愿意看到的情景。

城市交通得了“心脏病”

新中国首都城市规划的奠基人之一、著名建筑学家梁思成先生去世前，曾在日记中写下了这样一段话：“北京城不会得感冒，但总有一天它的交通会得心脏病。”

这是梁先生活着的时候，对北京

交通的一种预感。想不到，他的预感在几十年以后变成了现实。

9年前的一场小雪，9年后的一场小雨，再一次让北京城的交通受到心肌梗死的威胁。城市的道路建设突飞猛进，但城市的脉搏却变得如此脆弱，究竟是什么原因？也许一百个人会对北京的交通拥堵状况，说出一百个理由。但谁也不会忽视一个现实，那就是北京的机动车实在太多了。

北京交通大学运输学院教授、博士生导师毛保华直言不讳地说：“目前北京交通最根本的问题，是道路的交通流量超极限饱和。”

据北京交管部门统计，2010年1至8月，北京市净增机动车46.1万辆，这个数字相当于30年前北京市机动车的总量。截止到2010年9月12日，北京市的机动车保有量已经达到451.5万辆。

2010年上半年，北京市日均净增机动车1900辆。按照目前的增速，预计2011年的上半年，北京机动车的保有量将突破500万辆。

2008年，北京交通委根据道路拥堵状况，采取了机动车尾号限行的措施，即每周的星期一到星期五，机动车有两个尾号限制出行。这在一定程度上缓解了城市道路拥堵的状况，但毕竟属于临渴掘井，只缓解了一时的拥堵。

随着机动车保有量的迅速增加，这一限行措施很快就会失灵。因为购买机动车没有门槛，想开车的人照样会买车。家里有一辆车的，为应付尾号限行，还可以再买一辆。当一辆普通的小汽车只有几万块钱的时候，小汽车已经不再是高档的消费品了。

事实证明，从2008年尾号限行到现在，并没有从根儿上解决北京交通的拥堵问题。交通专家毛保华的观点是：当北京的机动车保有量超过400万辆以后，限行已经基本上不能缓解拥堵的问题了。

也许更大的隐忧在后头。这个隐忧就是梁思成先生所说的北京交通的“心脏病”。北京交通面临的严峻现实是平均每天净增1900辆机动车。照此趋势，到2015年，北京市的机动车保有量将达到700万辆。

乖乖！700万辆机动车，对一个城市而言，简直如同洪水猛兽。

700万辆汽车的阴影

按交通学的理论，每净增100万辆机动车，需要增加282万辆车公里的路网容量。

282万辆车公里，这是什么概念呢？它相当于北京城整个三环内的路网总量，五环内路网总量的30%。那么700万辆呢？您算去吧！

此外，汽车不能总在路上跑，得有停车的地方呀。每净增100万辆机动车，需要增加停车面积30平方公里。30平方公里相当于二环内一半的面积。把100万辆车开到二环以内，估计所有的路面都摆不下。

当然，还有燃油消耗和环境污染的问题，按目前的使用强度测算，每增加100万辆机动车，每年至少要增加13.5亿升的燃油消耗。这13.5亿升燃油排出的尾气造成的大气污染，是难以评估却又是可想而知的。

当机动车达到700万辆时，北京的交通又是什么情况呢？交通专家分析，即便是按现在实行的尾号限行措施，届时，上下班高峰时段，机动车行驶的平均时速将低于15公里。一个小时走15公里，这是身体好的人骑自行车能达到的速度。到那时，可真就是“骑车要比开车快”了。

显然，时速15公里，将会低于开车人可以承受的心理极限。用北京人爱说的大白话说：这种路况要车有什么用呀！

话是这么说，北京人还是舍不得

不开车。

其实，眼下，上下班在北京的拥堵路段开车，已然比走着也快不到哪儿去。据交管部门提供的2010年交通状况数据，北京早高峰的路网平均速度为每小时24.4公里，晚高峰的平均时速为22公里。这种速度已经接近开车人可以承受的心理极限。

北京的小轿车在全球是最“累”的

北京交通发展研究中心在2010年8月进行的调研发现，北京的机动车发展呈现的是“三高四低”的特点。

“三高”是指：高速度增长，高强度使用，高密度聚焦；“四低”是指：购买机动车的门槛低，小汽车的使用成本低，绿色出行的意识低，替代出行方式的服务水平低。

从“三高四低”可以看出北京的小轿车在全球是最“累”的。北京市交通研究中心主任郭继孚说，北京的机动车保有量2003年8月突破了200万大关，2007年5月，突破了300万大关，分别用了6年半和3年9个月，而东京这一过程分别用了5年和10年，而从300万辆到400万辆，北京仅用了2年7个月，东京则花了12年。

进入21世纪以来的10年间，北京机动车年增长25.1万辆。2009年净增高达51.5万辆。

51.5万辆是什么概念？这个数字几乎与香港的机动车保有量相当。再重复一遍，北京一年新增的机动车，几乎是整个香港机动车的总和。妈爷子！这个增长速度吓人不？

在小轿车的出驶率上，北京的小轿车在世界各大城市中，算是最高的。在一些发达国家，家庭拥有私

人轿车早已司空见惯，但他们拥有小轿车并不完全是代步工具，主要用途是“远足”，即周末休假用，开车到郊外去玩，平时上下班或出门购物，一般不会开私家车，因为会受到许多限制，使用成本太高。相反我们则把私人轿车完全当成了真正意义上的代步工具，不但上下班开私家车，甚至到超市买些菜、米、油、盐，也要开车。数据显示，北京的小轿车低于5公里的短途出行占全部出行的40%。

郭继孚说：北京的私人小轿车年均行驶里程在1.5万公里左右，这个数据是英国伦敦的1.5倍，日本东京的2倍多。与世界城市“中心城区低，外围高”的轿车保有量分布态势相反。北京的450多万辆机动车80%以上集中在六环范围内，城区户均小轿车保有量水平是巴黎同等可比区域的1.8倍，纽约同等可比区域的2.3倍。国外大城市小轿车出行比例是“外高内低”，而北京的中心城区的小轿车出行比例在35%以上，与近郊小轿车的出行比例相当。

郭继孚认为：如果不采取相应的措施，当北京的机动车保有量达到500万辆到600万辆时，高峰时段的拥堵指数将达到9和9.5以上，中度以上拥堵时间在5小时30分钟以上，即使继续采取限行措施，拥堵指数也仅能控制在7或8左右，中度以上拥堵时间3～4小时，交通形势十分严峻。

北京月均拥堵成本高达60亿元

也许人们在开车上路感受拥堵的焦虑时，来不及或顾不上计算拥堵的成本。

本来约好要参加一个项目的合同签字，本来要去参加一个非常重要的会议，本来要去一个单位参加应聘面试，本来要去机场赶飞机，本来要去……结果被堵在了路上，挺好的事儿造成了误会而办砸了，挺好的买卖被耽误了，这样的事例简直难以计数。

其实这些还谈不上拥堵的成本，道路拥堵的成本是一个城市整个道路交通运输在正常的情况下所带来的经济效益的折损。

到2010年10月，中国机动车的保有量已达1.99亿辆，其中包含8500多万辆小轿车。据2010年10月15日新华网公布的统计数据，全国15座城市，每天的交通拥堵成本近10亿元，其中北京的月均拥堵成本高达60亿元。

每天的拥堵成本60亿元，像打水漂儿似的，在马路上化为乌有。当然，这还不包括因堵车给人们心理造成的压抑、焦躁、烦恼、痛苦，也许这该算作拥堵的精神成本。

是的，只有经历过开车道路拥堵

痛苦的人，才能最深切地感受到堵车的滋味。

2010年8月中旬，京藏公路机动车出现的大拥堵让人触目惊心，这次拥堵达百里，一些司机被困在路上达十几天。十几天，那种煎熬实在让人痛苦不堪。而这绵延百里，数千辆载货的机动车被困十多天，所造成的拥堵成本又有谁去计算呢?

京藏公路的这次大拥堵，持续时间之长，被堵车辆之多，近年少见，所以引起各方面的关注，包括海外的媒体。美国的《福布斯》网站在2010年9月3日发表评论认为，这次京藏公路造成的大拥堵是因为中国太大造成的。由于大，这些年出现了大量人类未曾想过的难题，比如中国的机动车数量的猛增，一个巨人跑起来显然比普通人更难控制平衡，政府作为大脑，其宏观管理和调控能力更受瞩目。

京藏高速路上大拥堵的原因

也许在一些外国专家学者看来，中国之“大”，在于人多，北京之“大”，也在于人多。

据北京市人大常委会组成的人口专题调研组2010年上半年客观系统调研结果，截至2009年底，北京的户籍人口是1246万人，登记流动人口763.8万人，其中在北京居住半年以上的726.4万人，实际常住人口总量是1972万人，流动人口的总量已经超过1000万，这个数字几乎是澳大利亚全国人口的总和。所以当北京的机动车保有量达到451万辆时，让全世界各国的交通专家并不感到吃惊。

但是在一些外国交通专家看来，“人多车多”，并不是造成交通大拥堵的直接原因。针对2010年8月中旬京藏公路造成的大拥堵，《纽约时报》刊登了一名纽约大学城市规划与运输政策学者的分析文章，文章说这次交通拥堵更多的是政府管理糟糕，而非交通系统本身瘫痪的结果。如果是由道路阻碍或道路设计不佳引起的，即便是最严重的拥堵都不会引起绵延60英里，持续10多天的大拥堵。

文章的作者把这次拥堵的原因归结到交通管理层面，应该说有一定的

深度。瑞典欧盟研究所公共政策专家艾莲娜·卡尔森分析说，如果说高速公路的密度，可以衡量某个国家的发达程度，高速公路的建设能够判断某个国家的经济增长水平的话，那么高速路的通行状况，则可以反映出一个国家公共管理的能力。这次为各国舆论所关注的超级大堵车，从一个侧面反映出中国目前交通管理的水平相对滞后。

其实，这次京藏公路拥堵的原因之一，是内蒙古和河北运煤的汽车司机为了少缴高速路的过路费，不愿走其他道路造成的。中国的高速路是由各省市投资建的，分别由当地政府部门管理，这跟美国的联邦州际高速路以及欧洲的高速路管理不同。

艾莲娜·卡尔森认为：欧洲的高速路很少出现像中国京藏公路这样的大拥堵，主要原因是目前的道路密度、路线设计等，已与当地经济实际发展情况相契合。欧洲的人均汽车保有量远远高于中国，所以只以“人多车多”作为中国城市堵车的原因，说服力尚显不足。

她认为：中国的大城市出现高速路堵车的原因，一是高速路的长度，路网的密度还跟不上中国经济增长的步伐；二是在公共管理政策上，还存在着运输的地区集中度过高，路网设计不合理，地区间收费标准不同等问题。这次中国的超级大堵车，之所以成为超级问题，既在于中国存在北京这样的“超级城市”，造成大量运输车辆向此集中；也在于中国的道路管理政策“超级复杂”，从道路养护、管理到收费，都实行跨地区政策，而当“超级问题”暴露后，解决这样的问题就成为一个“超级麻烦”。

这位外国学者一连用了几个“超级”在评价北京的城市和北京的交通，而最终说到了管理和相关政策，这个脉可谓号得比较准。造成交通大拥堵与交通管理有关，这似乎是一个不争的事实。人家说得也对，美国和欧洲的汽车不比中国少?人家怎么就很少出现全城大拥堵呢?

是的，承认管理跟不上趟儿并不丢人，老百姓也能理解。在短短20年间，北京从一个“自行车王国”，跨越到“汽车王国”，对交通管理者而言，确实有些措手不及，拿管理自行车的经验来管理汽车肯定不灵。

当然造成交通拥堵还有其他原因，比如道路的设计，开车者的文明程度等等。但不管怎么说，面对常住人口总量1972万人，流动人口总量超过1000万人，机动车拥有量达到451万辆这样的“超大”都市，交通状况已经十分严峻。如何解决北京的交通拥堵症结，如何使北京交通这个城市大动脉变得畅通无阻，考验着这座城市的管理者，也考验着北京交通的主管部门。

跳不出去的都市“怪圈”

马克思在《路易·波拿巴的雾月十八日》一书中写道：“人们自己创造自己的历史，但是他们并不是随心所欲地创造，并不是在他们自己选定的条件下创造，而是在直接碰到的，既定的，从过去承继下来的条件下创造。一切已死的先辈们的传统，像梦魇一样纠缠着活人的头脑。”

这一段话太精彩了！

20世纪80年代的改革开放之初，笔者当时在中共北京市委统战部工作，记得一次在北京市政协开的有关北京交通问题的座谈会上，大家热议北京要不要发展小轿车，以取代自行车。当时民革北京市委主委、爱国将领张自忠先生的女儿张廉云说，北京一定不能学纽约、巴黎和东京，如果北京人也像他们那样以小轿车代步，将会给北京的交通带来灾难。张廉云并不是交通专家，她完全是以自己的经验得出以上结论的。

我当时问她，为什么北京发展小轿车会成为灾难？她不假思索地说，因为北京的人太多，北京的胡同太多，北京的路面太窄。如果北京人都开上了小轿车，别说会造成交通拥挤，就连停车的地方都没有。

那时，北京的旧城改造还没开始，胡同也还没有大规模的成片儿成片儿地拆，而且当时北京的机动车只有几十万辆，大多数北京人是以自行车代步的。不过，那时北京的道路已然出现拥挤，您注意当时是拥挤，而不是拥堵。因为路上尽是行人和自行车。

很不幸，现在北京交通因小轿车的迅速膨胀，已经造成灾难的现实，还真被张廉云女士言中了。

北京这座古老的城市要向现代化的大都市发展，即如马克思所说“创造自己的历史”，必然要走欧美发达国家走过的路。虽然这是人们所不愿看到的，但是没辙，好像这就是现代化大城市发展的规律。

尽管人们已经事先预测到北京如果发展小轿车，会带来一系列的“城市病”：交通拥堵，停车困难，环境污染等。但谁也不可否认，汽车工业是拉动国民经济发展的一架马车，因此，尽管汽车会给城市带来无尽无休的灾难，但是它依然“像梦魇一样纠缠着活人的头脑”。

北京已经进入“汽车时代”

据中国社科院发布的2010年《社会蓝皮书》中公布的数字：2009年我

国城乡居民的恩格尔系数分别降低了37%和43%，按联合国粮农组织标准，总体上已达到从小康到宽裕的居民消费阶段，住房和汽车等大额家庭消费开始进入普及阶段。中国社科院社会学所所长李培林预测，到2010年底，中国人均GDP将接近4000美元。

4000美元按现在的人民币汇率，相当于3万元左右人民币。专家们说，人均GDP4000美元到10000美元就算进入发达国家。这说明中国已进入“小康”社会，而且离发达国家水平不远了，老百姓的日子应该说越来越滋润了。

当中国人的人均GDP接近4000美元时，一个家庭买一辆小轿车已经不是什么难事。实际上，现在北京的平均每3户人家已经有一辆小轿车了，富裕一点的家庭还不止一辆。

当然，轿车的水平是有很大区别的，同样是轿车，一辆“奔驰”的价格，也许能抵10辆“捷达”。但不管怎么说，现在的北京人，买一辆十万二十万元的中档轿车并不发愁。

我记得20年前，北京人嘴边上说的有车还是没车，一般是指自行车。参加一个朋友聚会，朋友问你是怎么来的，往往会说是“骑着”来的，还是“腿儿着”来的？“骑着”，就是骑着自行车，“腿儿着”，就是走着。现在改口儿了，通常是问开车来的，还是坐车来的。

现实生活的种种迹象表明，北京已经实打实地进入了“汽车时代”。

从城市结构来说，北京是单一中心城市，北京市的总面积不算小，有1.68万平方公里。这是个什么概念呢？它的零头，即6800平方公里，比上海市的总面积6000平方公里还要大。是香港（陆地面积1095平方公里）的16倍，比新加坡（0.647万平方公里）大出两倍多。

但是有一样，北京的城市中心区约1080平方公里，只占全市总面积的1/16，而且中心区的功能过于集中，全市62%的人口都集中在城市中心区的范围内，承担着约72%的交通量。

笔者从北京市交通委得到的数据：从2007年到2009年近3年，北京的机动车保有量增加了100万辆，增长了约40%，而同期道路的容量仅增加了16%。他们预测，到2012年，北京至少将增加8800万车公里的周转量，相当于目前北京道路系统容量的90%。市区道路主干道至少需增加1200公里以上。

路修得再快，也跟不上城市人口

和机动车的增长速度。北京市交通委主任刘小明说，要想从根本上解决北京的交通问题，出路只有一条，那就是优先发展公共交通。这一战略构想可谓英明。

发展公共交通是出路

交通的管理，说到底是一个理念的问题，就政府而言，疏导的办法是英明的。政府要引导市民树立大交通的理念，同时在出行结构上要作优化调整，所谓优化调整，就是大力发展公共交通。

北京市交通委主任刘小明说，交通拥堵是发达国家大城市普遍遇到的难题。北京城市交通拥堵是城市化、现代化、机动化进程中多种矛盾的集中体现，缓解交通拥堵是一个长期的过程。治理北京交通拥堵必须从提高交通设施容量和提高交通运输效率两个方面入手。在提高设施容量方面，不能仅仅一味建设宽马路，而且要优化路网结构。

为此，北京提出抓两头，一方面完善路网，另一方面重点建设路网系统中相对薄弱的快速路和城市微循环系统。在提高交通运输效率方面，不能仅着眼于车流，更要推进集约化运输和加强管理。北京一方面要大力发展公共交通，另一方面要建设智能交通系统，以推进“新北京交通体系”的建设。

2009年7月3日，市政府印发了《北京市建设人文交通、科技交通、绿色交通行动计划（2009—2015年）》，明确了今后一个时期交通发展的指导思想、工作目标、重大行动、重点工程和保障措施，全面推进交通发展。特别提出要着力推进“公交城市”建设，到2015年，北京轨道交通将达到561公里，形成“三环、四横、五纵、八放射”的轨道交通网；届时，五环路内平均步行1000米就能到达轨道交通站点；北京中心城（五环路）公共交通的出行比例将达45%；全市公交车专用道总里程达到450公里以上，并连续成网。

刘小明说，北京将基本建成适应首都经济社会发展需要，满足不断增长和变化的交通需求，以“人文交通、科技交通、绿色交通”为特征的新北京交通体系，为建设繁荣、文明、和谐、宜居的首善之区提供有力的交通保障。北京，这座拥有3000多年建城史，800多年建都史的现代之城将在绿色的“公交城市”中畅行。

北京的城市格局发生巨变

改革开放30多年，让北京发生了巨变，也许最大的变化就是北京城越来越大了。30年前，北京“城”的概念，还只在二环以内。那会儿，出了二环，就算出“城”了。现在北京已从二环发展到六环，五环以内都可以算城区。

随着城区改造的进程，将近三分之二的“城”里人，搬到了“城”外，有人说原来的市民变成了“郊民”。此言差矣，因为原来的郊区已经变成城市，原来的村庄，已经成为社区，城乡早已“一体化”了。北京的城市格局已经发生了历史性的变化。

自然，城市的格局变了，作为城市大动脉的交通格局也要随之产生变化。2003年，北京重新制定了《北京城市总体规划（2004—2020年）》。

北京市政协副主席、原北京交通委主任赵文芝在解释《北京城市总体规划（2004—2020年）》时说，这个规划有一个重大突破，就是按照统筹区域和城乡发展的要求，对北京空间布局作了重大调整，改变了过去“单中心”的发展格局，构建起有利于集约化发展的“两轴—两带—多中心”城市空间结构。

按照这个规划，到2020年，北京的中心城地区，即首都功能核心区的人口规模，将会从现在的650万调减至540万，甚至更少。其中旧城人口由165万调减至100万左右，仅2010年老城区的人口外迁就达30万人，全年解决搬迁安置农民30万人，疏解流动人口120万人。这将为从根本上改善北京中心城区的交通拥堵状况打下基础。

与此相匹配，《北京交通发展纲要》也已正式出台。赵文芝说，新的纲要，以一体化的交通体系和以人为本的交通服务，引导和支持北京市发展，为“新北京交通体系”战略构想的实施提供保障，将是北京交通现阶段发展的总方针。

老百姓为“一卡通”拍巴掌

交通，在世界上任何一座城市，都是城市管理者面临的一道难题。

衣食住行，是人类生存的“四大要素”。行，在现代意义上，已不再仅仅是车与路的关系了，它已融入到城市管理的每个细节之中。换句话说，它是衣、食、住的保证与前提。

说句大白话：您穿的衣服，您吃的食品、蔬菜和水果，您住的房子，哪一样不是靠车拉人跑把它送到商店和工地。您每天上班下班，居家过日子，几乎每天都要出门，出门就是出行，出行就得面对交通。所以说，交通与老百姓的生活，真是息息相关。

从这个意义上说，交通不但是车和路的学问，而且是人与行的概念。表面看，交通是从甲地到乙地的移动，其实它是人在时间与空间活动的方式。

当这种方式变为一种“服务”，一种传统意义上的福利的时候，老百姓能不为之感激涕零吗？

2009年是新中国成立60年大庆。这次举国庆典搞得轰轰烈烈。人们在歌颂祖国新面貌的同时，难免要抚今追昔。2009年8月的一天，笔者参加一个大型座谈会，畅谈新中国成立60年老百姓生活的变化。在座的一位7旬老人感慨道：“60年北京的变化天翻地覆，但是让我感到变化最大的是，出门坐公交车不花钱了。”

这位老人说的是句实在话，北京市从2009年1月起，对65岁以上老人，持老年证一律免费乘公交车。不过，这位老爷子还没把话说实。其实，从2007年开始，北京的公交取消了使用了几十年的月票制，开始实行持IC卡乘车，而且除6字头、8字头、9字头的公交车以外，乘坐公交车甭管道儿多远，一律4毛钱。从2007年起，北京的轨道交通也实行全路网单一票制，已开通的9条地铁线路，可以自由换乘，坐多远，坐几条线路，都一律2块钱。

值得一说的是这张公交IC卡用处很多，不但可以坐公交车，坐地铁，也可以拿它在商场、超市和其他消费场所消费。真正做到了“一卡通”。

“一卡通”让北京的老百姓进入了“数字时代”，也让北京的老百姓感受到改革开放的成果。这可以说是新中国成立60年来，老百姓看得见摸得着的最实惠的便民举措之一。坐公交车只需花4毛钱，坐地铁只用2块

钱。现如今4毛钱能买什么东西？一瓶矿泉水1块多钱，一根雪糕 2 块多钱。北京的公交车和地铁可以说在世界各大城市中票价是最便宜的！

人们在感慨之余，能不念政府的好儿吗？其实，中国的老百姓是非常可爱的，给点阳光就灿烂。人民政府做出的每个善举，都让老百姓暖在心里。政府真是为老百姓办了一件大好事！

"汽车时代"的困扰

对一座城市的管理者来说，贫穷的城市，有贫穷带来的路少，车少，乘车难的忧虑；发达的城市，有发达带来的路多，车多，行车难的困扰。

尽管发达是每个国家，每座城市，每个人所向往的事情，但城市发达之后，带来的"城市病"却常常让人感叹。

"忆往昔"的怀旧心理，甚至让人想到了"返璞归真"，感念马车时代的城市安宁。

但是时光不可能倒流，社会总是在往前走的。告别"马车时代"和"自行车时代"进入"汽车时代"的北京人，您再让他回到往日的宁静中，那是难以想象的。

"汽车时代"的来临，让人感到措手不及。说老实话，谁也没想到"汽车时代"来得这么快，或者说，有人想到了，中国的"汽车时代"会出现，但没想到它来得如此迅猛。

老北京人把轿车称为卧车，卧是躺的意思。为什么把轿车叫卧车，实在让外地人匪夷所思。其实，卧车就是最舒服和让人惬意的车。

老北京有句俗话，"好吃不过饺子，舒服不过倒着"。终日站立劳作的老百姓，把躺着当做莫大的享受。而如果能坐在卧车里上路，那当然是一种境界的享受了。

但是，在 20世纪五六十年代，轿车对普通百姓来说，绝对是可望而不可即的交通工具。别说家里拥有一辆私人轿车，就是能坐一次，都可说是三生有幸的一种奢望。因为当时买辆自行车都要"票"。

第 二 章

时光流影：北京曾是自行车“王国”

老北京人出门一般是“腿儿着”

说到交通，人们首先会想到车与路。这也许是最简单明了的交通概念，当然现代意义的交通概念也离不开车与路，只不过它已经不是单纯的车与路的关系，它不但是整个城市管理的重要环节，而且与方方面面的部门和行业有着千丝万缕的关系。

自然，交通的概念，对老北京人来说是陌生的，因为老北京人的出行方式非常简单，除了出远门，人们一时想不到交通。所谓“远门”就是出城。“城”的概念，也仅限于现在二环路以内的范围。那会儿，去趟清河或南苑，就算是出“远门”了。很多时候，出“远门”也是走着，比如到妙峰山去进香。

老北京人一般出行都是靠两条腿。老北京人平时串门或聚会，见了面，通常不会问您是怎么来的，因为不用说，都是走着来的。北京人戏称“腿儿着”。出“远门”也不过是坐骡车或骑马骑驴。

现在北京人说到老北京这个词，通常是指解放以前的北京城。其实“老北京”这个概念比较模糊。“老”到什么份儿上，才算老北京，并没有统一的说法。

轿子并不是老北京人的交通工具

人们常说，有皇上的时候，文官坐轿，武官骑马。其实，这只是民间的说法。在京城没有这一说，甭管什么官，出行没有骑马的。您什么时候听说过，武官骑着马上朝的？当然，执行任务或出兵打仗另说。

有人说，老北京的街道是按走轿子，或者是走轿车（这个轿车是指马或骡子拉的车）设计的。《明史·舆服志》上说，“轿者，肩行之车。”这句话很有意思，敢情明朝的人是把轿子视为车的。

前一段时间，清代历史题材的电视剧和电影比较多。在这些影视作品中，我们看到不但是官员，有钱的商人，就是一般百姓，出行也都坐着轿

子。好像那会儿的轿子是主要的交通工具，实际上这是一种“戏说”。

清代以前，或者干脆说在有皇上的年代，不是任何人都可以坐轿子的。《清史稿》载：“汉官三品以上，京堂舆顶用银，盖帷用皂，在京舆夫四人，出京八人。四品以上文职舆夫二人，舆顶用锡。直省督抚舆夫八人，司道以下，教职以上，舆夫四人，杂职乘马。”舆，就是轿子，舆夫，是指轿夫。

您看，当时不但规定什么官职可以乘轿，而且坐什么轿子都给您规定下来。

出了京城，山高皇帝远，在偏远的西南或西北地区那另当别论。京城却不行，因为在皇上的眼皮子底下，等级制度森严。

在乾隆朝以前，三品以上的官员才可以用轿，按现在的级别说，得够得上正部级才能坐轿子。后来乾隆上了岁数，体会到人上了年纪腿脚不利落，才特许六十岁以上的文官，可以用轿。

李鸿章出行也不敢坐八抬大轿

明清时期，中央政府的规模并没有现在的人想象的那么大。据史料记载，清朝全国有品级的官员，包括七品芝麻官的县令，在册的才二万五千多人。官分九品，九品相当于现在的科长，更没有坐轿子的份儿了。

当时各个衙门口也都有编制，一个县衙门大一点的不过五六十人。县的衙役，包括师爷都是县太爷自己掏银子雇的。县太爷出门想坐轿子，对不起，您也得自己花钱雇人，中央政府没给您配专用轿子。

除了王爷以外，在北京够得上三品以上的高级官员，满打满算也就是那么三四十多号，即便皇上允许他们坐轿子，他们也轻易不敢用。

为什么？因为坐轿子的成本让他们得掂量掂量。那会儿的高干，可跟现在不一样，配备专车，从司机到车的养护和油钱，一切都由政府包了。他们得自己往外掏腰包。

北京有一句俗语，有人请你参加个什么活动，你不想去，往往会说，八抬大轿请我也不去。

所谓八抬，就是八个人抬着的轿子。好像一般官员都坐的是八抬大轿。在一些电视剧里也有这样的镜头，京城的街头出现了八抬大轿，其实这是误解历史。

■ 娶新娘的红缎绣花八抬大轿

地方督府出行可以用八抬大轿，整个仪式包括“顶马”、“跟班儿的”，算下来，要用一百九十二个人，气势非常大。地方督府不在皇上眼皮子底下，而且是代天子巡守，所以他敢耍这排场。

京城就不同了，官儿再大，上边还有皇上，你搞这么大排场，皇上出行怎么办？所以通常官员出行，都是四抬轿子。李鸿章的官儿不小了吧，他出门也只能坐四人抬的轿子。

别说八抬大轿，就是四人抬的轿子一般高官也不坐。为什么呢？这些高官坐不起。

咱们就说一顶四人抬的轿子吧，一顶轿子至少得配三班轿夫，一班四个人，三班就是十二个人。当然出行的时候，不能光有轿子，前边还得有两个骑马的开路，行话叫“顶马”，后边也得配跟班的车，行话叫“班儿车”，这套人马算下来，一年少说也得八百两银子。当时的银子可还是银子，那东西值钱到什么份儿上？干脆这么说吧，一两银子，一个人能过一个月。您说一般的官员用得起轿子吗？

当年的轿夫不是省油的灯

当然，让这些高级官员对坐轿子受用不起的另一个原因是，这帮轿夫们并不是省油的灯。您别看这些高官在官场上八面威风，可是惹不起轿夫，怕轿夫刁难。

老北京有句话：“车船店脚牙，无罪也该杀。”您别看轿夫这个行当，干的是力气活儿，而且是伺候人的差事，但是他伺候的是这些高官，而他本身也难伺候。高官再有势力，往往也得哈着他们。换句话说，谁也不敢得罪他们。

尤其是这些高官贴身的轿夫，如果有照顾不到的地方，他们要是使个阴坏，官再大也拿捏不了他们。比

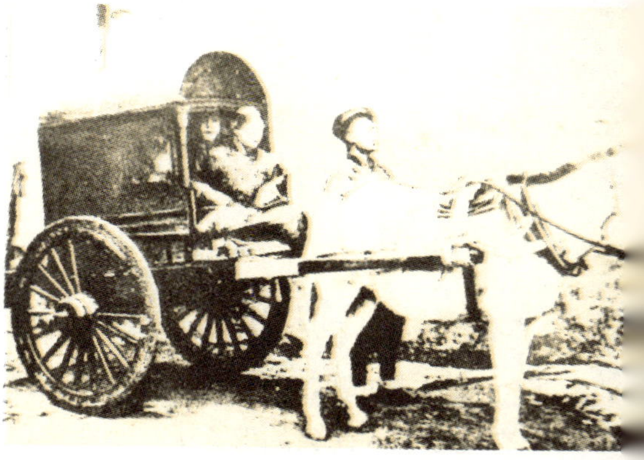

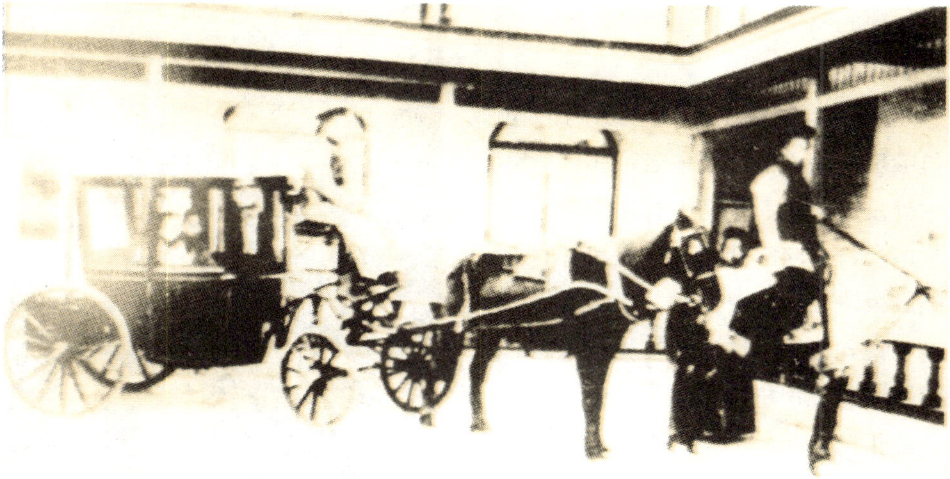

如皇上要召见这位高官，走到半道儿上，轿夫们冒坏，说轿子坏了，给您撂在半道儿上，您有脾气吗？

所以过去那些达官显贵，对轿夫一般不敢严管，有的时候还得哄着他们，否则他们在褃节儿上，真能给你撂挑子坏事。

而且还有一样，那会儿京城的轿夫们都在行里混，脸都熟，同命相连，同气相求。您把这个轿夫给辞了，有可能在京城您雇不到轿夫了。

前些年，汽车比较少的时候，只有局级以上的领导才可以配专车。那会儿，司机是社会上非常吃香的职业。有道是：汽车一响，黄金万两。尤其是给领导干部开车的司机，属于首长的贴身的差事，给个科长都不换。当时有一种说法："一个司机半个儿。"

即便是这样，领导干部对司机也不敢慢怠，否则就要受治。那会儿的司机爷儿劲大了。

笔者跟原北京市的老副市长王纯是忘年交。老爷子在晚年的时候，常跟我聊天。有一次聊起了市政府领导的司机。他给我讲了这么一档子事。那是20世纪70年代末，有一年，北京持续干旱，他和另外一位副市长到密云考察旱情。他的车在前边，那位副市长的车在后面，那位副市长的司机开着车，走到半山腰的地方，突然熄了火，死活也打不着了，副市长急得直跺脚。

那会儿也没手机，车坏在半山腰上，没法跟山下的人联系。司机对副市长说，您要着急，就只能自己走着下去。副市长无可奈何。

王纯的车到了村里，还不见这位副市长的车来，等了有半个多小时，只好让他的司机往回开，去看看究竟。他的司机开到半山腰，才接到这位副市长。

十多年以后，王纯才从别的司机嘴里得知内情，原来当时那辆车根本就没毛病，而是司机有意给领导出难题。再一深问，敢情这位司机的小孩高中毕业找不着工作，想让这位副市长说句话，但这位副市长没管他的事，让这位司机心生怨气，玩了这么一出儿。北京人管这叫“蔫坏”。

当然，后来这位司机也被调离了。由此可见，领导干部虽然有专车，但司机却万万得罪不得。

咱们接着说坐轿子的事，由于坐轿子的成本太高，明清两朝的京官坐轿子的并不多。当时的马车、骡车、驴车是主要交通工具之一，有点像现在的出租车。因此官员出门，不坐轿子的话，一般都是坐马车或骡车的，临时雇辆车，比“养”一班轿夫要划算得多，所以说，老北京的街道是按走轿子的宽度来设计的，有点儿不切实际。说是按小推车的宽度来设计的，倒是靠点谱儿。

北京的胡同不是按走轿车设计的

众所周知，老北京的街巷以“胡同”为主。胡同一词来自蒙语，原

意是井的意思。北京最早的胡同形成于元大都时代。据元朝末年熊梦祥所著的《析津志》一书记载：“大都街制：自南至北谓之经，自东至西谓之纬，大街二十四步阔，小街十二步阔，三百八十四大巷，二十九衖通，衖通二字本方言。”

辽代的北京叫析津府。《析津志》是目前已知最早记述北京及北京地区历史的一部专门志书。衖通，也就是后来的胡同。

根据这部书的上述记载，您大概能了解当时京城街道的宽度了。那会儿的距离是按步来计算的，大街宽二十四步，小街宽十二步，胡同宽六步。元朝的一步是五尺，当时一尺合0.308米，一步就是1.54米，这样算起来，大街的宽度就是36米，小街的宽是18米，胡同的宽是9米多。9米多宽的胡同走马车、

骡车和驴车是不成问题的。

当然，这是“街制”，换句话说，也就是规划。“街制”跟实际情况有相当大的差距。事实上，到了明清时代，北京的街道已发生了很大变化，胡同也大量增加。

元朝的时候，“三百八十四大巷，二十九街通”，北京的街巷胡同有413条。但是到了明代，从明代北京城复原的地图上看，共有街巷胡同约629条，如果按明朝人张爵在《京师五城坊巷胡同集》一书的记载，明朝北京的胡同约有1170条，其中直接称胡同的就有459条。从清代朱一新所著的《京师坊巷志稿》一书中，可知京城的街巷胡同到了清代已达到了2077条了，而直接叫胡同的约978条之多。

街巷胡同的增加，必然会使元朝时定的“街制”有所改变。您想呀，清代跟元代中间还隔着明代，相差几百年，能按那会儿定的规矩建胡同吗？

事实上，到了后来，北京的街巷胡同已经越来越窄了，有些胡同别说走轿车，就是一般的轿子也过不去。

北京崇文区珠市口东大街有个高筱胡同，我有一个朋友住在这条胡同附近的冰窖斜街，我去他家串门，骑车走这条胡同南口时，得侧着身推着自行车才能过去。

这位朋友量过这条胡同的宽度，才65厘米。《北京的胡同》作者翁立曾遍访京城的大小胡同，据他的踏勘，北京最窄的胡同是天桥永安路北边的小喇叭胡同，宽度只有55厘米，胖一点的人过这条胡同得侧着身子，别说走车了。

这么看来，老北京的街巷和胡同，并不是专为走轿车设计的。当然大街和所谓的小街又另当别论了。但到了清代，除了几条大街以外，一般街道的宽度也没有元大都时代那么宽了。

老北京人管大街也叫马路。马路的马，当然也包括马车。

可以肯定，元大都的设计者刘秉忠绝对想不到700多年以后的北京会满大街跑汽车，而且能平均到三户家庭就有一辆私人轿车的地步。

老北京的路面刮风像风箱，下雨像墨盒

车与路的关系永远是相辅相成的，通常人们会认为有什么样的车，才有什么样的路。先有的马和马车，之后才有的马路。其实，有些时候也不尽然。尤其是现代化的今天，往往是先修路，路修好了，人们才想到要买车。

不过，在“马车时代”，人们概念中的马路，可不是现在的柏油路或水泥路。那会儿，最好的路面是碎石子儿铺的路。

有皇上的年代，皇上出门，要“净水泼街，黄土垫道”。为什么要黄土垫道？因为当时的路都是清一色的土路。土路当然不像柏油路面那么瓷实，人来车往，加上雨水冲刷，时间一长，难免坑坑洼洼。

皇上出行前，要乘辇舆。辇，原本是古时用人拉的车，后来专指皇上坐的车。皇上坐在辇上，不能把皇上给颠着，所以得先用黄土垫一垫。自然也只有皇上才有这待遇。一般人颠也就颠了，辇是“撵”（与辇同音）不上了。

那会儿的人坐轿车，大概都有小孩坐摇篮的感觉。难怪纪晓岚在一篇文章里说，他一坐上轿车，就会打瞌睡。这倒也好，有失眠症的人，不用吃安眠药了。

笔者记得直到20世纪70年代，北京的胡同多半还是土路呢。胡同的土路，全部变成柏油路应该是20世纪80年代以后的事。

老北京人说，北京路面“刮风

像风箱，下雨像墨盒”，那真是一点儿不假。估计现在的年轻人想象不到人在“风箱”和“墨盒”里行走的滋味。

我清楚地记得北京赶上刮风的时候，土直接奔嗓子眼里灌的滋味儿。北京人幽默地管这叫吃炒面。不过，这“炒面”不但噎人，还不管饱。下雨天出门，那滋味儿也够受的，穿鞋还不如光脚呢。因为那土不但黑，而且还是黏的，出一趟门，一双鞋能带回家两斤土来。老人们说，这倒好，写毛笔字，省了墨汁钱。

不过，那会儿，老百姓也有对付“风箱”和“墨盒”的办法。什么办法？仨字：不出屋。

最早的洋车是慈禧坐的铁皮车

“马车时代”在中国延续了有两千多年，直到20世纪初，才有了不用马拉的车。但是对不起，不用马拉，得用人拉，所以又叫人力车。因为这种车是从日本传到中国来的，日本那会儿又被称为东洋，所以它又叫洋车。

一说起洋车，不少北京人会想到老舍先生笔下的骆驼祥子来。由于老舍先生描写人力车夫命运的长篇小说《骆驼祥子》被改编为话剧、电影和电视剧，使祥子成为家喻户晓的人物。

说这话，是前几年的事。有一次我出门打“的”，出租车司机是个胡同长大的年轻人。他认出我来，跟我调侃：您不是京味儿作家吗？老舍先生写出了骆驼祥子，您也应该写写当代的祥子。

我问他：当代的骆驼祥子是谁呀？

他笑道，就是我们这些出租车司机呀。祥子那会儿是拉车的，我们现在是开车的。

我笑道，人家老舍笔下的祥子前边还有骆驼呢。人力车跟汽车能比吗？

他说，我们跟祥子差不多，只不过比他那会儿拉的洋车，多两个轱辘就是了。

事后，我听到也有一些出租车司机，戏称自己是当代的骆驼祥子。

我知道这不过是“二郎神缝皮

当年慈禧的汽车

袄——神聊（缭）”的事儿。现在的出租车司机，跟拉洋车的祥子能同日而语吗？换句话说，这是两个营生。祥子那会儿是什么生活状况，现在的出租车司机又是什么生活状况？

那会儿的人力车夫完全是凭自己的体力吃饭。一个一百多斤的大活人坐在车上，您拉着他满街跑，这一天跑下来，不是十几里就是二十里路，少吃俩窝头，就得像老舍笔下的小马他爷爷似的累吐了血。

拉洋车是旧中国穷苦人被迫无奈才干的谋生差事。开出租车虽然也挣的是辛苦钱，但您毕竟坐在车里，风吹不着，雨淋不着，不用卖力气，就把钱挣了。还是那句话，人力车跟汽车压根儿就没有可比性。您说呢？

北京在清光绪年间就有了人力车，据相关资料记载，最早的人力车是慈禧太后坐的一辆铁皮车。

为什么叫“铁皮车”？因为这辆洋车的轮子，不是后来的带胶皮里外带的，两个轱辘是用铁皮做的。

当然，车的主人是老佛爷，属于御用车，所以外观上很豪华，黄色的油漆，坐垫也是黄龙缎子做的，车厢是方形的，坐着宽敞舒适。

老佛爷向来爱赶时髦，有什么稀罕玩意儿，她得先享受享受。出宫的时候，不坐轿车改为人力车倒也是一景儿。

但老佛爷尽管喜欢洋玩意儿，也怕那些皇亲国戚瞪眼睛。毕竟坐这种车出行，有悖于祖制。老佛爷出行是有仪仗队的，您说旌旗伞盖的前护后拥，老佛爷坐着人力车，那像怎么回事呀？

所以，老佛爷的这辆铁皮车，也只是在她游颐和园时在园子里，由太监们拉着过过瘾而已。这辆中国最早的人力车现在陈列于颐和园内，供人参观，也算是近代交通史上的一个见证物。

袁世凯总统府的“洋车队”

慈禧太后过了洋车瘾，享受了人拉车的滋味，自然那些王公大臣们也得跟着尝鲜儿。很快王爷们的铁皮车便出现在北京的街头。有钱的人也随之效仿，不到一年的工夫，铁皮车便在京城成为时尚。

当然，这种车的数量极少。当时，大街上跑着的铁皮车跟老佛爷坐的还是有所区别。虽然形状大致相同，可车的颜色却不敢用黄色的，一般都是黑色或棕色的。

大约到了民国初年，人力车的形状才有所变化，车轱辘也由铁皮改为胶皮的了。车厢是用木头做成的半圆形，与后来祥子拉的洋车大致相同。

1912年，清帝退位，袁世凯组织临时共和政府，当上了临时大总统。转过年的10月，他用军警数千人冒充“公民团”包围了国会，胁迫议员投票选举他为总统，10月10日，袁世凯如愿以偿，在北京故宫太和殿就任正式大总统。

袁世凯原本就是喜欢排场的人，当了总统以后，为了让手下的高官出行体现其尊仪，同时还要让人感觉他跟原来有皇上时的轿车不一样，所以他看上了洋车。1915年袁世凯在中南海成立了一支车队。

这大概要算京城最早的政府首脑的专车了。跟后来的专车所不同的是，这个车队一水儿的是洋车。

城脉 cheng mai

祖孙三代洋车夫

任有德老爷子是老北京拉洋车的，他在晚年回忆自己的车夫生涯时说：“我家三代人都是拉洋车的，从北京有洋车时起，我祖父就拉车，我祖父还没歇脚，我父亲又在祖父拉帮之下拉了车，我刚16岁也拉了车。”

任有德的祖父叫任永和，在袁世凯成立的车队当队长。任有德回忆说：车队有我们任家同族弟兄三四人，和其他人共20人。那时是两个人一部车，出车的时候，一个人在前边架把，一个人在后边推车，取其安全稳妥。乘坐这种车的都是达官显宦。

这个时候的人力车已由铁皮轮改为胶皮轱辘。车夫穿官衣，大檐军帽，军服上没有等级分别，看上去挺威风，出入中南海必须携带腰牌，相当于工作证和出入证。

进总统府拉车，并不是那么简单容易的事，首先要走人情送礼，才能得到府里管事人的验看（相当于现在的面试），验看成了，要取铺保，也就是找保人。然后还要经过十天半月的练车。练车后，经过大管事的认可，才能顶班出车。

那年头，在袁世凯府里跑车的人，每个月的工钱只不过是一个兵饷的份儿（大约银元三块几角），除此之外，最大的收入是每接送一趟总长（相当于部长）或是大官们，准可以得到块儿八角的赏钱，还有每逢过年过节或是府里办喜庆大事，也可以分到一份赏钱。

洋车成为老北京人的交通工具

袁世凯的总统府车队，在街面上招摇过市，自然会引人注目，由此催生出一个行当，那就是洋车业。

在1915年袁世凯的总统府成立车队之后，很快街面上便出现了拉包月的和拉散座儿的洋车。两年之后，京城出现了拉洋车的“车口”。所谓“车口”，就是拉洋车的车夫揽活儿的地方。到20世纪二三十年代，洋车逐渐成为京城的主要交通工具之一。

洋车最初是从日本进口。但是那会儿的日本人普遍个儿比较矮，所以日本人设计的人力车都是黑漆的，轮子高，车把短，有黑色的车篷。这种车到了身材明显比日本人高大的北京人力车夫手里，拉着就显得费力了。日本的商人“鬼”，为了占领中国市场，他们把传到中国的人力车重新做了设计，一般都是棕色油漆，轮子小，车把儿长，这样拉着比较“顺把”。

人力车的构造比较简单，主要部件是车弓子和车轮子。中国人的模仿能力极强，从国外进口车轮子和车弓子，自己就能攒出来。后来，中国人自己也能做车轮子和车弓子了，所以国产的人力车开始面市。当然，国产的人力车比进口的要便宜得多。不过坐着没有进口的那么舒适。人力车到这会儿已经不姓“洋”了，但北京的老百姓叫顺了口，依然把人力车叫“洋车”。如同火柴一样，最初北京人叫“取灯儿”，以后中国人从国外进口火柴，所以改叫“洋火”。后来中国人自己能生产了，老百姓依然改不了口。“洋火”一词直到现在还有人这么叫。

由于20世纪90年代，人力车（洋车）成了京城的主要工具之一，很快就出现租赁人力车的行业，行话叫“车厂子”。一个车厂子有十辆或几十辆人力车，租给车夫，然后按天收取车份儿钱。当时北京有车厂子近百家，大一点的车厂子，如朝阳门大街的“马六车厂”、“繁华车厂”，崇外上头条“五福堂车厂”，都有一二百辆车。

除了租车厂子的车挣份儿钱外，还有“包月车”。所谓“包月车”就是有钱的大宅门或官宦之家，自己买车雇用车夫，专供自己家人乘坐的车。这种车比较讲究，主人不但给车夫每月开工资，还额外有小费。有的包月车拉一个主人，是名副其实的“专车”。

拉人力车纯是一种“苦力”，凭自己的力气吃饭。由于没有成本，所以那会儿，从农村来北京谋生的年轻小伙子喜欢干这营生。您想他两肩膀扛一个脑袋到北京，做小买卖没本钱，找个事由没门路，能干吗？只有拉洋车最容易养活自己。北京城里的穷人，失了业以后，要想不挨饿，也只能去拉洋车。

那会儿，不单是穷人拉洋车，一时生活无着落的穷学生，也有干这行的。著名国画大师李苦禅年轻那会儿在北京求学，就曾拉过洋车。北京琴书泰斗关学曾，十几岁时也拉过洋车。拉洋车卖的是力气，二三十岁的时候，能跑得动，稍微上点儿岁数，就拉不动了。所以这行当不养小，不养老。洋车夫的命运更是凄惨，用任有德老爷子的话说：“拉车的人最穷，拉车的人最苦，拉车的人最受人鄙视。回忆我们一家三代在旧社会拉车的苦难遭遇，对照解放以后新中国的幸福生活，真是两种社会两重天。”

20世纪30年代末，北京有了三轮车，后来三轮车逐渐取代了人力车，人力车夫大都改为三轮车夫。不过，依然还是靠两条腿跑着挣嚼谷（饭钱）。

值得一提的是洋车的出现，并没有完全取代马车和骡车以及驴车。与此同时，单车，即自行车、汽车也出现在北京的街头。直到1949年北京解放，人力车才彻底告别历史舞台。

北京最早的自行车

自行车在当时叫单车、脚踏车。因为它也是外国人发明的，所以也叫洋车。

现在公认的说法，世界上第一辆自行车，是由法国人希布拉克1790年发明的。但是从照片上看，这种自行车是用木头做的，没有脚蹬子，所以只能靠两只脚轮换着踩踏地面往前走。事实上，自行车从最早的雏形到最后形成现在这种式样，经过了几十年的不断发明和改进，并非一人之功。

1801年，俄国人阿尔塔莫诺夫发明了一辆轮子前后挂着的小车，1813年，德国人德列斯发明了车把，可以方便地转弯。1839年，英国人麦克米伦发明了链条，用它带动后轮旋转。1888年，英国人邓勒普发明了充气车胎。在1900年前后，才真正有了我们现在骑的自行车的模样。

清末民初，虽然北京的经济发展非常落后，科技和制造业也是“马尾巴拴豆腐——提不起来”，但外国人发明和制造出来的东西，却能很快在大街上出现。

自行车和汽车就是很好的例子，比如英国人发明和制造的带轮胎的自行车，在伦敦街头跑了没几个月，就出现在北京的街头。汽车也如是，虽说北京在清末不是“五口通商”的城市（广州、福州、厦门、宁波、上海），但西方几大帝国的大使馆和领事馆设在了北京的东西交民巷。使馆

城脉 cheng mai

区不但有兵营，还有医院、银行、饭店、商店。

这些洋鬼子喜欢标新立异，国内有什么新鲜玩意儿，他们很快便运到北京来享用，并以此来炫耀。所以外国有的，北京也会有。

在光绪末年，北京的街头就有人骑自行车了。不过那会儿，在北京的老百姓眼里，自行车还是新鲜玩意儿。与其说它是代步工具，不如说它是娱乐的玩具。清末光绪年间，有一首北京竹枝词写道：“臂高肩耸目无斜，大似鞠躬敬有如，噶叭一声人急避，后边来了自行车。”在老北京人看来，这种车简直不是车，是个玩意儿。

自行车是两个轱辘，所以骑自行车得需要点本事。不练上个把月，一般人还玩不转它。当年末代皇帝溥仪在紫禁城学骑自行车，居然还让人锯掉了不少门槛儿。据说，即便如此，这位皇帝还是费了半年多的时间才学会骑车。当然，他骑自行车纯是为了娱乐。

最早在京城街头骑自行车的主儿，在普通百姓眼里无异于杂技演员。难怪那首竹枝词里说：“噶叭一声人急避。”当时的人骑车技术都不大灵，后边来了自行车，您不赶紧躲，保不齐把您撞药铺里去。

最早从国外来的自行车以英国的为多，如“飞利浦”、“三枪”、“凤头”等牌子。此外还有德国、荷兰、法国、美国的，日本的自行车有“菊花”、“僧帽”、“铁锚”、“富士”等牌子。这些“洋车”价格昂贵，一般老百姓不敢问津。所以京城最早骑自行车的主儿，多是官宦和富家子弟。

到了20世纪二三十年代，北京的街头出现了“自攒”车，所谓“自攒”，就是一些车行，用进口的主要零部件，加上部分次要部位的国产配件，组装拼攒的自行车。

这种“自攒”车比进口的“原装”当然要便宜，稍微富裕点的家庭还能买得起。这时街头的自行车才多了起来。但是在当时自行车仍属高档消费品，而一般老百姓的生活状况，还处于贫困线以下，因此自行车尽管是理想的代步工具，但还达不到后来的普及程度。

老北京的“板儿爷”

20世纪30年代，日本人在洋车和自行车的基础上，设计出三轮车，最早的三轮车以拉人为主，是带车厢的那种，类似于现在的人力三轮车。

北京人对三轮车还是有感情的。曾几何时，三轮车是北京人最喜欢的交通和运输工具。三轮车也叫平板三

轮车和平板车，所以，北京人戏称靠蹬三轮吃饭的人为“板儿爷”。

跟人力车相比，三轮车最大的好处有两个，一是好骑，因为它是三个轮子，不像两个轮子的自行车，不练个把月骑不了，它停得稳，只要稳住把，上去就能骑着走。二是省力，由于三轮车是用链条传动，自然比两条腿在地上走省劲儿。所以，三轮车一问世，便受到拉人力车的车夫们的青睐。您有所不知，最早的三轮车是拉人用的。

拉货的平板三轮车是在这之后才出现的。

北京街头的三轮车大概齐出现在1937年日军占领北平以后。据说北京的第一辆三轮车，是日本人送给北京伪治安维持会的会长江朝宗的。由于三轮车比洋车（人力车）更为便捷，脚蹬着比人拉着也要省劲儿，所以到了20世纪40年代，三轮车已逐渐取代了洋车。

不过，按常规淘汰一种车，至少得用七八年时间，因为洋车已经制造出来，总不能当废铁给扔了吧，再说，三轮车的造价和车份儿钱也比人力车要高。所以，三轮车有了，人力车也不能马上就没了。很长一段时间，北京的街头，人力车与三轮车同时在京城街头“拉座儿”。据任有德老爷子回忆，直到1949年全国解放，人力车才从北京的街面上彻底消失。而三轮车直到现在还是老百姓比较喜欢用的拉人和载货工具。北京解放初期，政府把那些靠拉散活儿的平板三轮车夫组织起来，成立了以平板三轮车为主的运输合作社。这些合作社各区都有。那会儿搞运输的汽车还很少，一些小件物品，道儿比较近便点儿的，都用平板三轮车来拉，可以说有那么一段时间，平板三轮车是城市运输服务的主力军，比如20世纪五六十年代，商业部门的各个副食店、百货店的商号运输，几乎都是用平板三轮。

笔者从小在西城区的辟才胡同长大，记得住家附近是西城区副食品公司的分货站。在计划经济时代，国有商业的主要任务是对所负责的商品的购、销、调、存、转，转是指批发。所谓分货站，大概就是有调、存、转三大职能。业务部门按照计划指标从全国各地把副食品采购进来，储存在分货站，然后再分别给各个网点批下去。

儿时的记忆并不遥远，记忆犹新的是每到春秋季节，农民赶着大车（马车、骡车），把大批的水果，桃、杏、苹果、梨、柿子、山楂等拉到分货站，然后那些三轮运输服务社的职工蹬着平板，再把这些水果分别送到各个副食店，尤其到了水果下来的季节，那种场面非常热闹。大车和平板车在胡同里排成队，这边拉，那边运。我们这些胡同里的孩子便在旁边捡“洋落儿”。所谓“洋落儿”，就是从筐里掉下来的苹果啦、梨啦什么的。有时，赶车的农民和蹬板车的师傅看我们这些孩子可爱，也会随手从筐里掏出几个水果送给我们。

那时，我还上小学，放了学，常跟那些蹬板儿车的师傅一起送货，坐在板车上兜风，觉得蛮开心。

也许从那会儿就有了一种平板三轮车的情结。所以，在工厂当工人时，经常蹬着板车在厂子里玩。直到现在，我仍觉得平板三轮车是城市比较理想的运输工具，起码它方便，也环保。

在我的印象里，北京人管蹬平板车的叫“板儿爷”，是1980年改革开放以后的事。这个词儿跟当时的“倒儿爷”一词有关。改革开放之初，一些待业者蹬着三轮倒腾商品，在街头练摊儿，还有一些人用三轮车拉客人，“板儿爷”这个词儿就是这么来的。后来，三轮车成了外地来京谋生者的工具，他们蹬着三轮车贩卖蔬菜水果，蹬着三轮车卖煎饼果子，蹬着三轮车收废品，蹬着三轮车拉客人。直到现在三轮车仍是他们谋生的交通工具。当然，有人也将三轮车改成电动的了。更有人把三轮车改装成了带棚子的电动三轮车，用以载客，北京人管这也叫“摩的”。

看来，三轮车一时半会儿消失

不了，跟自行车一样，三轮车不仅是很好的代步工具，它的主要功能是运货。所不同的是当年的北京“板儿爷”，现在大多已开上了四个轮子的汽车，而后来的外地来京务工人员，虽然也靠平板三轮车挣钱养家，却没人称他们是“板儿爷”了。

“老佛爷”把汽车当“怪物”

有一张拍摄于1902年的老照片，不知您见过没有。

这张照片是在北京的景山附近的土路上照的。一辆外国的汽车，也就是最早的那种“老爷车”，车上坐着三个颇为得意的“老外”。

景山可是皇城的中心地带。洋人驾着汽车在这种地方行驶，说明那会儿北京已经有汽车了。

您别忘了，1902年可还有皇上呢。那是光绪二十八年，也就是八国联军占领北京，《辛丑条约》签订的第二年。

当然，这并不是骄傲的事。您想看到洋鬼子开着洋人制造的汽车，在咱们的皇都，神气活现的画面。您是不是觉得这是咱们国民的一种耻辱和悲哀？

但从另一个角度说，早在100多

■ 拍摄于1902年，在北京景山附近土路上行驶的外国汽车，驾驶员也是外国人

年前，北京的街头就有汽车了。京城有汽车的时间几乎跟欧美发达国家是同步的。

自然，在有皇上的年头，汽车在北京老百姓眼里还是稀罕物。当时的十几辆早期的汽车，也只是在东西交民巷的使馆区里洋人玩玩而已。

德国驻华使团的外交官曾作为国礼，送给慈禧太后一辆早期“奔驰”轿车。

据说，老佛爷看着这辆一踩“油门”轰轰响的“怪物”，生怕自己的老胳膊老腿给摔散了架，吓得不敢坐。有俩太监抖机灵，想上去试着开，但鼓捣半天，汽车也没动地方。

最后，慈禧太后只好把它当个“玩意儿”摆着看了。她到死也没享受过坐轿车的滋味。这辆老爷车至今仍放在颐和园里的德和园大戏台展出。

到了民国三四年，汽车才在北京街头大摇大摆地撒欢儿，人们也不再把它当“怪物”了。

当时，京城马路上跑的汽车多是“福特”、“雪佛兰”、“别克”、“奥斯汀”、“奔驰”等英、美、德三国的品牌。

北京最早的汽车行

世界上第一辆真正意义上的汽车，是德国的科尔·本茨在1886年发明的。此前，英国人詹姆斯·瓦特发明的蒸汽机，曾作为蒸汽机机动车风靡欧洲。这种车由三名司机驾驶，有人握着方向盘，有人点火，有人举旗，警告行人注意安全。汽车烧着木头，拖着黑烟，吭哧吭哧缓慢地在路上爬行，时速最多只有6.4公里，曾被欧洲的上流社会冷嘲热讽。

但是产业革命和科技的进步，很快就让这种“怪物”改变了模样，科尔·本茨发明的汽油发动机，为汽车的发展奠定了基础。从最初的老爷车到现在的汽车，经历了100多年的演进过程。

但是这些老牌资本主义国家的商人，从汽车诞生之日起，便把目光盯在了世界范围内的垄断市场上。所以，每种新型汽车问世不久，便可以在本国以外的道路上见到。当然他们出口的只是成型的汽车，绝不可能是生产汽车的技术。

民国二年（1913年）法国人在北京开办了“飞燕汽马车行”，这是北京第一家出租汽车行。从那会儿，北京就有出租汽车了。

考证北京近代交通的历史，您会

■ 最早的汽车

发现一个很有意思的现象，在公共汽车出现之前，先有的公共电车。在公共电车出现之前的十多年，就有了出租汽车。当然，这种汽车行多少带有一些“殖民地”色彩。

老北京汽车行的兴衰

法国人在京城的汽车出租业捷足先登，拔了头筹，英、美自然也不想失去这个市场，紧跟着也开起这类汽车行。一些既有资金，又有保人的中国商人，也看好这个来钱的买卖。

没车怎么办？他们采取赊购汽车的方式，也在这个市场上跟洋人争抢“饭碗”。

短短10年之间，汽车出租业成为了“香饽饽”。到民国十二年（1923年），北京的汽车行就发展到80户，汽车达300多辆。

这些车行大多在东城区一带，北起东四，南到崇文门，东起东单，西到西华门，车型以美国车为主。到20世纪30年代中期，一些车行的规模不断扩大，小轿车已达400多辆。

最早洋人办的车行，主要是为使馆区的洋人服务。后来，服务对象也不断扩大，甭管什么人，只要您有银子，都可以雇辆轿车去摆谱儿。

当时的汽车行普遍采取电话要车方式，但一般老百姓吃窝头都发愁，谁坐得起汽车呢？租车的多是达官显贵，外国驻京使领馆的人员，洋务买办、富商。

当然，这个时候，一些有钱的富商和洋务买办，已经有自己的私家汽车了。大多数北京市民出门还是“腿儿着”，出远门则坐洋车或三轮车，能雇得起汽车的很少。

您从一些文字作品中就能发现，那会儿，别说一般的市民，就连鲁迅、梁实秋这样的大学教授，出门都是坐洋车。

“七七事变”后，日本帝国主义发动侵华战争，政府要员、外国使节纷纷迁出北京，北京的汽车行开始走下坡路了。

到北平解放前夕，1949年，北京的出租汽车行仅剩下62户，营业的汽车只剩下180辆，这些车也大都是老旧残破了。

从南京调车调人救"驾"

新中国成立之初，北京的交通应该说还是一张白纸。有人戏称：当时的北京还处于"马车时代"，马车还是主要交通工具。

用"基础薄弱"、"一穷二白"来概括当时的北京交通，应该说是恰如其分的。

1949年，北京的城区只有几条柏油路，多数是石子路和土路。运输以马车、洋车为主。公交车运营的只有61辆，4条线路，电车运营的有103辆，7条线路。车辆多属老旧的美国车。

您也许难以想象，这60多辆老旧破的公交车是如何运营的。1949年底，为了改善北京公共交通状况，经政务院批准，将南京公交公司并入北京公共汽车公司，现从南京调来248名技术工人，88辆汽车。

新中国成立后的北京公共交通，就是在这种基础上发展起来的。经过努力，到1952年底，北京市的公共汽车已达到197辆。现在看，197辆公交车，对于一座城市来说，是多么微不足道，可是在那种物资短缺，经济落后的年代，已经引以为傲了。

老北京的公交"铛铛车"

跟世界发达国家的几座古都相似，北京的最早公共交通工具不是汽车，而是电车。

清光绪二十五年（1899年）北京从德国西门子公司引进了几台有轨电车，并修建了永定门外马家堡到崇文门的线网和轨道。毫无疑问，这是清末国门开禁，"洋务运动"的产物。此后，又从日本、德国引进了人力车、脚踏车，即后来的洋车和自行车。

如果没有后来的（1900年）义和团运动，北京将成为中国最早有轨道交通的城市。但是在义和团运动中，这条轨道连同电车均被烧毁。

20年后的1921年，由京都（即北京）市政公所督办张志潭，代表北洋政府与中法实业银行借贷，成立了北

京电车股份有限公司。3年后的1924年，几经周折，开通了有轨电车1路（前门到西直门）和2路（前门到北新桥）两条线路，配备了20辆有轨电车。从此，北京才有了真正意义上的公共交通。

今年77岁的祝世钧是老北京，也是一位老公交。他十几岁在电车公司当售票员，后来当了管理者，一直干到退休，在公交系统干了44年，见证了新中国成立之后北京公交的发展。

他对笔者说：新中国成立初期，北京只有5条有轨电车线路。当时车的线路，没有路号，比如现在的1路、2路，那会儿没有。车上挂着牌，根据牌的色来区分。黄牌，从北新桥到天桥；红牌，从西直门到天桥；蓝牌，从宣武门到崇文门；粉牌，从崇文门到菜市口；白牌，是左右环行线，在内城绕一圈儿。左环从平安里，经西单到东单、北新桥、鼓楼，返回平安里；右环方向相反，全长14.6公里。在老北京就想开这条线，试行了几次，没有绕起来。新中国成立初期，根据苏联专家的建议，市政府指示一定要绕起来。选了40多人，1950年3月开辟了这条环线。

有轨电车也被北京人称为“铛铛车”。2008年，前门大街改造工程结束，人们惊奇地发现改造后的前门大街的马路中间增加了一条轨道。原来为了增加城市观光，恢复了一条有轨电车线路。离开北京人生活40多年的“铛铛车”又回来了。不过，它的功能已不是代步的交通工具，而是带有怀旧情结的旅游项目了。北京的最后一条有轨电车线路，由北京体育馆到永定门火车站，

是1966年5月停驶的。从此经营了42年的有轨电车告别了历史舞台。在此之前的1955年，这座城市已有了无轨电车。

第一辆国产无轨电车诞生

1957年，阜成门到北池子北口第一条无轨电车线路通车。同年，北京试制成功了第一辆无轨电车，并试制成功第一辆57型单机公共汽车。

这是应该让北京的公共交通系统感到骄傲的一件事。您要知道中国人自己生产的第一辆汽车，也就是长春一汽生产的“解放”牌货车，是1956年诞生的。一年之后，北京就自主生产出第一辆无轨电车，进步速度之快，令人惊叹。

到1966年，无轨电车线路达15条，线路长168公里，运营车辆440

辆。年客运量54亿人次。公共汽车线路65条，运营车辆1125辆，年客运量511亿人次。

从现在注重环保的角度来看，无轨电车属于无污染，尾气零排放的理想的交通工具，所以无轨电车至今依然行驶在北京的道路上。

刚解放时，公交车只有9条线路

起步于20世纪20年代的北京公交，在20多年间，基本上没有多少起色，发展的缓慢犹如中国的经济徘徊状况。

说起北京的公交汽车，您也许有所不知，最早的公交汽车并不在城里，而是跑长途的汽车。民国十八年（1929年）北京就有经营长途客运的客车了，当时有汽车18辆，到1928年增到60辆。

城里的公交汽车初创于1935年，当时开辟了5条线路，但是在北平解放前夕，全部被迫停运。

北京解放初期，公共汽车运营的线路只有9条：

1路，1935年9月开线，从朝阳门到阜成门，路长8.66公里。1950年4月恢复，改为从前门到安定门，路长6.68公里。

2路，1935年9月开线，从前门到交道口。1949年5月恢复，从东四到西四，路长5.6公里。

3路，1935年10月开线，从东华门经西直门到颐和园，路长18.8公里。1950年3月重新开辟，从崇文门到西直门，路长9.6公里。

4路，1935年10月开线，从东华门到八大处，路长24.7公里。1949年重新开辟，从宣武门到广安门，路长3.3公里。

5路，1935年8月开线，这是北京开辟的第一条公共汽车线路，从东华门经西直门、颐和园，到香山，路长24.8公里。1949年，恢复后改为从前门到鼓楼，路长5.24公里。

6路，1946年2月开线，从东单到新街口，路长7.5公里。1950年恢复，改为从广安门到前门，路长5.2公里。

7路，1946年5月开线，从前门到北新桥，路长6.3公里。1950年重新开线，从前门到西直门，路长8.3公里。

8路，1946年5月开线，从前门到宣武门，路长4.1公里。1953年重新开线，改为从东单到铁辘轳把，路长2.7公里。

9路，1946年9月开线，从东安市场到宣武门，路长5.1公里。1953年10月恢复，改为从珠市大街到红庙，路长5.9公里。

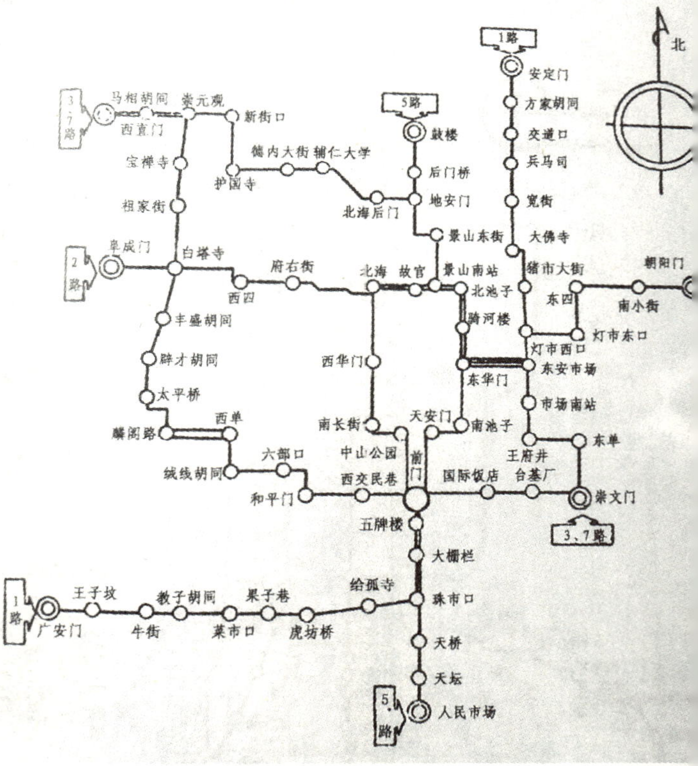

1951年北京市公共汽车市区运营线路示意图

这些线路从解放初期开始，不断改线或延长，才形成了现在的线路。

1950年，北京将市区线路从1路开始正式编号，郊区线路以首末站命名，如西直门到颐和园，命名为“京颐路”，西直门到永定门，命名为“西永路”。到1965年底，北京的市区和郊区公共汽车线路全加在一起也只有64条，线路长度756.56公里。好在当时的北京人少，路少，行车少，并没给城市的管理带来交通上的忧患。

北京公共交通的真正发展是在新中国成立以后，在连自行车都买不起或者说不好买的年代，人们出行的交通工具主要是公共交通，所以政府对公共交通的重视是不言而喻的。

当时，政府对大交通（现代交通）的概念还比较模糊，虽然也知道道路是为车服务的，但财力有限，而且当时全市的机动车只有几万辆，包括拖拉机、摩托车，所以即便路少，路面也很窄，但还没有什么交通上的压力。

五十年前的京城还是个悠闲和幽静的城市

北京交通发展研究中心原主任，建设部科学技术委员会委员，中国城市交通规划学会副理事长全永燊在接受笔者采访时说：“交通成为大家关注的问题，是在上个世纪80年代初。在上个世纪70年代以前的历届政府虽然也把交通列入城市管理的议事日程，但是并没紧迫感。因为那会儿人们出行，还没有感觉到不便的地方，甚至路口堵车的事也很少发生。因为当时北京的车少，人也少。”

当然，全先生说的交通，是指大的交通理念。因为直到20世纪70年代以前，人们对交通的概念，还只局限于道路和车的关系上。

全先生的话，让我回忆起20世纪

■ 20世纪50年代的复兴门内大街

五六十年代的北京城。那时的北京还是个悠闲，也非常幽静的城市。那会儿城墙还没拆，护城河还在，胡同里的老槐树掩映着清一色的灰墙灰瓦、蓝天白云，时常有带着哨子的鸽群在半空掠过。平时大人上班，孩子们上学，胡同里透着静谧，几乎见不到人，偶尔能传来小贩们悠长的吆喝声。当时胡同里没有路灯，冬天，天一擦黑，人们便不出屋了。胡同里静得让孩子们不敢出门。当时北京的街头，别说汽车，就是自行车也很少。那会儿，谁家有一辆自行车，比现在谁家有一辆“大奔”还牛。街上偶尔有一辆汽车驶过，会让许多人回头去看。

我清楚地记得，上小学三年级的时候，胡同里一个孩子的爷爷坐着一辆前苏联产的“吉姆”牌轿车来串门，车停在胡同里，我们这帮孩子围着这辆小汽车看的情景。我们不停地看，不停地摸，好像在看什么宝贝。这是我有生以来第一次亲手触摸汽车。当然，后来我们招来了司机叔叔的呵斥。这喝斥声，至今还封存在我的记忆里。但当时我们这些孩子却并不在意这呵斥声，因为我们摸到了汽车，觉得能摸一下汽车，挨一顿呵斥也值了。

孩子的心态永远是那么单纯，如同记忆中的古老京城。

交通，那会儿的北京人何曾为交通发过愁。有钱就坐公交车，没钱就“腿儿着”，谁也不会有过高的奢望，因为生活本身就是慢节奏的，如同舒缓的小夜曲。

城市规划与否定“梁陈方案”

在20世纪50年代，北京的交通规划是和城市规划放在一起编制的。城市交通并没有单独立项的整体规划。

全先生最早在北京规划设计院工作，参与过北京城市发展规划的设计工作，对此深有感触。从1949年开始到现在，北京的城市总体规划已经更新了6个版本。而最初的版本并没有把交通的因素考虑进去。

1949年北京解放后，作为首都的

京城，便着手进行城市发展规划的设计，即1950年到1957年的总体规划。

当时，苏联的专家，以“老大哥”的姿态也参与到规划设计当中。于是这个规划，出现了3个方案：即梁思成、陈占祥提议的保护老北京的格局不变，另建新的城市中心方案；苏联专家阿布拉莫夫和巴兰尼柯夫的在老城基础上建新城的方案；以及朱兆雪、赵东日提出的方案。

梁思成、陈占祥对故都北京有着深厚的感情，而且他们认为老祖宗留下来的历史文物遗产，是巨大的历史文化财富。所以他们的方案建议，把城墙内的老北京城，作为城市博物馆整体保留，将行政中心安排在从颐和园福海至丰台火车站的连线，并以此为中轴，建设一座“新北京”。

显然这一方案受到了印度首都规划建设“新德里”的启示。

而苏联专家，则受到了苏联首都莫斯科城的改造启示，建议将行政中心建在东起东单，西至府右街南侧及天安门广场。

朱兆雪和赵东日的方案则建议，将行政中心建在建国门，东西长安街与前三门大街之间的地带，辐射午门至西单灵镜胡同一线以南，其中包括中南海，北新华门至天安门广场周围的范围的中心地带。这个方案与苏联专家一个“莫夫”、一个“柯夫”的方案大致相同。说白了，就是在旧城的基础上建新城。

这三个方案摆在了当时新生的共和国领导人面前，是颇费筹措的。自然，当时也引起了很多争议。但是当时多数人的意见认为，梁、陈方案需要动用的资金太大，苏联专家的方案则没考虑到长远，而朱、赵方案将城市的中心地带，规划在北京内城中心风景最

好的地区，这一地区大致与昔日皇城范围相近，规模不大，许多宫廷建筑可以利用，不用再投巨资新建。所以受到青睐。因此最终被选中。

当然，酷爱北京历史文化，力求保护京城古建筑的梁思成先生，得知自己规划的方案被否决，痛心疾首。

事实证明，梁、陈方案当时是正确的，抚今追昔，否定它是历史的遗憾。但回过头去看，当时的国情也是无奈，这里咱们不提。

且说朱、赵方案被敲定后，一干人马便在此基础上，开始编制新中国成立以后的北京城市总体规划。两年之后，北京市城市总体规划第一稿，即《改建和拆建北京市规划草案要点》出台。1957年，这个总体规划进一步完善。

这一规划以旧城为中心，向周边郊区发展，中心城市面积约600平方公里，可以容纳600万人口居住。在空间布局上，基本规划出现在三环甚至四环之内的范围。

全永燊说："这个规划是分散集约式的城市布局，中心是一个大圈，外围有一圈隔地带，按边缘组团，海淀、酒仙桥、定福庄、石景山、南苑等集中区域当时都定了下来，道路交通定的是环路加发射线，现在的城市中心区还是当年规划的布局，几乎没变。"

为修路，不得不拆牌楼

您要知道，当时老北京的内城和一部分外城的明城墙和护城河还在，城墙以外几乎是大片的庄稼地。那会儿，北京人嘴边上的城里城外是以城墙为界的。换句话说，出了城门就是城外，路也还是当年走马车和人力车的路，所以规划中的环路和发射线也只能说是"纸上谈兵"。

事实上，规划永远赶不上变化。因为任何规划都有不完备的地方，也可以说，有在城市发展过程中不可预见的因素。

我想，当初朱兆雪和赵东日两位专家在20世纪50年代，绝对想象不到今天的北京会日新月异，拥有近两

千万人口和近500万辆机动车。您说是不是。

在专家们制定城市规划的同时，百废待举的北京城，却遇到了让各方人士感到棘手的交通问题。自然，这时的交通跟后来的交通还是两个概念。

新生的共和国定都北京后，接下来的就是大批人口的迁京。因为首都是全国的政治文化中心，国家机关、政府首脑、各大部委、军队院校都要在北京设立机构，需要大批的人才。人口迅速增加，必然要解决出行问题，显然老北京走马车的街道已不适应首都的发展需要。

实际上，当时在城市规划上，引起了“梁、陈方案”之争，起因也正是因为交通问题。

新中国建设初期，北京的内城还基本保持着明清时代的格局，道路基本上还保存着当年走轿子、走马车的宽度。要发展交通，必然要拆掉原有的城门、牌楼等建筑，甚至也要拆掉一些胡同、寺庙等等，于是才有整体保留城墙以内北京旧城的“梁、陈方案”，但是当时国家的财力实在是非常有限，整个国家还处于国民经济的恢复时期，不可能拿出那么多钱去建一座新城。更何况苏联专家的建议在其中起着作用。

于是才有了我们今天见到的东西长安街，这一世界上最宽的马路。为了修长安街，拆掉了几个城门和东

单、西单两座牌楼，当然这也是无奈之举。

不过，在当时，北京除了长安街并没有几条宽阔的大马路，环路的概念在当时还没有形成。北京有一条很有名的街道叫宽街。这是明代留下来的地名，当年是走马车和轿子的，宽度只有十多米。

用拖拉机拉着大炮接受检阅

路少，是因为车少和人少。因为当时北京的机动车，尤其是轿车非常稀少，即使在长安街上，上路的轿车也没有几辆。

笔者是在西单附近长大的，这里离西长安街很近。记得儿时的一大乐趣，就是跟胡同里的孩子们一起到长安街的路边数轿车。

北京人也管轿车叫小卧车。那会儿马路上跑着的轿车品种也极为有限，记忆犹新的是苏联的“吉斯”、“吉姆”、“伏尔加”、波兰的“华沙”等几种牌子。印象中还有日本的“丰田”、美国的“别克”、“福特”等牌子。

1960年到1963年，汽油供应紧张，一部分国产的“解放牌”公共汽车改用煤气为燃料，辅以少量的汽油，在汽车顶上安装储气袋。于是北京的长安街等街道上，出现了车顶上放着大气包的汽车，这在当时成了京城一景。

说到了汽车，当时的汽车少到什么份儿上呢，1954年国庆大阅兵时，解放军炮兵的大炮都找不到大卡车来拉，不得已，他们想到了拖拉机。炮兵用拖拉机拉着大炮，接受检阅，这在世界阅兵史上，恐怕也是绝无仅有的。

胡定邦在一篇回忆文章中说，

他的中学同学齐锡宝曾担任过江青秘书。齐锡宝曾说过这样一件事：20世纪50年代初，江青在中共中央宣传部电影处工作，办公的地方离她住的中南海比较远。公家派一部汽车每天接送她。这辆车是一辆美国产的旧车，经常开到半道儿上熄火，一到这时，司机就要下来用摇把使劲转动，等到噗噗作响之后，司机才能重新发动，继续往前开（见《百年潮》杂志2009年第一期）。

江青是何许人也？党和国家的最高领导人毛泽东主席的夫人呀！“第一夫人”当时坐的车尚且如此，别说一般人了。

木质车厢的公交车上了路

当时我们国家还不能生产汽车，所有的汽车都是进口的国外产品。毛泽东主席在1954年说过一段经常被人引用的话：“现在我们能造什么？能造桌子椅子，能造茶碗茶壶，能种粮食，还能磨成面粉，还能造纸，但是，一辆汽车，一架飞机，一辆坦克，一辆拖拉机都不能造。”

正因为如此，我国生产的第一辆汽车被命名为“解放”牌。“解放”两个字，意义不同寻常。

一辆汽车的生产，涉及并带动156个相关产业链。汽车工业，一个单位的产出，可以带动整个国民经济几十个单位的产出。“解放”牌汽车的制造成功，意义在于20世纪50年代，毛泽东提出的“独立自主、自力更生”建设方略的体现，中国制造业从此迈上了一个新的台阶。

1956年7月长春第一汽车制造厂试制出第一辆国产“解放”牌载货汽车。1957年首批48辆由长春一汽生产的“解放”牌货车运到北京，北京人第一次看到国产汽车在马路上行驶时

的扬眉吐气，至今还留在北京人的记忆里。

从长春一汽运来的“解放”牌货车，也就是人们说的大卡车。这种车怎么能拉客呢？为了解决客运，当时的北京客车制配厂的工人想出了一个土办法，用木板制作出木质车厢，保留原来卡车的驾驶楼子，造出了简易木质客车。

这种听起来像是玩具似的车愣上了路，并且照样拉乘客，这就是北京首次使用国产的公交车。

学开车要查祖宗三代

由于当时的生产力水平很低，人们的生活水平也很低，自行车对普通人来说尚属奢侈品，市民买自行车要票，每年一个单位只给几张票，大伙儿都想买。怎么办？单位领导没辙，只好让职工抓阄。

汽车呢？大一点的单位有那么几辆，小一点的单位也只有一两辆，还是货车。当时轿车极为稀少，只有副局级以上的领导干部才配备专用轿车。

当时的汽车司机，在社会上是非常牛气的职业。在笔者的印象中，直到20世纪80年代，一个单位选拔司机，不但要看个人的政治表现，还要查祖宗三代，政审极为严格。这些在现在年轻人看来是难以想象的，但确是历史事实。

今年59岁的吕国森，原是1路公共汽车的司机，他对笔者说：“我是1974年9月到公交系统工作的。来了以后，被分配到1路车队。那会儿公交车的司售人员条件相当艰苦。发车的总站没有站房，利用一辆报废的斯格达拖斗车，改成了调度室和司售人员休息室。当时我心中理想的工作就是开车，但是在公交公司想当司机非常难。我们这些小年轻从艰苦工作干起。当时为了改善发车总站的工作条件，要盖几间房，我在修建队干了两年。之后又在大1路当了两年售票员，直到1978年，才得到学开车的机会。”

吕国森说：“1路车队在北京公交系统算是最大的车队，当时有300

多职工，司机有100多号人。由于1路车当时是从八王坟到公主坟，从东到西走长安街，一条直线，每天经过中南海和天安门广场，在1路开车，也是令人羡慕的。当然，也是乘客最多的车队。1976年的时候，由于1路车乘客太多，客流量大的时候，一平米站13个人，公交公司大修厂用‘黄河’带斗的大卡车，改装了一批17米长的大通道公交车，给了1路40辆。因为这种车型看上去很大，所以北京的老百姓也称1路是‘大1路’。加了车，就要增加司机，我得到了这个机会。”

吕师傅说：“当时公交公司的司机有两个渠道，一个是公交技校培养出来的，另一个是从优秀售票员中选拔出来的，经过培训出来的。那会儿男售票员都愿意学开车。公司选拔司机极严格，不但要看个人表现，还要看家庭出身，一般家庭出身有问题的当不了司机。即使是家庭出身好，个人表现优秀，想当司机也是挺难的，不能说百里挑一，也得说是几十个人里挑一。我记得我们这拨学员有几百个人报名，最后选上的只有19个人，不少没被选上的哭了鼻子。当时培养一个司机至少得用10个月时间，我是1978年学的，1979年10月才开始开车上路，但拿到的驾照是实习本，俗称‘白本’，半年以后，没出任何差错，才给正式本，人称‘红本’。后来才全国统一换成现在的‘本’（驾照）。那会儿所有学开车的都是这样，但学开公交车难度更大一些。不过，那会儿开车要比现在容易，因为路上车少，交通规则当时才40多条。当时，大年初一，值一宿班，在长安街上开车，想撞人都找不到人。”

到郊区，坐车得大半天

那时候的北京，城市的人口很少，城区范围也不大，仅限于现在的

二环路以内，北京人也称之为城圈儿。笔者依稀记得直到20世纪70年代，北京人还把现在二环路以外的区域，称之为城外。

人们平时出行仅限于两点一线，即：从单位到家，所以堵车很少。老百姓以步行和自行车为主。当时的货物运输，以汽车、马车、三轮车、拖拉机、摩托车（蹦蹦车）为主。发往郊区的长途汽车数量非常少，而且路况很不好。

笔者记得在70年代，从北京城区到远郊的怀柔或门头沟县城，要大半天。如果要到怀柔或门头沟山区的村里，则要用一到两天的时间，因为中间还要换乘马车或牛车。当然，现在去这些地方，只需要一两个小时就足矣了。

尽管当时公交车的线路不多，早晚上班高峰时段坐公交也很挤，但是老百姓并没什么怨言，因为那会儿咱们国家的经济状况在那儿摆着，人们对出行方式并没有过高的要求。当然，政府对交通问题还是很重视的。尤其是公共交通，增一条线或减一条线，非常慎重，公交公司做不了主，要经过市政府办公室研究。

周恩来总理批示14路不绕行

老公交祝世钧回忆：当年14路车经过府右街，中共中央和国务院在中南海办公。中南海的西墙外就是府右

街，因为公交经过这里。当时有人认为影响中央领导办公，给北京市政府提建议，让14路改线绕行。这件事惊动了周恩来总理，总理让北京市政府进行调查。

14路在府右街有两站，力学胡同和灵境胡同。经过调查，发现这两站经常坐车的有1000多人，上下班高峰的客流三四千人，如果要把这两个车站撤掉绕行，要增加步行300米，三四千人要增加出行20多分钟。

调查报告写出来后，直接上报国务院。总理在报告上作了批示：不要动了。14路这条线到现在也没动。

祝世钧说，20世纪90年代，王府井大街改成步行街，当时103路、104路无轨电车也要改线。北京市政府也让调查。结果发现一下班高峰时段坐这两条线的人有上千人，考虑到人们的出行需要，后来这两条线也没改。

20世纪50年代，北京就想修地铁

在地面公交吃紧的时候，北京市政府也考虑到修地铁，但那个时候，中国人还处于“温饱”阶段，吃饭问题第一，修地铁谈何容易？哪有钱呀？

其实，北京想修地铁并不是20世纪六七十年代的事，在此之前，北京市政府的领导就动过这脑子。

据全永燊回忆：20世纪50年代初，北京开始规划建设地铁，但那时的地铁主要是为了战备，算是军用设施，属保密工程，当时由苏联专家帮助设计，草图已经有了，但尚未动工。由于20世纪50年代中后期，中苏两国关系恶化，苏联专家的撤离，加上经济条件的限制，北京的地铁建设方案也随之搁浅。

城市工业化为交通紧张埋下伏笔

从20世纪50年代中期，到60年代中期，国家开始进入社会主义建设的发展时期，随着城市工业化的进程，

北京从过去的消费城市也开始向生产型城市过渡。

老北京城几乎没有什么工业。老百姓生活用的火柴、肥皂、牙膏、牙刷都生产不了。20世纪50年代后期，在“大跃进”的热浪中，北京的工业发展也变得突飞猛进。从轻纺到重工，从机械到电子，全面上马。到了20世纪70年代，大到钢铁、汽车，小到铅笔、毛巾，北京没有不能生产的。

由于生产制造业的发展，北京的城市布局开始出现了新的变化。按当时的城市规划，西部是重工业区：首钢、北京锅炉厂、北京重型电机厂、第一通用机器厂、北京桥梁厂等被设在这里；东部为纺织工业区：国棉一、二、三厂，北京针织厂、北京印染厂等设在这里；东南部为化工区：北京化工厂、北京第一、二化工厂，北京有机化工厂、北京焦化厂、北京油漆厂、北京热电厂、北京礼花厂、北京木材厂等，这些带有污染性的企业均设在这里；东北部酒仙桥为电子工业区。西北部和北部在北京属上风上水，所以没有安排有污染的工业企业，而把这里作为高等教育区，除北大、清华、北师大等历史悠久的名牌大学以外，20世纪50年代，又在这一区域里兴建了中国农业大学、中国地质大学、中国邮电大学等“八大学院”。

虽然当时这种城市布局还算比较合理，但由于受计划经济的制约，北京的公共交通事业发展缓慢，把原来城里小作坊式的生产模式，发展到大工业规模的生产，但没有建设相应的生活区。所以很多职工仍住在城里。

除一些大的工厂有职工上下班的班车以外，一般工厂的职工却要每天骑车，或挤公共汽车到郊外的工厂去上班。一早一晚两头跑，出门进门见星星。真所谓“披星戴月”。

笔者当年在西郊北洼路的一家工厂当工人，住家在西单的辟才胡同，坐公交车要倒三趟车，到26路终点站花园村下车。

那会儿花园村还真是村的模样，首都师范大学北墙外是大片的菜地。下车后，要穿过菜地，快走15分钟以上才能到工厂，路上至少要一个半小时。后来改骑自行车上班，从西单骑到厂子要一个多小时。

当然，我住的还不是最远的。厂里有的职工住通州或门头沟，上班路上至少仨小时，所以干脆住厂里了。

我估计很多像我这岁数的人，都尝过上下班挤车之苦和骑车之累。不过，那会儿还没有私人轿车，别说我们这些年轻人一早一晚在上下班的路上奔波，连书记厂长也是如此，所以，大家心态都很平和，也习以为常了。

当时城市的规划部门在做城市

规划时，更多的是考虑工业生产的布局，并没有把老百姓的生活与出行考虑进去。比如大商场、大医院都在郊区，居民大都住在城里，而工厂又都在城外，这就为以后北京交通的紧张埋下了伏笔。

车票涨5分钱也要惊动国务院

在改革开放之前，老百姓的生活水准比较低，城市的市政建设发展也很缓慢，加上住房紧张，所以，人们对出行方式也没有更高的要求。近道儿，一般都是骑车或腿儿着。“腿儿着”，就是步行，北京人也戏称坐“11路”。远道儿坐公交车。

当时公交车的票价比较低。1968年，电车的票价为5分、10分、15分、20分4种，公交车的票价也简化为5分、10分、15分、20分。5分钱在当时是什么概念？能买一根奶油冰棍。

北京人对物价向来很敏感，公交车票看着不起眼，涨一分钱都会牵动百姓神经。1991年1月，5分基价改为10分，还要市政府上报国务院批准。公交车的月票由3.5元调至7元，郊区专线由4元调至8元，市郊通用月票由5元调到10元。酝酿了七八年时间才实行。

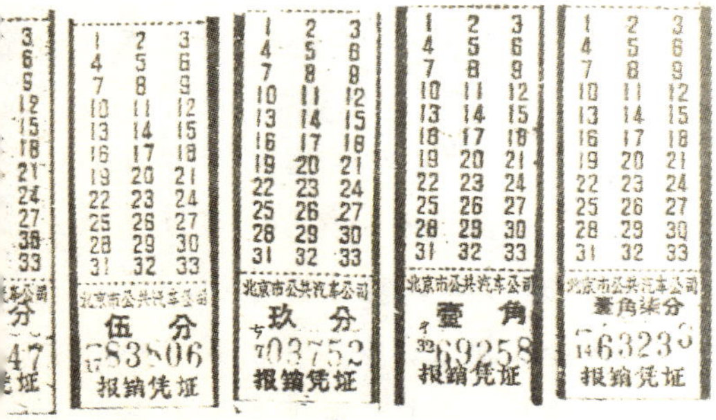

1979年票样

北京人的自行车情结

到20世纪80年代初，北京人买自行车不要票了，骑车人明显增多。由于坐公交车拥挤，自行车成了人们理想的代步工具。

短短10年，北京的自行车拥有量由几十万辆增加到几百万辆。道儿近

的职工上下班主要以自行车代步。

原北京市公安交通管理局副局长现北京交通工程科研所名誉所长段里仁手里保留着北京自行车发展的完整数据：1981年全市拥有自行车150万辆，1985年达到280万辆，到1989年，突破400万辆。自行车出行比例的峰值出现在1986年，达到60%。换句话说，10个北京人有6个是骑自行车出行的。

当然，自行车的用途很多，买粮买菜，拉煤气罐，送小孩上幼儿园、上学都要用自行车或驮或带。

北京人是有自行车情结的，北京人戏称坐自行车叫“二等”。为什么叫“二等”呢？因为当时北京人管坐小轿车叫“一等”。一般的老百姓哪敢奢望坐小轿车呀，所以自己幽上一默说，那就凑合着当“二等”公民吧。“二等”就这么来的。

吴冠中把自行车当“宝马”

许多作家都满怀激情写过自己的自行车情结，著名诗人郭小川曾在一篇散文中说：我喜欢骑着自行车在马路上穿行，这时候，我便能找到鱼在水里自由游弋的感觉。不久前，我在报上看到过著名画家吴冠中写的一篇随笔《自行车，我的宝马》，这篇文章不长，我把它转载下来，以飨读者：

我有过最辉煌的年代，那是自行车时代。晨曦，斜阳横扫古老的北京城，像蓝海一样涌动的北京人都被染上微微的、薄薄的一层阳光。我骑着自行车，蓝装，淹没在这自行车之流中，巨大的洪流。自己感到在鸟群中猛飞的轻快与舒畅——骑在车上奋飞，像溜冰、滑翔般痛快。放眼望去，半城北京人正开始奔向一天的工作。

秦琼落魄到要卖马，太惨了。自行车正是我的宝马。我骑着它上班挣口粮，抚养妻儿，我骑着它到处写生，寻觅艺术。我的绘画作品大都是伏在自行车上爬进我那阴暗的破落之家的。想当年，身强力壮，忽然想起香山的一片白杨林可入画，快马加鞭一小时到达，但很失望，立马回头，刚抵家，邻居正叫分过冬白菜，想载艺术而未成的宝马立即改驮白菜了。

到郊区作完画，油色未干，画面朝天被绑在车后座，活像平板三轮。郊外路虽不平，但车少，不怕被碰撞。进了城便像贼似的躲前避后，怕人沾油色，便竭力走僻巷，宁可绕道。

我初次看到意大利电影《偷自行车的人》，真是感动极了，可以说是我此生所见最受感动的影片。不过，如果今日重放，会很少有人感兴趣了。当我搬入高楼，楼下又无存车处，于是秦琼不得不卖马了，这匹老马已经是我的第二只飞鸽，也已经属于侯宝林说的除了铃铛不响哪里都响的老朽之躯了。

一夜东风，北京城变成了洋腔洋调，满眼玻璃幕墙，交通处处阻隔，马路上密密的汽车，都被规范在路标路轨中，就像湖里的鱼都困在鱼簖中，活活的鱼不能自由穿游跳跃。堵车，车之洪流被堵住了，高处往低处望，北京城成了五彩缤纷的停车场。大路朝天，大家走，现在大家不能走。难得看到有三两辆自行车，悄悄地滑过堵塞的大道，钻出羊肠小道，扬长而去。人要生存，看来异途尚多，顺流不通，逆流倒通了。我坐在车里，细观车外五花八门之伎俩，耐心等待，只是再也享受不到骑在自行车上乘风破浪地奔驰、似乎自己争在了一切风骚之前列的感觉。

现在北京的不少中小学生，上学放学需要父母开着私家车接送。一些重点小学和中学的门口，一到上学放学的点儿，校门口周围的道路几乎成了停车场。

孩子们也许难以想象，他们的父母上小学和中学那会儿，别说小轿车了，连自行车都没有，甭管住家离学校远近，一律都是“腿儿着”上学和放学回家。到了20世纪80年代以后，念小学的孩子，才有了享受“二等”的待遇。

一次，我跟一个“80后”的青年聊天。我说90%的北京“70后”、“80后”是在父母自行车“大梁上”长大的。

他听了还不相信，回家问他爸他妈。他爸说，多明白呀，你以为你是坐汽车长大的呢？你能坐上自行车就知足吧，这车还是我在单位抓阄抓到的呢。

“老外”愣不敢骑车上街

到20世纪80年代，北京成了自行车的海洋。每天上下班高峰，长安街的自行车车流如过江之鲫，成了都市一景，以至于外国记者惊呼：“北京是自行车王国。”

虽然骑自行车非常便捷，也很环保，但北京跟欧洲崇尚自行车的荷兰、瑞士、法国还不一样，因为北

京骑车的人太多，而且道路也窄，路面上还跑着轿车、卡车、马车、摩托车、三轮，加上当时人们交通意识很差，所以路况甚至比现在还要糟糕。

20世纪90年代初，北京人的主要交通工具还是自行车呢。当时，我在《北京晚报》当记者，在采访时，接触过美国《洛杉矶时报》驻北京的一个记者。他对我说，在洛杉矶的时候，他平时很喜欢骑自行车，来到北京以后，他特地买了一辆自行车，可是看到北京街头的自行车太多了，骑车的人速度都很快，而且不守规矩，他看北京人骑车眼晕。他骑了几次自行车上街以后，再也不敢骑了。

确实，骑车技术潮点儿，胆儿再小点儿的人真不敢骑车上路。当时，骑车人撞行人，骑车人对撞的事，每天至少得发生几十档子。

存车处“爆棚”

还有一样儿，存自行车，也跟现在存轿车一样，当时也是一“难”。

六七十年代，在北京存自行车还发手牌。后来改为给存车条，到后来车越来越多，您在存车处存车，什么凭据都没了。在繁华商业区，能找个存自行车的地方都不易，还打算要凭据？

记得20世纪80年代末，王府井大街南口往东的一片还没盖起东方广场，是一个大的自行车的存车处，路边是一片小树林。赶上礼拜天休息，王府井大街人山人海，摩肩接踵，成了“人粥”。没地存自行车，人们便把自行车直接放在小树林。路边和小树林简直成了自行车的汪洋大海。

有一次，我把车存在那儿去逛王府井，回来取自行车就花了半个小时。车挨着车，出来可就难了。

丢自行车见怪不怪

到了90年代初，自行车也变得不那么金贵了，人们存车也不找存车处了，随便在马路边一放，这给偷车的贼提供了方便。北京人没丢过自行车的家庭，估计找不出几个来。笔者本人就丢了5辆。

有一次，我给孩子刚买了一辆新

的“捷安特”，放在住家的楼道里，第二天便没了踪影。因为车是新车，还是名牌，让贼偷走觉得心疼，我便到派出所报案。

警察叔叔听说我为丢了辆自行车而着急上火，笑着说，他都丢了四辆了。

看来丢自行车成了北京人的家常便饭。

不过警察告诉我一招儿，以后别让孩子骑新车，骑新车等于给别人预备的。这当然也是笑谈。北京人骑自行车的酸甜苦辣，足可以单写一本书的。

“自行车王国”给当时北京的交通带来一定的压力。但比起后来的机动车的发展，这种压力要小得多。两个轱辘毕竟比四个轱辘要灵活便捷，占地方也小。

自行车承载着几代人的生活记忆。

历史进入21世纪，步入“小康”的北京人，当回首昔日北京的交通时，不能不想到可爱的自行车，对自行车的怀旧情结不言而喻。而“90后”的年轻人，面对私人轿车的普及，也许难以想象，自行车曾是北京人家庭的主角，同时也是北京交通工具的主角。

第三章

城市焦虑：公交车里挤出来的叹息

城市大小动脉遭遇梗塞

改革开放之初，20世纪80年代中期到90年代初，北京的经济发展速度加快，随着市场经济的繁荣，城市化进程加快，外来人口迅速增多，房地产业的兴起，住宅小区的大力发展，机动车从13万辆猛增到40多万辆，而且每年以几十万辆的速度增加。与此同时，自行车的数量也猛增，由最初的一个家庭一辆，发展到成年人几乎一人一辆。自行车的总数猛增到上千万辆，成为名副其实的自行车王国，使城市交通出现了前所未有的紧张状况。

这一时期的交通问题主要是道路少，人口猛增造成的。

由于“文革”造成的“十年内乱”，国民经济很长一段时间停滞不前，政府也没有足够的财力来修路。20世纪80年代末90年代初，京城的东西干道主要是东西长安街及延长线和阜成门到朝阳门这两大动脉。南北干道主要是菜市口到新街口、崇文门到北新桥这两条动脉。

虽然当时的二环路已建成，三环也在规划之中，并且建设了十几座立交桥，但并没有形成路网。由于干道与支线形成不了有机的连接，于是构成了一个又一个瓶颈。

各种车辆路上争雄

当时三环路还没有开工，但仅二环路以内的城市中心区每天上下班高峰阶段，拥堵的路口竟达180多个，这种拥堵原因很多，但最主要的原因是由车辆混行造成的。

20世纪七八十年代，北京的交通是机动的、非机动的，各色“车”等“混战”时期。机动车开始多起来，与此同时，各种简易的机动车也纷纷显露峥嵘，三轮车“触”了电，改成了三轮摩托，北京人戏称“电驴子”。“电驴子”安装上帆布棚子，北京人叫“蹦蹦车”。这种开起来“嘣嘣”山响，一里地以外都能听得到的“车”，价格较低，而且买车不用“指标”，一时受到各个单位的青睐，纷纷购置，在马路上大行其道。摩托车后来又被改装成混合动力的农用三轮车，俗称“狗追兔子”。手扶拖拉机、平板三轮、电动自行车，甚至郊区农民的马车、骡车也在城区的路面上照行不误。

路面上车杂人多，加上当时还没有划定机动车和自行车道，实行分道行驶。此外，当时还有十多条铁道线在城区穿行，火车、汽车、摩托车、自行车、马车、骡车都凑到了一块

儿，您说这路面状况复杂不复杂吧？

更要命的是机动车司机、骑自行车的和行人的交通意识淡薄，不懂规矩，也不守规矩，骑车带人，开车闯红灯，行人随便穿行马路，抢行猛拐，随便乱停车等等，都已习以为常，所以交通事故频发。侯宝林的相声《夜行记》里说的那种骑车人把老头儿撞药铺里的事，并不足奇。

喝醉了都敢开车上路

另一个不容忽视的问题是，当时的交通管理水平还比较低。从政府到老百姓，还没有大交通意识。

北京市区实行车辆道路限行措施是20世纪90年代以后的事。在此之前，各条道路、各种车辆是可以随便行驶的。即使是在长安街上，您开着大卡车，也可以照样行驶，而且还不分什么钟点，不论什么路上都可以想拐弯就拐弯。当然那会儿马路上没有那么多黄线白线，更没有单行线一说。您想交通能不乱吗？

那会儿的交通警察最辛苦。十字路口设有岗台，交通警站在马路中间的岗台上，手拿指挥棒指挥疏导交通。道路的路口，及红绿灯的设置极不合理，有些路口甚至没有红绿灯。

20世纪80年代末，北京的人行横道才出现红绿灯，当时许多市民还挺纳闷儿，人行横道怎么还有红绿灯呀？

我记得当时邻居有个大哥跟我聊天时还把这当笑话。他认为人行横道安红绿灯是装饰物，是一种摆设，谁过马路去摁按钮呀？

别说这个了，那会儿汽车司机喝醉了酒都照样敢开车上路，出了事，警察管，不出事，您喝一斤酒开车，也没人拦着您。由此可知人们对交通法规意识的淡漠。

民工潮对城市交通的冲击

除了道路条件差之外，当时困扰政府的主要交通问题是老百姓的乘车难。外地来京务工人员的大量涌入，使北京的公共交通出现了前所未有的巨大的压力。

20世纪80年代，改革开放的春风吹遍了祖国大地，开放的浪潮使面朝黄土背朝天的广大农村的农民，开始了前所未有的思想大解放。他们纷纷走出家乡，涌向城市。中国城市化的进程突然提速，让城市交通喘不过气来。

首都北京无疑是广大农村青壮年进城打工的首选城市之一。一时间，北京火车站成为世界各大城市中最拥挤的车站之一。高峰时，每天的客流量达30多万人次。举目望去，尽是背着大包小包的农民工。

当然，这些农民工走出北京站，马上就要汇入城市的车水马龙之中。更确切地说，他们要乘坐公共汽车，奔赴各处寻找谋生的饭碗。毫无疑问，外来人口的剧增，给北京公交的运营带来巨大的压力。与此同时，北京的经济政策开始向旅游业倾斜。旅游业的发展，使北京的旅游观光者逐年增加。

当时，北京的有关部门曾搞过一次调查，发现乘坐公交车的将近三分之二是外地人，而且那些外地人来北京谋生，乘车时都背着大包袱和小包袱，一个人能占两个人的地方。

这些初来乍到的农民，对大城市还有一种陌生感，不懂得规矩，上车也不懂排队，车来了，拎着大包小包往前冲，所以有些挤，也是人为造成的。

要知道在20世纪六七十年代，外地人来北京，别说找工作，就是出差办公事，都是要单位开出介绍信的，验名正身。农民则由公社出具证明，才能买到来北京的火车票。现在“城门”大开，无异于水库开闸放水。民工潮冲击着北京这座六朝古都的宁静。

民工潮给这座城市带来了活力，带来了生机，也给这座城市带来了压力，带来了焦虑。当然城市外来人口的剧增，使本来就脆弱的城市交通，增加了沉重的负担。

快把人挤成“相片儿”了

北京公交的“乘车难”，在20世纪70年代末便始露端倪。

1975年，全北京的公共交通电汽车只有1876辆。当时北京的人，包括郊区的人口，只有800多万。但到了1985年，城市人口已经突破1000万，外来务工人员和流动人口大约在300万以上，这还不包括每年有数以百万计的来京旅游观光者。而当时全市的公交电汽车总数只有3444辆。由此可知当时公交车的紧张程度。

担负全市公交运营任务的公交总公司，为了提高客运能力，每班次都加班加点，即便这样，也难以承担每天上百万人次的客运量。

挤车成了北京公交车最普遍的现象。尤其是上下班高峰，不争先恐后，挤不上车。说老实话，那会儿，人们的素质也比较低，没有排队意识。坐公交车不挤，那不叫坐公交车。所以，北京人管坐公交车，不叫坐公交车，叫挤公交车。

姜昆有一段相声里说，在公交车上快把人挤成相片了。虽然属于夸张，但说明当时坐公共汽车拥挤的程度。您也许还记得，当时中央电视台有一个著名的公益广告片叫《别挤了》，拍的就是北京人挤公交车的镜头，那首片头曲《别挤了》曾家喻户晓。

那会儿的公交车太少

北京公交集团的副总王新声，在公交系统干了40多年，算是“老公交”了。他对笔者说：“造成公交挤的原因谁都能数出几条来，但我认为主要是当时的车况差，车太少。”

他说：“2008年北京公交车的运量达到了44.8亿人次，而1978年的公交运量是11亿人次。1988年的运量也在20多亿人次，比现在要少得多。现在北京人坐公交车挤不挤？个别线路在上下班高峰时，也有挤的现象，但只是个别，而不是普遍现象了。”

为什么？王新声说：“1978年，北京公交系统电、汽车加在一起是2627辆，而现在是20904辆，几乎是当年的10倍。那会儿的公交车哪有空调？现在空调车已占了一半，车况大不一样了。同时，乘客的素质也提高了，有序排队已经蔚然成风。20年前，乘车排队的现象很少。”

一平米站了12个人

焦艳芳今年54岁。她1987年调到电车公司109路当售票员。她跟笔者回忆，那会儿的公交车挤到什么份儿呢？人们在车上脸对着脸，连回头的地方都没有。有人说上了公交车就同呼吸共命运了。但有人说哪儿有同呼吸的地方？只能你呼我吸。109路无轨电车从东大桥到广安门，这一路至少有十几个堵点，每年10月到春节前，天天堵车。有一次，车从广安门开到东大桥，用了3个半小时，车上人挤人，人挨人，上又上不来，下又下不去，有上班的，有办急事的，还有上医院看病的，一个个心急如焚，烦呀！打架斗嘴，相互对骂成了家常便饭，有时只能斗嘴，动不了手，因为连伸胳膊的地方都没有。

1路车队的老司机吕国森对笔者回忆：一辆公交车最挤的时候，一平方米站12个人。

一平米站12个人？笔者对这一说法难以相信。乖乖，一平方米站12个人怎么可能呢！我曾画出一平方米的方块，放上12双鞋，都放不下。

但公交总公司的一个老职工给我做了这样一个比方，一平方米的空间，有人一只脚着地，有人还悬在了半空，有人甚至只用一个脚尖。

这简直如同沙丁鱼罐头一样了！但这确实是当时北京公交车“乘车难”的写照。

因为笔者也是从那个时候过来的人，也曾有过坐公交车的经历。

挤车，那实在是像在打仗，必须有冲锋陷阵、勇往直前的精神。难怪当时的作家刘心武写出了《公共汽车咏叹调》这样的报告文学。

战“冬运”与温缸加水

石曙光是北京公交集团主管运营的副总经理。聊起当年北京公交车的车况，他感慨万千。他说：我是1985到48路车队当队长，当时才二十多岁。48路是从光华路到小马厂，途经永安里、建国门、前门等繁华路段，路面上堵车堵得厉害，司机开车走一圈儿真是很难。车队有400多号人，80多个小伙子，工作不安心，司机也大都想调走，出去当出租车司机，因为出车的条件太艰苦了。

石曙光说，那会儿，有一部电视剧叫《赤橙黄绿青蓝紫》，反映的就是公交系统年轻人的事。当时公交车大都是“老黄河”大通道。每到冬天，公交系统都要“战冬运”。这种滋味只有当年的公交系统老司机有体会，每天要“温缸加水”。冬天冷，每天晚上收车以后，要把水放干净，怕冻坏了。我这个当队长的晚上值班，先看车放没放水，车摆好没有，要不摆好，第二天早上车出不去。凌晨三四点钟就得起来，盯着烧锅炉，把水烧热，然后给车加水。冬天零下十多度，汽车发动机盖马上都冻成了霜，得用热水浇，然后再打马达、轰车。有时天冷，车轰不着，急了的时候，就用车拖，都是柴油车，油凉，一上路就冒黑烟，市民管我们的车叫“墨斗鱼”。现在公交系统的车都达到欧洲标准了，年轻的司机都没听过“温缸加水”这个词，当然也没有“战冬运”这一说了。

脑袋卡在了驾驶“楼子”上

那个年代的北京公交，想起来让人有些不堪回首。

今年52岁的马庆双是1路车队的老司机，聊起当年公交司售人员

的酸甜苦辣，感慨万千。他对笔者说，我是1980年到大1路的。1981年在1路开车，一直到现在开过6种车型。因为1路走长安街，是北京公交的重要窗口，所以公交系统有好车新车，先给1路。20世纪80年代开的“黄河”大通道，这种车型是拉货的大卡车的发动机，噪音极大。司机和售票员说话，声儿小点根本听不见。所以，平时说话都是大嗓门儿。这是那个年代公交司机和售票员的职业习惯。那会儿，公交司售人员没有工作服，车中间的铰接盘能看到地面，车开起来，土直接往车里灌。上一天班，身上全是土，所以那会儿公交司售人员下了班，走在街上，灰头土脸的都挂相儿。

马庆双说，那会儿没有防冻液，冬天给车加水温缸，至少用4桶水，一桶水10公升，“温缸”时要举过头顶，所以是个体力活。那会儿公交车开车的女司机少。为什么，体力达不到。当时公交司机算重体力劳动，每月发粮票，比一般职工多9斤，一个月45斤。车的电瓶重复使用，有时充不上电了，还照常用，车开到半道儿，经常打不着车，没辙，只好发动乘客下车推车。长安街上乘客推公交车，曾作为街头一景，在报上作过报道。

马师傅笑着说，当时的公交车四面透风，夏天热的时候，车厢又低，又闷，司机热的没辙，只好脑袋上搭块湿毛巾，有点像电影《地雷战》里偷地雷的鬼子。冬天怕挡风玻璃上有哈气，驾驶室的窗户得开着，所以公交司机大都落下了腰疼脖子疼的职业病。冷风“咬”得膀子生疼，穿着带毛的棉鞋都冻脚，但也得照样开着窗户。当时冬运早高峰时，乘客多，怕乘客上不去车，公交系统专门派人到各站台去推车门子。车门子经常被挤坏，来不及修，照常开。那会儿的公交车减震性能极差，遇上路面有个小坑，车就得颠起来。公交系统曾出过这么一档子事，有个司机，开车路过一个小坎，车颠起来，司机的脑袋卡在了驾驶室的顶上。

公交车的老司机吕国森师傅回忆说，1980年左右，我在5路当司机。5路走的线路拐弯多。那会儿公交车的方向盘不带助力，轮子沉，打轮都得站起来，使劲儿用力，早晨少吃一个油饼到中午打轮就吃力。当时，女司机早点都得吃4个油饼。“离合”

也沉，挂“二挡”挂不上去，挂“三挡”摘不下来，跑一天车，膀子酸，胳膊疼，脚都得肿了，比爬七八层楼还累。夏天开车，汗往方向盘上滴，别说身上的衣服，一下班，连内裤都是湿的。赶上下雨更不是滋味。司机的驾驶室和车厢天窗漏雨，车一拐弯，雨水往脑袋上灌，一点儿没糟蹋，存的那些雨水还是你的。

司机出车得求爷爷告奶奶

石曙光对笔者说，当时，北京的公交系统不但车况差，路上堵车，而且公交职工的待遇也低。我当队长那会儿，司机的月工资才40多块钱。当时其他行业的职工都涨钱了，只有公交没涨，所以大伙儿有点怨气。

48路车队有六七十辆“黄河”大通道。司机出车的时候，我这个队长得央告他们：哥儿们辛苦了，走一圈吧。

老石说，当时没钱发奖金，为了鼓励大伙儿，我到信托商店买一块钱一个的塑料盒，给大伙发奖。乘车本来就难，冬天穿的衣服厚点就更挤了。

当时每个车站都派三四个职工。干吗，乘客挤车的时候，喊一二三，往上推人。当时中央电视台的那个广告宣传片《别挤了》，说的是实情。可是不挤，上班真迟到呀。怎么办？只好把人愣推上车，往里生挤。现在讲起这些，年轻人可能会感到不可思议，但我们就是这么过来的。

增加公交车谈何容易

为了缓解北京的交通紧张状况，北京市政府多次召开专题办公会议，研究交通问题。远水解不了近渴。为了解决燃眉之急，最有效的办法是增加车辆来缓解乘车难，但给公交系统增加车辆又谈何容易？

按当时的价格计算，一辆国产柴油大客车的造价在七八十万元，增加10辆便是七八百万元，增加100辆，便是七八千万元，这还不包括配备司售人员和车辆维修、油费等成本，而当时市政府用于公共交通的财政拨款，每年也只有几千万元。当然增加车辆的同时，还要考虑到道路的承受能力。当时北京城区的道路已经处于饱和状况。所以，用增加车辆来缓解“乘车难”，只能解决燃眉之急。但当时连这点做起来都难。

事实上，从1985年开始，到1995年，北京市的公交电汽车数量，仅增加了几百辆，即从3444辆，增加到3927辆。

把公交推向市场

20世纪80年代末，中国正处于城市经济体制改革的关键时刻，公共交通也被列入改革的范畴中。当时各大城市纷纷效仿大连等城市公共交通多种经营的做法，即公共交通不再作为政府的社会福利事业之一，而是把它推向市场。北京也不例外，这一时期，公共交通在市场经济中试水了。

北京市公共交通总公司是1980年8月组建的。1988年市公交总公司与市政府签订了承包协议，实行改革，面向市场，优化运营结构，采用以大客运交通为主体，多种经济成分、多种融资渠道、多种运营方式并存的思路。

一时间，小公共开始走上北京街头，除公交总公司的车辆以外，合资、民营的客运公司也进入公交领域，彼此展开了竞争。此外，一些公交线路还跟香港合作成立了“百利保”、“康恩”等专线。长途公交车也出现了多种经营的思路，如京密、京延等专线。

当时的初衷只有一个，用市场化的方法来缓解北京公交的拥挤状况，但事与愿违，很快，它的弊端便显露出来，这种市场化的手段，不但没有从根本上解决“乘车难”的问题，反而使城市的公共交通造成了无序的状况，尤其让人感到忧虑的是，职工队伍的不稳定。

由于一时间政策不到位和机制的不健全，带来的恶性竞争，使原本是一支特别能战斗的北京公交队伍，出现了人心涣散的局面。

售票员在站台卖苹果

石曙光在回忆这一段北京公交的历史教训时说：谁也没有想到，吃了几十年“皇粮”的公交职工会被推到了“市场”的竞争之中。当然，这种“市场化”并非完全意义上的市场化，只能说是市场边缘化。因为当时公交系统的职工基本工资是保底的，

但奖金却上不封顶。

石曙光说：那一时期，公交系统真是八仙过海，各显神通。我当时在48路车队当队长，看着别的线路的职工奖金比我们高，我心里也起急。怎么办？只能想别的辙。车队当时为了提高职工收入，从郊区去拉苹果、梨，在站台上卖。为了搞创收，多拉客，把路牌子摘了，到平谷、密云去拉客。怕长途公司的人看见，车不敢开到东直门车站，在三元桥就把客人撂下了。后来还是被长途公司的人发现了，人家偷着把我们车的轮胎给扎了。当然，别的线路的车也到我们的线路来抢乘客。

石曙光说，当时各车队整天都琢磨着搞多种经营，但又不敢提票价。因为公交车的票价是由政府管着，只能想别的招儿。

职工也不安心本职，有的白天在公交干，晚上自己去做买卖，干所谓的第二职业。

当时，有的司售人员白天跑圈，泡蘑菇，耍机贼，从小马厂到光华路，他敢把车停在建国门那儿，跑马路边上去抽烟喝水，等到钟点了，再把车开回总站，到调度室上签上点。我当时亲自抓过这样的事，但抓住了又能怎么样。他说挣一壶醋钱，让他们跑全程，他只能偷懒。

老石说，那时候，上下班高峰，司售人员私自甩站，不拉乘客的现象不是一个两个。此外，为了搞创收，条件好的车队敢把办公室、调度室出租给个体户当小卖部、开饭馆。

扭转局面，及时转舵

石曙光认为：公共交通本来就是为人民服务的公共服务项目，世界上任何一座城市的公共交通都不是以营利为目的，一旦把它推向市场，让它去赚钱去营利，必然就会变味儿。方向的东西失去了，职工也找不到自己的定位了，都憋着想方设法地挣钱，最后的结果是把自己的主业给丢了。

这种做法不但不会从根本上解决公共交通出现的问题，相反会使矛盾越来越突出，造成城市交通的混乱，老百姓出行越来越难了。同时，城市的公共交通也得不到健康有序的发展。

幸运的是，市政府及时发现了问题的严重性，及时转制，成立了八方达公司、巴士公司，扭转了这种被动的局面。

到2000年，经过一步一步的治理整顿，取消了小公共，收购和并购了一些线路。同时市政府在财力物力上加大投入，使北京的公交又回到了正确的轨道。并抓住奥运会的机会，使北京公交有了前所未有的大发展，解决了困扰了近20年的北京公交乘车难的问题。与此同时动员社会力量，各单位增加班车，以减轻上下班高峰时段公交的压力。

全面出击缓解“乘车难”

20世纪80年代末，北京市政府为了解决北京的老百姓“乘车难”问题，可谓绞尽了脑汁，除了加大对公交系统的资金投入，增加车辆外，还把注意力放在轨道交通的发展上。

1984年5月，组建了北京地下铁道公司。地铁从为战备服务向以运营生产为主转移。成为解决首都城市交通问题的重要途径。

北京地铁一期工程，即现在的1号线，从1965年7月开工，1969年10月建成，到1971年试运营。接着又开始环线地铁即2号线的建设，1984年环线地铁2号线试运营，1992年西单到复兴门折返线运营，1号线与2号线在复兴门换乘，大大提高了地铁的运营能力。

1995年，地铁年客运量达5.58亿人次，日均运送乘客130万人次，占公交客运总量的12.8%。地铁的运营，为缓解北京“乘车难”找到了新的突破口。

“首汽”独占鳌头

在公交增加车辆的同时，北京还大力发展出租车业。

北京的出租汽车行业，在国内各大城市中，算是最早发展起来的。从民国二年（1913年），法国人在北京开办的“飞燕汽马车行”到现在有近100年的历史。新中国成立后，由中共中央办公厅等单位投资筹建的首都汽车公司成立，人们称之为“首汽”。

■ 首汽司机在嘎斯M20胜利牌轿车旁留影

这是新中国建立后，由国家投资组建的第一个出租汽车公司，也是北京市第一个国营出租汽车公司。当时“首汽”的主要任务是为党和国家召开大型会议，接待外国友人服务。

北京是共和国的首都，也是党和国家领导人居住的地方，在北京每年都要召开全国性的各种会议，同时也有大量的外国首脑和代表团来华访问，这些活动都需要有专车，所以成立“首汽”是必要的。

首都汽车公司的名字是1951年4月，经当时的政务院总理周恩来圈阅后起的。成立之初，只有20余辆汽车，24个司机。1954年，国家投资从国外进口了130辆小轿车和40辆大客车，调入32辆“吉斯”，8辆“吉姆”牌轿车，这两种车型，在当时国内算最高档次的车，使公司成为国内规模最大的首屈一指的出租汽车公司。“首汽”直到现在依然承担着重大外事活动和每年的全国“两会”的接送任务。

为了满足市民使用出租汽车的需要，1956年1月，“首汽”在京成立了地方国营出租汽车总站。出租汽车营业站设有二十来个站点，分布在四九城。谁有事需要用出租车，可以给这些站点打电话叫车。到1962年左右，“首汽”的运营出租车已达620辆，车型有40余种，号称“万国杂牌军”。

在国内的出租车行业中，“首汽”的地位非常特殊。“文革”期间那么乱，“首汽”的运营居然没受多大影响。因为它不但担负着北京市民出行的需要，更主要的是担负着党中央和国务院的外事活动任务。

1971年以后，随着中国对外交往的扩大，外事活动逐年增加，“首汽”的任务量也随之多起来。1971年，他们圆满完成了接待亚非乒乓球友好邀请赛的用车任务。1972年2月和8月，他们又分别完成了团队庞大的美国总统尼克松和日本首相田中角荣访华的交通服务任务。美日两国首脑访华，在当时是国际上的大事，“首汽”的员工非常体面地为国争了光。

1973年，时任国务院副总理的李先念亲自批示“首汽”进口新车。此后，“首汽”进口日本“丰田”小轿车450辆。在当时国家经济发展停滞不前的背景下，如此大批量地从日本进口新车，堪称是“大手笔”。由此可知中央对“首汽”的重视。为了这批新车能及时上路，“首汽”陆续接收了300多名复转军人。因为当时“首汽”选拔司机，政审要求极其严格。此后，“首汽”在中央和北京市政府的大力扶持下，发展迅速。到1983年底，“首汽”有职工4182名，其中，驾驶员2185名，修理工501名，成为全国规模最大的出租汽车公司。

■ 当年接待第一次人大会时首汽车队雄姿

“北汽”脱颖而出

在1973年之前，北京的出租汽车业，可以说是一枝独秀，只有“首汽”一家。虽然“首汽”在执行重大外事活动和国内大型会议用车任务的同时，也设立了一些站点，为市民租车服务。但随着市民租车需要的扩大，“首汽”独家经营就显得力不从心。所以，1973年，在“首汽”补充更新车辆的同时，成立了北京第二汽车公司。到1974年，北京第二汽车公司已拥有出租汽车280辆。有意思的是他们年运送乘客的数量，居然超过了新中国成立之前北京公共汽车的年总运量。1979年，北京第二汽车公司更名为北京市出租汽车公司，人们一般称为“北汽”。“首汽”和“北汽”各有分工，“北汽”主要的服务对象是市民。

除了“首汽”和“北汽”之外，1979年还成立了由北京市旅游局直属的北京市旅游汽车公司。1983年又成立了由北京市政府对外办管理的北京汽车服务公司。到1983年，北京的出租车大概有五六千辆。

进入20世纪80年代，随着我国改革开放政策的进一步深化，商品市场开始活跃，外商外资大量涌入京城，京城百姓也纷纷“下海”经商，人们的出行方式开始朝着轿车化方向发展。人们的腰包鼓起来后，首先想到的是买车。加上北京人的好面子，一时买不到车的人，也不愿再去挤公交车，而去坐出租车。

当时，港台之风在沿海城市劲吹之后，渐入京城。随着港台歌曲的盛行，一些“港”语也被北京人所接受，比如出门坐公交车，改为出门

■ 闻名中外的“首汽”国宾队

坐“大巴”。出租车在香港叫“的士”，此语传到京城后，演变为坐出租车为打“的”。出租车司机也被戏称为“的”哥。一时间，打“的”在京城成为时尚。有些好虚荣的年轻人为了摆谱儿，出门办事儿，本来可以坐公交车，却要打“的”走一段路，以显示自己的身份。当然，更多的人打“的”是因为出行方便。

面对滚滚而来的打“的”需要，京城的出租车业有些措手不及。原有的4家国有出租车公司，已经满足不了百姓打“的”的需求。一时间，京城的公共交通又出现了一“难”，即坐出租车难。

1984年，为了解决北京市民乘车难的问题，北京市政府根据国务院“改革城市公共交通独家经营的体制，实行多家经营，统一管理”的精神，鼓励国有、合资、民营企业，包括个体经营者，开办出租汽车公司，并且对开办出租汽车的企业给予优惠政策。这一政策的出台，犹如一场及时雨，在不到一年的时间里，催生出上百家出租车公司。到1985年底，北京的出租车公司达到了111家。其中，国有的36家，集体49家，合资13家，个体13家，出租车的总量达到了12088辆。形成了国有、集体、合资、个体等出租汽车经营形式在市场上并存的局面。由于这些出租车公司的车型有所不同，所有车辆均可自由招揽乘客，所以适应了不同消费阶层的需要。持续多年的打出租车难的问题得到缓解。

京城出租车的“六统一”

1985年4月，北京市政府为加强对出租车行业的管理，成立了北京出租汽车管理处。1986年3月，北京出租汽车协会成立。1988年，北京市政府颁布实施《北京市出租汽车管理办法》，北京市物价局调整了出租车价格。

北京市出租汽车管理处依照其管理办法，规范了出租车司机的服务条例。出租车统一安装了计价器，统一收费办法。1985年，根据北京市政协委员提出的建议，北京的出租车统一了车身的颜色，以黄为主，并同时统一了车身装饰和标志，除了这5个“统一”外，还统一了打“的”的方式，乘客打“的”，只要在路边招手，即可让空驶的出租车停车。在路边招手要车成为主要的运营方式。

而在此之前，出租车的车身颜色是不统一的，您要打“的”得到营业站点，或者电话预约。这些统一的管理模式，与西方发达国家城市的出租车运营完全接轨，使市场化后的京城出租车业得以健康有序的发展。

满大街跑“蝗虫”

1992年，小平同志南方谈话后，中国的改革开放、经济发展速度明显增快。在这种背景下，京城的出租车行业的发展也开始提速。1992年，一种新型的微型旅行车进入京城出租车市场。这种车型小巧玲珑，省油方便，售价较低。因为形状像面包，被北京人称为“面包车”。“面包车”做出租车又称为“面的”。

虽然这种微型“面包”车坐着不如轿车舒服，但作为出租车，价格相对较低，老百姓觉得非常实惠。所以投入市场，便受到中低收入的老百姓的青睐。当初只有几家出租车公司使用这种车型，很快便像滚雪球似的发展。仅1992年，全市出租车行业便投入11.5亿元资金购置“面的”。

一时间，“面的”成为出租车市场的主力车型，到1993年底，京城的出租车公司已达1883家，有出租车58904辆，其中“面的”就占了30484辆，占全市出租汽车总量的51.75%。京城满大街跑的出租车差不多都是“面的”。因为“面的”是统一的黄色，所以北京人戏称，京城满大街跑“蝗虫”。

“面的”虽说让老百姓感到打“的”的实惠，同时，“面的”的出现，在很大程度上也为缓解北京的“乘车难”作出了贡献。当然，最主要的是“面的”催生了北京出租车市场的形成。可以说“面的”在特定的历史时期，为北京交通的发展，立下了汗马功劳。但毕竟“面的”这种车型做出租车只是个过渡，因为它原本就不是拉人的，而是拉货的。乘坐“面的”难以找到坐轿车的舒适感，而且作为首都的北京，满大街跑“面的”也不大雅观。所以，当中国的汽车工业发展到一定阶段，“面的”必然要被淘汰。2001年，在北京举办奥运会之前几年，北京出租车市场的“面的”，最终告别历史舞台。

交通的困扰

从20世纪80年代中期到90年代初，北京市政府为解决北京的交通问题采取了一系列的措施。应该说这些措施，在很大程度上缓解了城市的交通。但就大交通的理念而言，这一时期，北京的交通仍处于头痛医头，脚痛医脚，“面多了加水，水多了加面”的阶段。

所以摁下葫芦浮起瓢。这几条路的拥堵问题解决了，另外几条路的拥堵问题又出现了。所以说，有些措施在短时间内行之有效，一段时间以后就不灵了，一些措施也只能说是权宜之计。

因为从20世纪90年代中期开始，北京的交通面临的两大难题：一是人口的迅速增加，每年增加上百万的外来人口。二是机动车的迅速增加，每年增加10万～20万辆。道路的紧张状况日益突出。

当时围绕多修路，还是限制汽车的发展，在每年召开的“两会”和市政府的办公会上，甚至专家讨论会上，多次展开争论，但要发展北京的经济和满足老百姓高质量的生活水准，无法限制机动车的需求。经济学家公认：房子、车子、基本建设是拉动内需的“三架马车”。

虽然北京市政府非常重视交通，但城市交通还没有形成一个完整的体系，当时的局面处于各干各的，各自为战。同时交通发展规划，也没有纳入城市的发展整体规划之中，至于区

域的开发建设，更置交通于规划之外，比如在郊区新建一个社区，开发商往往不会考虑百姓的方便出行，虽然他们也强调地理位置的重要。因此，交通问题的解决，往往处于治标而治不了本的局面。

尽管交通问题已经成为城市管理者的隐忧，但一时却找不到更有效的办法来解决，缓解交通压力的方法，仍处于解决燃眉之急上。如公交紧张，政府投资买几百辆车，缓解一下，但半年以后又开始拥挤。某个路口成为交通瓶颈，形成拥堵点，便集中精力来治理这个路口，但这个路口畅通了，另外一个路口又成了瓶颈。

交通困扰着城市，交通也困扰着城市的管理者，当然也困扰着老百姓，因为交通与老百姓的生活息息相关。

第四章

放开眼界：从交通的点线到一个体系

城市的交通就像一条整鱼

20世纪90年代末到21世纪初，在城市化的进程加快，经济快速发展的同时，交通成为了中国各个大城市的一个焦点，堵车现象不仅限于北京、上海、广州这样的大城市，也在济南、昆明、成都、沈阳这样的省会城市蔓延。如何解决城市的交通问题，可以说是对城市管理者的考验。

由于经济的快速发展，20世纪末到21世纪初，北京的城市建设规划出现了失控状态。房地产业的集中上马，使城区的规模出现了“摊大饼”现象，即从城区边缘向郊区扩张。使原来的城市布局受到了很大影响，这

■ 刘小明在接受记者采访

自然也给城市交通带来了新的难题。加上城市人口的膨胀，机动车的数量日益增多，交通日益紧张。

面对城市建设“摊大饼”的现状，面对机动车日益增多的局面，如何用科学的方法，来解决交通问题成为当务之急。

对此，现任北京市交通委主任刘

小明深有体会。他是国内研究城市交通的专家。让刘小明记忆犹新的是1978年，外交部请外国专家来华讲学，其中有美国加州海华市的交通局长张秋。当时他到北京工业大学讲城市交通，台下的许多人甚至感到陌生。

刘小明当时在北工大读研究生。张秋来学校讲课时，他负责接待。

刘小明对笔者说："当时国内的专家对交通的认识，还停留在修路上。什么时候修，修什么样的路，用什么技术修。但修好路干什么用？如何控制车流？就不知道了。张秋先生在讲课时说，城市交通就像是一条整鱼，道路只能算是鱼身，而交通理念和管理才是鱼头和鱼尾。没有鱼头鱼尾，光有鱼身，鱼怎么能游得起来呢？这番话对我的启发很大。张秋可以说是我的启蒙老师。后来，我在美国做访问学者，专门研究城市交通管理。以后，我在北工大当副校长，直接参与了北京的一些大的交通工程和研究项目。这时，我对北京的交通有了全新的认识和系统的理论研究。"

不能以多修路来应对车流量

刘小明说，北京的交通是有教训的，可以说在20世纪90年代之前，我们是单纯以发展道路来满足车的流量的。这种单纯以路来应付车流的结果，不但解决不了车的流量，相反会造成车越来越堵。因为路的增加永远满足不了车的增加。后来，我们吸取了发达国家的一些经验，从大交通的高度来审视我们的城市交通，才发现这样下去不行。要解决城市的交通问题，必须在优先发展的过程中，调整市民交通的消费观念。因此，整个城市的交通理念和政府的交通管理理念必须是同步的。其实，这就是科学发展观。解决北京的交通问题，也要从科学发展观的高度来着手。

交通人才奇缺

北京是全国政治文化中心，也是中央人民政府所在地。北京是全国的"首善之区"，北京的交通状况，不仅是中国城市管理的一个窗口，更带有政治因素。人们常说"北京无小事"。这话一点不假，许多事情，北京一咳嗽，全国就跟着感冒。当然，交通问题更不是小事。

尽管北京的交通问题，一直困扰着城市的管理者。但是真正把交通问题作为关系国计民生的系统工程来抓，却是在改革开放以后。

全永燊先生对笔者说："在上世

纪80年代之前，国内交通方面的管理人才奇缺，甚至国内没有任何一所大学开设交通管理方面的专业课程。直到80年代以后，一些大学才设交通工程专业，后来，同济、东南、北方交大等大学在原来道桥专业的基础上，开设了交通专业。”

全先生说：“我上大学时，学的是桥梁隧道、土木工程专业。1981年，我被公费派到英国考察公共交通。欧美国家产生交通问题，是在‘二战’之后。他们研究这个问题滞后20年。我们的学科建立比他们要晚20年。事实上，他们遇到的由于私人轿车的发展产生的‘城市病’，我们现在正在经历着。不过我们从上个世纪80年代以后，便开始用科学的方法来认识交通问题了。”

第一次出行规律调查

全先生说，在国外考察让他开阔了眼界，也对这一系统学科，有了新的认识。以前，我们对交通的认识还停留在当年苏联专家的时间和空间的概念上，道路网看看有多少密度。我们打上格子，画上一个路网，看能承载多少车，能否达到平衡。这实际上是静态的，说白了是纸上谈兵。

实际上交通永远是动态的，但它

也是有规律可循的。

全先生说，以前，我们没有把城市交通当做一个体系。道路，车辆，还有各个区域都是相互独立的。公交车拥挤，政府为了解决乘车难，买200部车，半年之内，效果明显，一年之后，还是挤。其实，不是车拥挤，而是路拥挤。原来崇文门路口是市内最拥堵的路口之一，前后改了三次，每一次缓解一下，但半年左右又堵上了。后来发现是公交车和汽车搅在了一块儿，还是管理和疏导的问题。所以，交通的问题不能头痛医头，脚痛医脚。

全先生说：上世纪80年代末，我曾把英国的交通专家丹尼斯·罗伯森请到北京。他看到北京的交通拥堵状况说，你们北京嚷嚷堵，现在你们才不到30万辆机动车。达到300万辆，你们怎么办呢？交通问题，说到底是人与车的出行方式问题，而不能只看到表面。这句话，当时对我触动很大。当时这位英国专家问了我一些量化的数据。我一时回答不上来。看来，以前我们对交通的理解是有问题的。

全先生说，为了对城市交通状况作出正确的判断，并从中研究出科学的对策。我们从1986年开始，着手对北京人的出行规律作调查，专门成立了研究中心，我是主持人之一。调查的内容包括，人们每天有几次出行需求？目的是什么？从哪儿到哪儿？去干什么？出行的方式是什么？对出行有什么希望？等等。这也可以说是北京第一次了解人们日常出行规律的调查。经过调查，我们有了比较全面的量化的数据资料，在此基础上，我们搞出了一个与城市总体发展规划相协调的城市交通体系。结合国外的经验，根据我们的实情，找到了结论。

全先生说，这套体系的建立应该是里程碑式的进步，是完全不同的规划理论。从此，我们知道如何在系统上做文章。从过去靠经验，过渡到定型、定量的方法体系。有预测，有优化筛选，有评价，这个过程，恰恰是城市交通客观供需产生矛盾的过程。在实践中，这套体系不断完善，到了上世纪90年代中期，与国际接轨，发达国家怎么制定城市交通发展规划，我们也一样了。

走出国门去取经

全先生说：上世纪90年代以前，我们的重点是解决路网的容量，把增加道路路网的密度，作为主要任务。这个做法一直是积极的，为后来的城市公交的发展、轨道交通的发展提供了条件。也为市政建设提供了基础条件。国家科委和北京市政府支持了我们的意见。

改革开放以后，北京的发展速度惊人，在城市交通问题上，出现了

许多难以解决的瓶颈。但北京也有自身的优势，比如说北京汇集着国内权威的交通理论的人才和交通管理的精英，北京市政府在处理交通问题上，一直注意发挥人才优势，北京市政府专门成立了研究解决北京交通问题的专家顾问团，为了研究解决北京的交通问题，专家顾问团提出了许多好的建议。

首先，北京市政府派人到国外考察交通，走出去，学习国外城市交通的管理经验。也确实带回和采纳了一些成功的经验，如交通法规制定，交通人性化设施建设，如何提高公民的交通意识等。现在我们采用的人行横道设红绿灯，公交车站设栏杆，设遮阳棚、防雨棚，车辆禁行与单行线等都是从国外学来的经验。

其次，开始采用实际调查，采纳数据，了解城市居民的出行规划，动员几千人在主要线路的红绿灯、立交桥和主要换乘站去采集数据，这是前所未有的。

以前人们谈论交通问题，完全是凭经验，现在过渡到定型定量的方法体系，用具体数据来说话，经过科学论证，提出首都交通发展策略。

北京的交通发展应该采用什么模式？不能照搬国外的管理模式，也不能就交通来解决交通，像过去那样“水多了加面，面多了加水”，即车多了修路，路多了发展车。这些科学的管理方法，为日后解决北京的交通问题打下了科学理论基础。

从城市结构来优化调整交通体系

在20世纪80年代，北京市政府按照当时制定的《首都城市发展纲要》，在解决城市交通问题上，提出了“打通两厢，缓解中央”的策略。

有道是：计划赶不上变化。因为这世界变化太快。事实上，北京城区的发展速度，已远远超出了20世纪80年代初的设想。

从这个角度说，与时俱进的提法，无疑是科学的，也是客观的、明智的。于是，人们开始对当时提出的“打通两厢，缓解中央”的策略进行反思。

当位于远郊的五环路都处在规划中的市区范围之内的时候，“打通两厢”已毫无意义可言。

当然，要缓解北京的交通现状，也不能只缓解“中央”，还要缓解整个北京的交通。

根据专家的建议，北京市政府重新修改了策略，提出了创建和完善辐射京城内外的北京道路交通体系，有主动脉，也有微循环，树立“大交通”的理念。只有这样，才能使城市的发展与交通的发展相协调。

从城市结构来优化调整交通，根据城市的发展规划来构建交通体系。根据人们的出行结构，来相应地制定交通的方式和交通供给结构，是科学的交通管理理念。

这一科学理念的树立，为解决北京的交通问题提供了新思路。比如，八达岭高速路，德胜门是拥堵点，解决了这个拥堵点，这儿不堵了，二环路怎么办？车辆都涌到环路上，必然会增加二环路的压力，所以不能以解决一条路的瓶颈为突破口，要考虑到周边的道路状况。

因此提出了增加路网的容量，加大路网密度的思路。比如，可以在德胜门周边增加路网，也可以在南北与八达岭高速路并行的方向开辟一条道路，如现在正在建设的林萃路，来缓解八达岭高速路的压力。

此外北京市政府还提出重点发展轨道交通和公交快速路的建设，以此来改变人们的出行方式，而不是简单地限制人们的出行方式。

解决交通问题的科学战略决策

在机动车迅速膨胀的过程中，从20世纪90年代末开始，北京一直以每年30%的速度增加。成为全世界“二战”之后，私人轿车增加最快的城市。

1997年北京的机动车拥有量为100万辆，2003年达到了200万辆，2007 年突破300万辆大关，目前仍以日均1000辆的速度增长。到2009年9月，北京的机动车数量已经达到380万辆，而持有驾驶证的北京人已经达到500多万。

与此同时，从2005年到2009年，北京的常住人口年增加50万人，目前已超过1800万人，加上流动人口，全市总人口已超过2000万人。而按照《北京市总体规划》，到2020年，北京的常住人口控制在1800万人。显然，人口的数量已远远超出了规划控制的数量。

从20世纪90年代开始，北京市区的发展空间一直向郊区扩展，形成了单一中心城市的特点，即主要城市功能区域集中在城市中心区（二环三环之内），城市中心区只占全市总面积的1/16，却集中了62%的全市人口，2/3的办公机构，承担着约72%的交通量，早晚上下班高峰，交通量达到了超负荷运行。

由于机动车的拥有量超过了300万辆，近3年，车的增长量为35%，而同期道路容量仅增加了16%。据预测，到2012年，北京至少将新增8800万车公里的周转量。相当于目前北京道路系统容量的90%。市区道路主干道路至少需增加1200公里以上。因此，仅靠增加道路资源供给，无法满足机动车的出行需求。换句话说，光靠多修路是无法解决道路拥堵问题的。

根据这些特点，2002年以来，北京市先后制定了《北京交通发展纲要》、《缓解北京市区交通拥堵工作方案》、《优先发展公共交通意见》、《北京市轨道交通近期建设规划》等战略决策。这些决策是与北京的城市发展规划相一致和协调的，使北京交通从真正意义上形成一个完整的体系。

这些战略决策，概括起来是“两个坚定不移”：

一是坚定不移地加快城市空间结构与功能布局调整，控制中心城建成区的土地开发强度与建设规模。

二是坚定不移地加快城市交通结构优化调整，尽早确立公共客运在城市日常通勤出行中的主导地位。同时，全面整合既有交通设施资源，提高资源使用效能。

这些战略决策，是经过调查研究和专家科学论证后做出的。

北京市政府对交通决策采取的是一票否决制，这是其他城市所没有的。由此可知对交通的重视。

正是有了科学的决策，在机动车每天以一千辆的速度发展时，北京没有简单地采取限制措施，而是采取了限行方式。

在广州、上海以兴建高架桥来缓解交通压力时，有人提议北京也效仿。但北京没有盲目跟风追潮兴建高架桥。事实证明，这种方式不可取，因为后来广州、上海也把一些影响城市景观和造成居民生活不便的高架桥拆了。

建成后的四环路

第 五 章

历史机遇：奥运让北京道路建设提速

几代人的“奥运”梦想

北京是从1999年开始筹备申奥的。1999年，国务院批准北京申办2008年奥运会主办权的方案。同年，申奥委员会成立。

在中国举办一届奥运会，是几代中国人的梦想。在中央对申办奥运的批复中，提出了举办历史上最完美的一届奥运会的要求。

1999年4月，北京向国际奥委会递交了《北京申办2008年奥运会报告书》。2001年7月13日，在莫斯科国际奥委会第112次会议上，经投票表决，北京获得了2008年奥运会的主办权。

其实，早在10年前的1991年，北京便着手申办2000年第27届奥运会了。

这一年的4月11日，经国务院批准，北京2000年奥运申办委员会正式成立。但遗憾的是在1993年9月，国际奥委会第101次会议上，对2000年第27届奥运会举办城市的表决时，北京以两票之差落选。

交通保障是申奥条件之一

回忆起第一次申办奥运的事儿，现任北京市政府副秘书长周正宇深有感触。

他对笔者说：其实，从我们考虑申奥的那天起，就把交通跟举办奥运会联系到一起了。因为交通保障是申奥的基本条件之一。

周正宇说，1991年初，我当时正在机场路指挥部，负责修高速路。那会儿，从市区到首都机场航空港只有一条老机场路。路况虽然不理想，但路容路貌非常好，路的两边是非常茂盛的绿化带。当时出国的人不多，坐飞机的人也少。别人我不知道，反正到1991年，我还只坐过一次飞机，所以并不显得拥挤。我记得机场高速路，也就是新路，用了两年时间就修好了。从三元桥到一号航站楼，全长18.375公里。这条路开通的第二天，也就是1993年9月16日，申奥代

■ 周正宇在接受记者采访

表团去机场走的就是这条新路，回来时，也走的是新路。

周正宇说，当时我们申办的是2000年奥运会，以那会儿北京的交通状况，如果2000年办，我认为也完全能够承担。当时正是小平同志南方谈话以后。中国的经济发展进入高速度，全国人民上下心气正足呢。2004年的奥运会，我们没申办，但建设并没停。修完机场高速，我们又转战八达岭高速，从马甸到八达岭长城。这条路修了5年，是国内第一条直通旅游景点的高速路，也是北京的城北交通大动脉。到1998年，去机场、长城的交通发生了根本性的改变。

贷款也要修四环路

周正宇副秘书长从20世纪80年代末开始在首都高速路建设的管理层工作，对北京改革开放30多年的道路建设情况，了如指掌。

他对记者说，北京的道路建设快马加鞭，应该是从1998年以后，那一届政府把交通当做头等大事来抓。当时根据交通专家的建议，提出建设北京快速路网的规划，二、三、四环，加上15条联络线，共380公里，这是很了不起的建设速度。

在此之前，我们只是提出二环、三环消灭红绿灯，但没有网的概念。要建网，首先要建四环，当时三环路还没有形成“环”，北四环到老机场路，到中关村都是断头路。东南四环路那会儿是庄稼地。

修四环路当时预算是111亿元人民币。北

京市委市政府决心很大，一定要修，贷款也要上马。修四环路，应该说是北京城市道路发展的里程碑。从1998年开始建东四环，2000年建南四环，2001年北四环与西四环连接，三年三大步，形成了长达65公里的四环路。

周正宇副秘书长说，为什么北京市政府对建四环路下了这么大的决心？因为与2001年申办奥运联系在一起了。可以说四环路的建成，让北京的交通面貌有了历史性的突破。四环让北京城扩大了一大圈儿。

正因为有了四环路，我们在2001年申办奥运时，在交通保障方面，说话才有了底气。

2001年6月23日，四环路全线通车，在万泉河路举行的通车仪式。周正宇说，这在我的记忆里，是永远忘不掉的日子。后来，我们在申办陈述报告中，奥林匹克中心就摆在了北四环以北的位置上。

建成后的上庄东路

获得举办权水到渠成

周正宇后来在北京市交通委担任副主任，是2008年北京奥运筹备交通方面的新闻发言人。

他对笔者说，从1993年的申办到2001年的申办，晚了8年，但我们综合国力和经济实力已大不一样。2001年7月13日，北京申办奥运成功之后，我们就非常明确为奥运交通建设了，而且明确了奥运交通的理念，这等于把我们的建设速度和标准提高了一大截。

周正宇说，我记得1993年，我们申办奥运，作评价时，没有用“出色”这个词，悉尼用到了这个词。2001年申办时，我们的硬件软件都具备举办的条件了，所以腰杆硬了，你来办就是了，我们可以理直气壮了。

交通是申办奥运很重要的条件，应该占到40%左右。因为交通属于城市的基础设施。举办这么盛大的赛事，光有比赛场馆，没有交通保障怎么成？

20世纪进入90年代以后，中国的国民经济总产值每年以10%左右的速度在增长，到1999年，中国已成为世界经济发展最快的国家。整个国家的

■ 建成后的展西路

综合国力大大增强，可以说，举办一届历史上最完美的奥运会的条件已经成熟，所以在2001年，北京获得2008年奥运会举办权，也是水到渠成的事。

三年三大步

现代奥运会，已经突破了体育的范畴。对于举办城市而言，它是一次向世界展示一个国家、一座城市历史

文化和综合国力的舞台。

北京奥组委成立后，提出的目标是，把2008年北京奥运会，办成一届“有特色、高水平”的奥运会。

与此同时，提出了“新北京、新奥运”的口号和“绿色奥运、科技奥运、人文奥运”三大理念。而成功举办一届奥运会，城市交通无疑是“绿色奥运、科技奥运、人文奥运”的重要载体，也是十分重要的保证。仅就北京的交通基础建设发展而言，2008年奥运会，无疑是千载难逢的机遇。

2001年，北京申办奥运成功后，北京的道路交通建设，进入了历史上从没有过的快速发展。

而在此之前，北京为取得2008年的奥运会举办权，已经在城市道路交通的基础建设上快马加鞭了。从1999年开始，北京市政府加大了道路建设的投资，不但规划了环路的建设，而且在城市中心区提出了路网的概念，加快了中心城区快速路网的建设。

■ 当时的北京市委书记贾庆林向来宾介绍北京交通情况

从1999年到2001年，真可谓：三年三大步，京城的道路大变样。

1999年，二、三环路改造完成，13号城铁开工。同年，平安大街、东四环路、菜市口大街、南闹市口大街等4条路建成通车。2001年，南四环路通车，“五河十路”工程完工。

10年前，那些国际奥委会的官员，来到北京考察交通时留下的印象，10年后，他们再来时，已经感到陌生了。他们对北京道路建设发展之快，无不感到惊讶，以至于用“奇迹”这样的词汇来形容。

申奥北京的交通没丢分

北京市交通委现任主任刘小明对笔者说，2000年9月，北京申奥委下设的工程委决定成立申奥专家顾问团，分为八个组，其中有交通组。我当时在北京工业大学当副校长。因为之前参与了不少北京交通工程的论证，所以让我做交通评估的首席专家，对北京申奥交通作技术支持。当时的申奥委副主席，北京市副市长刘敬民找我谈话，让我牵头起草一个交通方面的支持报告，接待国际奥委会评估团时作陈述。

刘小明主任说，为了写好这个支持报告，公安部、交通部科学研究院、铁道部、建设部交通工程技术中心、北京市交通局、公安局交通管理局、北京市城市规划研究院等部门的领导和专家也都参与了。当时提出奥运会的交通保障，以公交为主，开通七条轨道交通线路，赛时对社会车辆限行，有奥运专用道等具体措施。提出这些措施是有前提的，因为2000年的时候，北京的机动车已经超过了100万辆，而且已呈现出快速增长的势头，但是北京的道路建设，也进入了一个历史上从没有过的快速发展时期，所以，我们写这个报告是有底气的。

机场南线主体立交桥

小明主任属于学者型的政府官员。我在跟他聊天时，总感觉到他在睿智中，不乏深邃的思索，而在儒雅之气中，又

透着几分质朴的真率。

他坦诚地对我说，2008年奥运会有5个申办城市。最初，国际奥委会的官员对北京的评估并不高，5个城市中，北京排倒数第二。因为他们对北京还是几年前的印象，空气污染严重，交通日益紧张。但是一年以后，我们的支持报告出来后，他们再来北京评估，印象就完全不一样了。北京的道路建设的发展简直让他们吃惊。评估的结果，5个城市，北京正数第二。在交通上我们没丢分。

北京市交通发展研究中心主任郭继孚，也参与了2008年奥运会交通支持报告的起草工作。

他对笔者说：当时压力很大，为起草申奥报告成立了20多个工作组，交通是其中之一。第一轮有十多个城市，最后筛选出5个候选城市，其中有北京。申奥委最担心的是环境和交通。但是我们是充满信心的，因为当时北京的交通措施也就是硬件和管理手段也就是软件，我们都有底气。在交通方面，我们完全有能力，为办好一届出色的奥运会提供保障。

郭继孚说，事实上，我们兑现了所有当初的承诺。在2008年北京奥运会上，北京的交通出色地完成了任务。

当然，通过这一届奥运会，让北京的交通迈上了一个历史新台阶。交通面貌可以说是大改观。这一点，是有目共睹的。

道路建设速度令世界瞩目

交通跟别的不一样，交通的好坏一点也来不了虚假。因为路况如何，是明面上摆着的事儿。

2000年我们申办奥运时，国际奥委会的一位官员还对北京的交通有许多疑问，但是到了2007年8月，北京搞了一次“好运北京”的预演，这位奥委会的官员再次来到北京时，他对北京的交通状况，包括我们的组织协调能力无不感到惊奇了。

不单是这些“老外”们惊奇，就是北京人也对自己所生活的城市的道路建设的飞速发展感到惊喜。三年，让北京大变样！

其实，这种变化还只是开始。2001年奥运申办成功之后，北京的道路建设才真正驶上了快速列车。这一年，北京成立了首都公路发展有限公司。北京市政府制定了《奥运行动规划——交通建设和管理专项规划》，明确了抓住举办奥运会的契机，加快北京道路建设，构建新北京交通体系的目标。

从2001年开始，北京的道路建设和交通基础设施先后投资1700多亿元。这个数字超过了战后的日本东京20年的总和。

城市道路从2001年的2500公里增加到4460公里，其中城市快速路达到356公里。

在奥运会之前，奥运场馆周边72条道路项目和19处奥运临时公交场站全部按期完工，市管城市道路总里程三分之一以上实施了大修和中修。

与此同时，城八区还投资实施了“便民路工程”和“奥运道路大、中修工程”，城市道路平均完好率从2003年的68%提高到85%，对130多座桥梁下的空间范围进行了整治。

北京公路建设的速度之快令世人

瞩目，从2001年的13891公里增加到20754公里，其中五环路、六环路、京开高速、八达岭高速四期、京承高速、机场南线、机场第二高速、京平高速、京包高速等高速路进入全面建设。通车里程由2001年的335公里，增加到804公里，实现了北京18个区县，区区通高速。

2005年底在全国率先实现了行政村“村村通柏油路”，完成乡村公路改造534公里，通自然村的公路403公里，新农村道路柏油化55个村，208万平方米，全面完成8771公里郊区公路3年提级改造任务。二级以上公路达到28%，国、市道公路好路率达到90%以上，即便是偏僻的山村，现在也已经通了柏油路。

过去出京难，进京也难，现在四通八达。到最远的密云、延庆开车走高速只需40多分钟，而过去要走一天。高速路的修通也带动了周边的房地产业和郊区旅游业的发展，使城乡一体化成为现实。

在交通基础设施的建设中，与以往不同的是，提高了公路的等级和质量，同时在设施建设中注重人性化和人文关怀，体现“绿色、科技、人文”三大奥运理念，包括道路和出入口、车站等的设计，交通标志、标线设置安装，增设无障碍设施等。

北京郊区的高速路也开始注重环境的绿化，路边树木成行，花草飘香，形成一道又一道景观。

在公交、地铁、出租汽车、省际长途客运站停车场、高速路的进出路口，实施了标识规范，安装导向、安全提示、确认指示等各类标识71.5万块，施画交通标线5800公里，增设交通标志2.4万面，护栏104.3公里，信号灯210处，使人们开车走在路上能做到畅通无阻。

有人说，奥运让北京的交通基础建设的速度提前了10年，这话真是一点不假。奥运对北京交通建设事业的发展，真是千载难逢的机遇。

北京交通事业大发展

当然，北京道路建设的快速发展，还取决于改革开放以后，特别是近10年经济发展的速度和综合国力的增强，如果没有经济实力，只有机遇是不够的。

此外，北京的交通已经在城市发展规划中，占有十分重要的位置。交通已经成为北京在经济发展中不可缺少的重要体系。

北京市政府对交通的高度重视，以及北京作为一个国际大都市的重要象征，已经纳入城市管理者的视野。所有这些，使北京的交通基础建设，进入了前所未有的发展时期。

7年（2001年到2008年），交通的大发展让北京这座城市的形象变了模样，它更加壮美、大气，充满魅力。

交通大发展，让北京的大动脉动了起来。

交通大发展，让北京成为一座充满活力的都市。

交通大发展，让北京的经济发展插上了翅膀。

交通大发展，让北京人的出行变得方便快捷。

交通大发展，让北京成为世界所瞩目的城市。

交通大发展，见证了共和国首都60年的巨变。

交通大发展，让北京人感到自豪和骄傲！

第六章

通途良策：
公共交通成为城市交通主角

私人轿车的普及如洪水猛兽

世界上任何一个发达国家和发达城市，面对汹涌澎湃的私人轿车大潮涌来时，都会感到惶恐不安，甚至束手无策。美国号称是“建在轮胎上的国家”，英国和法国包括日本也把汽车视为“洪水猛兽”，分别采取了相应的对策。

机动车膨胀带来的道路拥堵，环境污染，都市噪音，停车困难等，已经成为现代化的“城市病”。2009年12月，联合国在丹麦首都哥本哈根召开的世界气候大会上，世界各国面对地球日益变暖给人类带来的灾难，发出了减少空气中的二氧化碳温室气体排放的呼吁。在众多的“减排”措施中，减少汽车尾气中的二氧化碳排放，成了重要话题。毫无疑问，在空气中的二氧化碳排放中，汽车尾气是“元凶”之一。

地球人都知道汽车尾气的危害。但地球人也都晓得汽车工业对拉动本国经济发展的重要，而私人轿车，也确实给人们的生活和出行带来极大的方便。

中国是个发展中国家，早在20世纪80年代，人们就对经济发展后，私人轿车的增多带来的“城市病”产生过忧虑。但当人们的生活步入小康之后，任何一座城市都无法限制私人轿车的发展，即便是在2009年世界出现金融危机的背景下，以及油价连续提升的条件下，中国的乘用轿车市场，仍然以每个月87.29万辆的销量在上升。

■ “行车缓慢”的二环路上

2009年1至5月国产汽车销量达495.68万辆，同比增长了14.29%。而北京的私人轿车，也以每天一千多辆的速度在增长。

相反，欧美汽车市场则同比下降了27.7%。2009年11月公布的数字显示，中国的汽车产量已经超过了美国，成为世界上第一大汽车生产国。这比一些专家预测的提前了10年。

当人们还以自行车代步的年代，一些专家预见到私人轿车时代的来临，而大声疾呼“狼来了”，而一旦“狼”真的来了，人们的出行结构发生了变化，还是让城市的管理者措手不及。

汽车时代的来临值得欢呼吗

汽车时代的来临是好事还是坏事？专家门对此有截然不同的两种看法。

一种认为：汽车消费可以拉动内需，带动180多个相关产业的发展，对中国经济的发展至关重要。同时，家庭拥有私人轿车，也是“小康”的标志之一。富裕起来的家庭，为什么不可以享受汽车带来的方便、快捷、舒适的交通工具？

另一种观点认为：私人轿车进入家庭，是中国人步美国和欧洲人的后尘，是一些先富起来的家庭学习美国人带来的“恶果”。但是中国的国情跟美国不同。美国是地大人少，中国则是地少人多。美国的人口密度是每平方公里31人，中国则为138人。而且中国的领土，有相当一部分是大山和沙漠，干旱缺水，不适合人生存。中国绝大部分人口集中在地少人多的中东部，所以不适合发展私人轿车。这是从地理大环境上来考虑。

如果从能源和汽车带来的城市污染、交通压力等方面考虑，中国更不适合发展私人轿车。因为中国的人口基数大，城市人口也相对集中。

持这种观点的专家学者，更倾向于中国向日本学习。

日本的人口密度比中国还大，每平方公里达到337人，而且也大多集中在几个大城市。日本虽然是汽车生产大国，但早在20世纪70年代，他们就制定出以公共汽车和自行车为主要交通工具的国策。

为了节约能源，日本人崇尚小排量的私人轿车。您走在日本东京、大阪等城市的街头，就会发现，路上跑的多是小排气量的轿车，豪华车很少。而且日本的“白领”上下班一般都乘坐公交车或地铁。尽管有家庭轿车，但出驶率很低。跟中国的高收入人群相互攀比谁开的车最牛最时髦正好相反。

其实在欧美发达国家，为了生态环境的需要，出门放弃开私人轿车，而改为骑自行车或步行已成时尚。

持这种观点的人士认为，中国的生态环境要求城市应该向无车的方向发展，他们甚至提出一些污染严重的大城市，比如北京、上海、广州、武汉、南京等，机动车辆进入市区，应该采取收费制度，并把所得的款项用于公共交通。

除此之外，还应考虑对机动车辆的各种限行措施，设计遍布全城的非机动车道路网，专供自行车和步行之用。

城市无法承受汽车之“重”

这种观点显然是反对私人轿车普及的。这种观点，无异于让人们又回到当年的自行车王国时代。

但这些观点是有代表性的。我琢磨着，大多数“无车族”的老百姓是赞成这一观点的。

事实上，买车和不买车，现在已经不是有多少钱的问题了。眼下，一辆国产小排量的轿车，不过四五万块钱。汽车市场上，甚至还有 3 万多块

2010年底，北京车市出现了抢购风，日销售小汽车量已接近4000辆。图为北京某4S店汽车销售处

钱一辆的小轿车。

四五万块钱，对目前大多数中国城市家庭来说，并不是掏起来费劲的钱数。换句话说，买车对现在的中国人来说，并不是什么难事。

问题是中国有13亿人口，保守一点说城市人口有一半，即6亿5千万，刨去老人和小孩还有4个亿，这4亿人都买车的话，就是4亿辆。

这4亿辆车，别说在路上跑，就是找地方停，得占多少面积吧？而4亿辆车每年的废气，造成的环境污染，又将是一个无法估量的数目。

目前北京的机动车已经突破400万辆了。官方最新公布的常住人口是1600多万，几乎平均每5个人拥有一辆机动车。当然这些数字都是大概齐，并不完全准确。

但400万辆机动车，对北京的城市交通带来的压力是可想而知的。

有人呼吁抑制私人轿车发展。面

对私人轿车的迅速膨胀，有人站出来大声疾呼，政府应该抑制其发展，否则局面难以收拾，不堪设想。

下面是笔者摘录薛涌在《怎么做大国》一书中的一段话：

奥运会那段时间机动车限行，很多上了年纪的人一下子感觉舒服了许多。但对青壮年人来说，这种不方便所带来的健康红利一时是看不见的，也很容易被忽视。所以，中国不仅是政府缺乏抑制机动车的政策，舆论也经常在为机动车说话。特别是这几年，在媒体、大学等把持言论的机构任要职的人，多数已经买了车，成为机动车利益集团。他们为"车权"的鼓噪，严重地误导了公共舆论。

最明显的例子就是2008年奥运会期间北京机动车辆的限行。政府出此招也属于无奈。如果不限行，空气质量就无法短期改善，很多项目就会被取消。数据表明，北京正常时期的污染，比世界卫生组织所规定的标准高了4倍多，对普通人都很危险，根本无法被国际社会所接受。当然，限行也许不是最好的解决办法，可以讨论。但在这些讨论中，一些人的反应却让人匪夷所思。

比如有人说，对机动车辆限行是对私有财产权的侵犯，甚至要求国家为此对有车不能开的人进行补偿。这几乎到了指鹿为马的地步。"公路"顾名思义就是公共之路。不让你开车，是限制你使用公共设施的权利。这种限制的是非可以讨论，但怎么能把"公"路说成"私"有产权？当有人提出对在奥运会后是否继续限行的问题要由市民投票表决决定时，有些人吓坏了，跳出来说："这是暴民政治，多数人不能剥夺少数人的权利！"那么，怎么解释沃邦那里的无车社会呢？在那里，多数不愿意开车的人并没有剥夺少数想开车的人的权利，只是不让这些人的汽车走在大家的路上。这并不存在多数人剥夺少数人的权利的问题。这是一个社会的成员走到一起讨论如何分享公共资源的问题。

中国大城市的生态环境已经相当恶化。私家车辆拥有率仍然每年都在持续、大幅度地上涨。这一趋势如果不及时刹住，后果将不堪设想。为此，我们需要做的是为老百姓提供充分的信息，让老百姓拥有更多的权利来决定自己的生活方式。中国的发展，需要这样的民主环境。

谁也无权让老百姓不买车

以上是薛涌先生的观点。其实，与他类似的观点，您在网上能看到许多，有的言论甚至比他的观点还要激烈。

自然，薛涌的观点属一家之言，他看到了机动车的无限制地增长，带来的环境污染和交通紧张两大“城市病”。但他说到了病因，没点到病根。

其实，汽车带来的“城市病”有目共睹，但包括薛涌，连我也算上，假如是在零下20℃的冬天，寒风刺骨，大冷天出门的时候，有轿车接你和让你去坐地铁或坐公交车，你说你选择哪个？谁也别装着玩儿，我想，只有缺心眼的人，才会选择去坐地铁或坐公交。

这才是问题的实质。老百姓兜里有钱了，国家的生产力水平提高了，轿车不停地生产，不停地降价，政府总不能限制老百姓去买车吧。事实上限制也没用，因为说到底，还是家里有辆私人轿车，出门比坐地铁和公交车方便得多。

这是让任何一座城市的政府都两难的事。

问题是你也买车，我也买车，大伙儿都开车上路，路就这么多，最后大伙都开不动了。这时候怎么办？

有人说，那只能采取单双号制来限行了。事实上，现在北京就在采取尾号限行的措施呢。

眼下，京城有机动车驾驶执照，也就是俗称有车本儿的主儿接近600万人了，这近600万持本者，都可能成为机动车驾驶员，都有可能开车上路。

当机动车发展到500万辆的时候，您就是采取单双号制限行，还有250万辆呢，这250万辆机动车在路面上跑，照样堵呀！

目前，北京出现了历史上从没有过的“出行难”。您要明白，以前北京的交通也出现过“出行难”。但那会儿的“出行难”，跟现在不是一个概念。现在的“出行难”是针对开车的人说的，每天的上下班高峰时段，城区和环路，包括城乡结合部的拥堵点有时达到了二三百处。

堵车让市长着了大急

当五分之一的家庭告别了两个轱辘的自行车，也像美国人那样生活在轮子上的时候，当私人轿车不再是奢侈品，而是大众消费品的时候，当北京人嘴里的“车”字不再是自行车，而是私人轿车的时候，私人轿车的烦恼也就紧跟着来了。

私人轿车在让人们满足驾车的乐趣的同时，也品尝到出行艰难的代价。

车水马龙，车流滚滚，车辆如梭，这些形容车流的词儿，现在经常挂在人们的嘴边。

开车的人聚会，等半天，人还没到，会打电话问：在哪儿堵着呢？

堵车成了开车的主儿的家常便饭。

早晚上下班高峰，一环到五环，很多时候，远远望去，像一个大型停车场。以至于有人说，在城市中心区，开车没有骑车快，骑车没有走着快。

■ 周正宇在向原北京市王岐山市长汇报三环路交通状况

人们为私人轿车的增多造成的道路拥堵而烦恼，也为私家车的增多，停车找不到地方而抱怨。开车者的“怨声载道”，让人心烦。当然最感焦虑的还是城市的管理者。

2002年的一场小雪，曾经造成了北京全城的交通瘫痪，到现在还是北京这座超大城市的管理者心中的痛。

2003年4月，北京“非典”期间，现任国务院副总理王岐山临危受命，出任北京市市长。“非典”过去之后，他面临的第一件大事，就是北京的交通压力。

据说，当年的王市长坐车上班时也经常被堵在半道儿上。看着滚滚车流，身为市长，他寝食不安。

为了解决交通的拥堵，他多次带着一干人马，到几个主要堵点开现场办公会，让大家拿主意。

王市长甚至发出，谁如果能把北京的交通解决了，就让他当市长的话。

当然同样的话，在日本的东京，

■ 中共中央政治局委员、北京市市委书记刘淇和北京市市长王岐山现场办公，分析公交车上的读卡器

韩国的首尔、泰国的曼谷的市长嘴里也说出过。

但谁能力挽狂澜解决北京的交通拥堵问题呢？解决交通拥堵的出路在哪儿呢？

机动车得照着五六百万辆发展

北京的机动车突破400万辆。2009年的年终岁尾，笔者在报端看到两条涉及交通的消息：

一条是中国汽车生产量居世界第一，2009年1至11月，国产汽车产销双超1200万辆。什么叫双超？就是生产了1200万辆车，同时也卖出去1200万辆。全年销量超过1300万辆已毫无悬念。我国已成为世界上最大的新车消费市场。

另一条是截止到2009年12月18日，北京的机动车保有量达到了3401426辆，说大数是400万辆。驾驶员，也就是有驾照的达到了567.9万人。其中2009年机动车和学车领到驾照的人增长显著，截止到12月18日，全市净增机动车49.7万辆，净增驾驶员53.6万人。

这两条消息，您说是好事呢？还是坏事呢？我想没有人说是坏事，当然说是好事，但很多人也会犹豫一下。

为什么？您琢磨呀，400万辆机动车对于北京的交通那是多大的压力！

有人算了一笔账，如果400万辆车首尾相连，长度可达18000公里，足可以在长达33公里的二环路上绕上545圈，在长达187.6公里的六环路上绕出96圈。如果400万辆机动车同时出动，我估计二环、三环、四环，甚至五环都得成了停车场。

根据北京市交管部门的统计数

据，北京的机动车数突破第一个百万大关是在1997年。从1949年新中国诞生到1997年，北京的机动车达到100万辆，一共用了48年的时间。

而改革开放之初的1982年，北京的机动车只有13万辆。

从1997年开始，北京的机动车拥有量像气儿吹得似的，迅速膨胀。6年以后的2003年8月，达到了200万辆。3年以后的2007年5月，突破300万大关。

2007年5月到2009年12月，只用了两年半多一点的时间，就突破了400万辆。

这种速度让欧美和日本等发达国家感到吃惊。要知道汽车生产大国日本东京的机动车，从300万辆到400万辆，用了12年的时间。

有人测算，按照北京每年30万辆机动车的增长速度，到2015年，北京的机动车有可能达到550万辆。当然这个数字很有可能会提前到来，因为每年增加30万辆机动车是常数。其实，2008年北京的新增机动车已达49万辆，而2009年上半年北京车市新车的销量就突破了31万辆，全年销量超过了60万辆，这说的是新车，二手车交易也将达到45万辆之多。

尽管路上堵车已成为“有车族”心中的“痛”，但是谁也拦不住人们买车的冲动。您没看吗？有驾驶本的人已达到567.9万人了。学了车有了车本儿，自然不会让车本变成一张废纸。

现如今买辆私人轿车，如同20年前买辆自行车那么容易。走着瞧吧，5年以后，不，用不了5年，也许只要两年，北京的机动车就得达到500万辆。您再修多少路，也跟不上私人轿车的发展。

老教授舌战群儒

全永燊对笔者说，我估计用不了几年，北京的机动车就会达到600万辆。1995年，北京的机动车只有70多万辆的时候，由我执笔，起草过一个对北京的机动车总量加以控制的报告。这个报告，从北京的城市交通总体规划和合理引导市民出行方式，以及环保、路面车流平衡发展的角度，作了详细评估和分析，得出的结论

■ 全永燊接受采访

是，必须尽早控制机动车的发展。

全先生说，这个报告由北京市政府上报给中央，中央批给了当时的国家计委、机械工业部、建设部、公安部等部门，让他们认真研究。结果没有一个部门支持这个报告。我记得当年在天津开过一个讨论会，我一个人面对几十个人，“舌战群儒”，坚持我的观点。但没有把他们说服，后来这个报告不了了之了。

谁也拦不住老百姓要买车

全先生对笔者坦率地说，2002年的时候，北京的机动车拥有量已经接近200万辆大关，我觉得形势已经很严峻。我记得当时的市委书记在召开市委常委会时，特地把我叫过去列席。市委书记传达了中央领导指示，国家要着重发展汽车产业，拉动经济的发展和扩大“内需”，北京作为首都应该带头支持中央的政策。这次会后，我的看法也开始转变了。

全先生说，为什么我改变自己的观点了呢？因为不论是从发展经济的角度，还是从法律和人性化的角度，都没有任何理由限制老百姓买车。既然轿车是市场上出售的商品，你有什么道理不让人去买呢？汽车毕竟是先进的代步工具。它坐着舒适，私密性好，而且又自由方便，外国人可以享受汽车文明，我们为什么不能享受？有权势的人可以享受，为什么老百姓不能享受？

全先生说，事实上，世界上没有哪座城市能挡住小汽车的膨胀，包括上海，采取牌照拍卖的控制措施，也没挡住私人轿车的发展。

城市发展的忧虑

笔者属于保守型的人，脑袋瓜儿也有些木，我搞不懂，如果汽车这么无限制地发展下去，北京的交通会是什么样？而且从我内心来说，对未来北京城的发展也有些忧虑。比如汽车尾气的排放，肯定会对环境造成污染。还有停车问题、噪音问题，等等。

这种担忧就像对北京的人口无限膨胀一样。我记得2002年的时候，在报纸上看到权威人士写的一篇文章，

说北京的能源包括水资源、电、石油、天然气，等等，只能承受1800万人口，如果再多就有些吃不消了。

就像一辆大轿车，假如核定的承载人数是45人，也就是有45个座位。如果55个人上来，那么就得有10个人站着了。如果有65个人上来，那就要挤了。如果有100多人上来，那车该挤爆了，谁也别走了。

可是现在北京的人口有多少呢？据媒体公布的统计数字，截至2010年10月，常住人口是1800多万，所谓“常住”，是有北京户口的人，此外还有400万暂住人口，两项加起来已经超过2200万了。

自然，这个统计数也是大概齐，因为在北京的暂住人口，岂止是400万？

2009年末，北京的房价已经出现“泡沫”，三环以内的房价每平米已经达到近3万元，五环到六环之间的房价也在1.5万元以上。这个价位对北京人来说，只能望楼兴叹。据房屋中介部门介绍，现在买房子的人85%以上是外地人。

只要手里有钱，就能在北京买房，买了房，当然也就成了北京的准居民。户口对现在的北京人和外地人来说，已经变得不那么重要了。

有人说，北京的准居民，也就是没有户口的在北京生活的人，包括外来务工人员，每年以30万到50万人的速度在增长。用一个外地人的话说，北京是首都，谁不想在北京谋求发展。

假如不加以限制，北京这座城市能“装”得下这么多人吗？

可是话又说回来，怎么能限制外地人在北京定居呢？北京要发展，就要开放，既然北京是开放性的城市，人家手里有钱在北京买了房，凭什么不让人家在北京居住？

在一个开放的社会里，人口的流动是正常的，人家要到北京来创业，来谋发展，谋生存，凭什么不让人家来？何况北京的各项建设也好，制造

业、商业服务业也罢，哪个行业离得开外地人？

但是现在北京的人口已经超过2000万了，比欧洲的一个小一点的国家人口还多。这种超过2000多万人口的超大城市，恐怕全世界也没几个。而且照现在的速度发展下去，将来3000万、4000万也打不住。

就像北京的机动车一样，北京能承受如此众多的人口吗？

也许这是笔者的多虑，属于杞人忧天，但现实又明明白白在这儿摆着。

对机动车采取限行措施

全永燊先生说，限制北京的人口和限制机动车的拥有量，在现行法律法规和制度下，都难以做到。但是你可以拥有私人轿车，如何使用却是可以采取相应的措施的。

他说，你有车就要往路上开吧。路是公共的。公共道路的管理者可以规定你的车如何使用。这里并不涉及物权法。

制定道路资源的合理配给，是为了让你合理使用你的汽车。你不开，是为了他人使用，这应该是对等的，并没有妨碍你的物权的使用。所以采取限行措施并不违犯物权法，比如单双号和尾号限行等。欧美发达国家对汽车的上路行驶也有相应的规定，比如美国有轮胎税，欧洲有燃油税、差别化的停车收费等。巴黎和伦敦市区的停车费是非常高的。

全先生说，我考察过香港的交通。香港人买汽车是需要掂量掂量的。他们买车的同时，必须要买停车的地方，等于花两倍的钱买一辆车。我跟香

港的“白领”聊天，他们说，买得起车养不起车。在香港养一辆车，一个月大约8000港币。

当然北京的“白领”也开始感觉到养车的压力了。头两年，油价没涨的时候，有人测算养一辆车一年要2万元左右。现在如果单位道儿远，每天开车上下班的话，养一辆车一年3万恐怕也打不住。

买车要付出公共道路的成本

全先生对我说，同样你完成一次出行，在使用公共道路资源上，汽车是公交车的5.5倍，还有城市污染、噪音、绿化等。

全先生说，我们现在正做一个《私人轿车的社会成本》的课题研究。要保证社会的公平，私人轿车的拥有者，就要分担一定的社会成本。尾气的排放自然会造成环境的污染，你当然要为治理环境付出一定的代价。

■ 车市的热闹场面

同样，公共道路是大家的，私人轿车的拥有者开车上路，由于你的加入构成堵车，造成其他公共道路拥有者时间的延续，精力的消耗。你是不是也要为此做出补偿？

还有私人轿车占用的公共空间的问题，小区的空间凭什么你占用？这些都是值得研究的。新加坡早就实行进入城市中心区，要多交钱的措施。我们将来会不会也采取这些措施，也值得考虑。

全先生说，总之，政府不会限制老百姓买汽车，不能剥夺市民拥有私人轿车的权利。但是在公共道路使用上，要体现社会公平。在城市的环境保护，公共空间的使用上，你买了汽车就要为它付出一定的成本。

全先生的话，让我想到了中国古代的大禹治水。当年大禹的老爹鲧治水的招儿，是水来就堵，结果越堵越麻烦，造成了大水泛滥成灾。到了大禹这儿，他用的招儿是疏。水来了，大禹把它疏导到其他渠道，结果治理成功了。

同样的道理，面对汹涌澎湃的汽车大潮，用堵的招儿肯定不灵。怎么办？只能向大禹同志学习，采取疏导的方法。

靠修路无法从根本上解决交通问题

全先生说，交通是一个综合的学科，涉及人口、土地的使用、历史文化名城保护、投资、设计、工程、汽车、金融危机、能源政策等等。解决交通问题不能操之过急，欲速则不达。

全先生说，我记得1990年的时候，中央对北京市的工作有4点指示，其中之一，就是力争5年之内，“从根本上解决北京的交通问题”。所以到了2003年前后，北京的交通问题，矛盾越来越突出，市里的领导有些着急。着急是对的，但要想在短时间内彻底解决北京的交通问题，这种期望值太高，也不太现实。

交通问题是城市发展过程中各种矛盾的集中反映。只要这个城市在规模上扩展，交通问题就会存在。旧的矛盾解决了，新的矛盾还会产生。

纽约、伦敦、巴黎、东京、首尔、曼谷、香港这些大城市的交通拥堵问题都没解决。这些城市的人口是零增长，城市的规模也稳定了，汽车的保有量也稳定了，道路的需求基本饱和，这种情况下，交通问题应该容易解决，但是在某一时间段，依然拥堵。

任何一个大城市都难以做到任何时间、任何地点都畅通无阻。一路畅通只是人们美好的愿望。

轿车的速度在上下班高峰时，在城市中心区能达到每小时20～25公里，这是世界各大城市能达到的最好水平，我们如果努力是能达到的。

全先生说，北京的户籍人口年均每年自然增加1%，非户籍人口平均每年递增7%，这种人口递增的速度，世界上是少有的。以人口增长7%来计算，每天出行的频率、出行总量也就递增7%。

北京目前还处于城市扩展当中，机动车的拥有量也在发展。从2000年到现在，每个人每天平均的出行距离由8公里增加到11公里，每天400万人的出行量乘以3，等于增加1200万人·公里。

从1980年到现在，20多年中，平均每年道路面积的递增只有1%～2%，最快的年份也只有3%～4%。所以靠修路是没有办法来解决交通问题的。解决的办法，只有优先发展公共交通。全先生说的是道路资源，而不是个人的消费，如果从个人消费来说，又岂止是5.5倍呀！城北的大社区天通苑到通州总里程大约是40公里，上下班一个来回大约是80公里，一辆中档的轿车百公里耗油是10公升的话，您算这一天要花多少钱？往少了说70块钱，假如坐地铁上下班的话，来回4块钱，如果再换乘一次公交车，也超不过5块钱。也许您会说开车多方便呀，除了体面，还有舒坦，同时私密性也好。但是您别忘了如果赶上堵车呢？事实上，现在早晚上下班高峰，坐地铁要比自己开车快多了。

出路是发展公共交通

解决北京交通问题的出路究竟在哪里？在北京市长的办公会上，在每年北京召开的“两会”上，在北京市交通委举办的专家论证会上，人大代表、政协委员、专家学者、各界人士，纷纷献计献策，政府也做了大量的民意调查。

■ 原北京交通委主任赵文芝与北京市常务副市长吉林视察公交车上安装的刷卡器

借鉴外国的经验，考虑到我们的国情、市情、民情，大家几乎一致认为，解决城市交通问题的根本出路是优先发展公交。

北京市政协副主席，原北京交通委主任赵文芝，对优先发展公交深有感触。

赵文芝在任北京市交通委主任之前，曾在北京市公交总公司当过党委书记，对改革开放以后，北京的公共交通事业的发展了如指掌。

她认为：城市交通的结构应该是一体化的。所谓“一体化”，就是人们的出行方式，要与交通路网的结构一体化，交通的管理和服务必须以人为本。在老百姓的出行方式上，公交优先的策略恰恰是以人为本的最好体现。

赵文芝长期在公交系统担任领导，对城市交通优先发展公交的重要性深有体会。她说：优先发展公交的

■ 原北京市交通委主任赵文芝介绍北京公交发展情况

问题并不是权宜之计，而是城市交通发展的长期战略。当然这一战略的实施，政府的决策和导向很重要，同时也需要得到全社会的普遍认同。

这一点的确很重要，您想当人们习惯了开私家车出门以后，驾车出行的便利必然让人们对坐公交车产生一种陌生感。毫无疑问，自己开车永远要比坐公交车感到舒适。换句话说，自己有车，干吗要去挤公交车？

因为长期以来，北京人对公交车的印象就是两个字，一个是挤，另一个是急。坐公交车人多，不挤上不去。公交车少，在车站等公交车让人起急。

所以，赵文芝认为：优先发展公交，首先要在城市发展规划上，把公交摆在举足轻重的位置上。其次，政府要加大公共交通的投资。说白了，就是光有意识还不够，还必须得发展公共交通必备的基础设施，有开辟公交线路的空间，有车，有路，一句话，得有资金。

只有让人们觉得坐公交车比开私家车便捷、舒服，而且还实惠，才会改变自己的出行方式，上下班不开私家车，改坐公交车和地铁。

重要的是调整交通结构

全永燊对笔者说，提出优先发展公交的概念是在10年前。大概在20世纪90年代，一些交通专家便预见到私人轿车的发展，会使城市交通受到新

的挑战，出路是加快或者说是优先发展公共交通。优先发展公共交通，这里涉及交通结构问题。

交通结构包括两个方面：一是出行结构，它是由人们的出行方式构成的，也就是说公交车、轨道交通、自行车在整个交通中占多大的比重。二是交通供给的结构，给公交线路和轨道交通提供多少道路资源，同时在交通智能化上提供多少。

开辟公交专用道

全先生说的这两条至关重要。一般市民并不清楚，交通管理层为了优先发展公交所做的努力。

据全先生介绍，1997年，北京市便开始着手设立公交车专用道，但阻力很大。第一条公交专用车道选择在长安街。这引起了一些争议。

因为北京是首都，首都的交通中有一条其他城市所遇不到的问题，那就是要保证中央政府首脑的公务出行，包括对外国元首的迎来送往。像长安街这样的主路，必须要保证小轿车的车道不能减少。但专家们认为长安街是北京贯通东西的大动脉，在这条路上，行驶的公交线路有十多条。为了真正做到优先发展公交，长安街在公共道路使用权上，应该体现公共交通的优先权。当然，在长安街开辟公交专用道，具有示范的作用。所以尽管长安街是北京的一条非常特殊的道路，也应该设公交专用道。

经过反复研究，1997年，北京的第一条公交专用道在长安街开设了，同时对局部路段做了一些加宽。

从那儿以后，设公交专用道的事一直没断了争议，包括在二环、三环路上设立公交专用道，真正实施起来难度很大。

私人轿车的出驶率高于发达国家

据全永燊介绍，北京市从1986年开始到现在，作过3次大的出行调查。

第三次是在2005年。前14年，出行结构变化不大，一直是公交、自行车占主导地位。

到2005年以后，轿车的发展势头盖过了公交车。2005年公交与小轿车还持平。

全先生说的持平，是指出门坐轿车的人，与乘坐公交车和地铁的人是一样多的。

但是到了2006年以后，小轿车的发展跑到了前边。按现在的发展势头，小轿车永远要占主导地位。

尽管现在每个家庭还平均不到一辆私人轿车，私人轿车的拥有量低于西方国家和日本，但我们小轿车出驶率，远远高于西方国家和日本。特别是“通勤”，即上班下班时用车。

小轿车的出驶率，美国和日本在20%以下，我们在30%以上。如果按照这个势头发展下去，北京的交通问题很难解决，所以优先发展公共交通是唯一的出路。

交通观念的大转变

北京市交通委主任刘小明认为：优先发展公交，实际上是人们交通观念大的转变。交通的宗旨是什么？以前，我们的观念是以车为本。经过这些年的实践，我们终于明白了交通的宗旨是以人为本。

以人为本，就是要给人们的出行提供安全、方便和快捷。当然还要加

北京市有关部门的领导在研究缓解北京交通问题

上经济和环保，而不是以车来作为选择的标准的。

刘小明说，2003年，北京市撤销了交通局，成立了交通委。撤局改委，本身就说明市政府对交通管理的重视。交通委成立后的第一件事，就是集合各路专家，制定《北京交通发展纲要》。

2005年初，《北京交通发展纲要》对外公布，这个纲要可以说是市政府解决交通问题的重要依据。这几年，北京的重大交通决策，都是在纲

要的框架内制定的。它为北京提供了发展交通的战略途径，也确定了未来交通发展的模式。

在纲要里，明确了优先发展公共交通的方针。紧接着，北京市交通委在2006年，又发布了《关于优先发展公共交通的意见》。

发展公交得动“真章儿”

刘小明介绍，在《关于优先发展公共交通的意见》中，明确了“两定四优先”的政策。

所谓“两定”，就是：确定发展公共交通在城市可持续发展中的重要战略地位，确定公共交通的社会公益性定位。

“四优先”，就是：公共交通设施用地优先，投资安排优先，路权分配优先，财税扶持优先。

这一决策与国务院总理温家宝关于优先发展城市公共交通的重要批示以及《国务院办公厅转发建设部等部门关于优先发展城市公共交通意见》精神是一致的。而且“四优先”作为一项决策已经付诸实施。

■ 1977年大修厂研制BG660型

公共交通投资占整个交通投资的一半以上

全永燊对笔者说，北京作出的优先发展公共交通的“两定四优先”决策，是一件了不起的事。

这些年，北京的人口每年递增几十万，已经达到了2200多万，机动车的拥有量已经突破470多万辆，公共交通出行的分担率从2005年起已上升了6～7个百分点，政府为此付出了代价。

“十五”计划前，北京的交通运

输投资，公交、地铁不到20%，交通管理大约只占1%，用于公路、道路建设占到80%左右。

“十一五”计划，地铁、公交的投资占整个交通运输的43%～44%，用于轨道交通、地面公交的有160亿元。

2009年，轨道交通的投人得达到500多亿元。

“十一五”末，公共交通的投资，占整个交通投资的50%以上。

为什么难以做到公交优先

全先生认为：提出公交优先的概念有小20年了，但是没有哪个城市，真正做到优先发展公共交通。尽管有些城市也把城市的出行结构，像我们这样作出预期，但也没能挡住轿车的膨胀。包括上海，采取牌照拍卖的限制措施，也没能挡住人们去买轿车。

在开私家车与坐公交车这两种出行方式的选择和竞争中，公交处于劣势。因为私人轿车是门对门的出行方式。虽然现在开轿车出门，难免会有拥堵的现象，但我们做过调查，轿车的出行速度，依然是公交车出行速度的2.3倍，是地铁的1.6倍。

你觉得坐地铁和公交快，但两头的时间占了大部分，谁也不可能一出家门，就能坐上公交车或地铁。通常坐上地铁之前和下了地铁之后的路，所占用的时间会更长一些。

全先生说，现在开私人轿车的成本比前几年已大大提高了，汽油每年都在涨钱，停车费也水涨船高。我们做过调查，在北京开私人轿车出行的

成本，是坐公交车的5～10倍，但是有多少人放弃私人轿车，改坐公交车呢?

经过十几年的发展，每个城市都在探索优先发展公交，并且为此付出了沉重的代价。上海在公交上，尝试过不同的机制，合资、私企、股份制，还有区政府开办的公交公司，最多时，全市公交公司达到了550家。广州也搞过多种类型的运营模式，北京同样也搞过承包和股份制，但公交分担的比重逐年下滑，就是扶不起来。

为什么公交优先不了？两种出行方式竞争，公交总是打败仗？主要还是没有确定发展公共交通在城市科学发展的战略地位，还有公共交通的社会公益性的定位。只有把公交纳入社会服务的范畴。换句话说，政府购买服务给市民，才能做到真正的公交优先。

“两定四优先”见成效

事实上，北京市政府正是在这样大的政策框架下，有了全面改革，使公交有了前所未有的发展，从这个意义上说，“两定四优先”的政策是英明的。

刘小明介绍：北京的“两定四优先”政策，在国内乃至国际创造了前所未有的纪录。它使公交的客运量在3年内增长了29%。

2007年到2008年，公交出行比例上升了7个百分点。

2008年公共交通出行比例达到了36.8%，比2003年提高了8.6个百分点。轨道交通新线，当年突破每公里每天客运量，达到1.5万人次。

刘小明对笔者说：北京的交通不是一个部门的事，需要政府各个部门统筹协调，也需要广大市民的共同参与。城市的交通措施，是引导城市发展的手段。

过去我们常说，要想富，先修路。事实上，交通的发展往往能带动一个地区的发展，所以我们把优先发展公共交通，确定为城市可持续发展的重要保障。换句话说，城市要发展，必须交通先行，而公共交通具有主导地位。

在城市现代化的进程中，我们无法限制轿车的发展。作为城市交通的主管部门，我们也无法向社会承诺道路不堵。事实上，世界上任何一个城市的管理者，也都无法作出这样的承诺。

但是如果我们有强大的公共交通网络来支持，是完全能够合理地解决百姓的出行问题的。换句话说，在上下班高峰时段，你开私家车也许会堵，但是你坐地铁或公交车也许就不堵。它可以让你非常便捷地到达目的地。这样的话，是开私家车上班，还是坐公交车和地铁上班？大众自然会自己作出选择。

治堵要出“组合拳”

刘小明对笔者说，不知你注意没有，20世纪80年代和90年代北京的道路拥堵，跟现在的道路拥堵是不一样的。那时的堵是真堵，一堵几十分钟，甚至一两个小时，车一点挪不了窝。现在的堵，是能缓解的，用交通台播音员的话说，叫行驶缓慢。但人们依然有抱怨。这跟人们的需求有很大的变化。

不同阶段的道路拥堵情况是不一样的。

刘小明说，我去过香港、东京，那里的交通也堵，但老百姓的抱怨很

少。为什么？因为他们的公共交通网络发达。你开私家车在路上跑感觉拥堵，对不起，你可以改乘公共交通嘛。我们现在要做的，就是要像香港和东京一样，优先发展公共交通，为百姓出行提供另外一种选择方式。

所以说，单纯的治堵，并不能治本，而是治标。一个像北京这样的近2000万人口，超过400万辆机动车的城市，要从根本上解决道路拥堵问题，根本不可能。

刘小明说，我们不能给政府瞎码棋，对老百姓做空洞的承诺，而是要选择另外一条路，换句话说，没有一招鲜，而是要出组合拳。比如，公共交通措施的扩容，交通结构的调整，用科技手段管理，调控始发时间，在规划上、布局上、车辆的使用上进行需求管理，与老百姓进行沟通，引导和教育，告诉百姓出行的价值观，提供选择的平台，多给百姓一些实惠。

有人说，保持一定的拥堵，是解决拥堵的一个手段。这是辩证法，有一定道理。

一年拿出120亿元投入公交

毫无疑问，优先发展公共交通，是需要政府付出巨大努力的。因为公共

■ 北京市常务副市长吉林向记者介绍北京市优先发展公交的决策

交通从某种意义上说，是有投入没产出的。用全永燊的话说，需要政府购买服务，还给市民。因此必须有巨额奖金来支持，否则就只能是纸上谈兵。

2000年以前，北京市政府对公交的投入每年只有几千万元，投入最多的年份也只有1亿多元。

当然，那会儿北京的GDP水平还比较低，经济正处于起步阶段，让政府拿出更多的资金，来投入公共交通并不现实。

说到这儿，笔者跟您交代一句，许多老百姓也许能亲身感受到的一些北京公共设施的变化，有些看起来不起眼，但一个细小的变化，往往需要政府投入上亿元的资金。

您也许还记得十多年前，在北京的街道或公园上公共厕所是要交钱的。最初是2毛，后来涨到了5毛。人走在半道儿上为解决“下水道”的应急问题，别说5毛，5块钱，憋急了，您也得掏。有人抱怨，撒泡尿花5毛

■ 中轴路快速公交

受到了前所未有的重视，每年的财政补贴从10多亿增加到20亿，到2008年达到了90多亿元，2009年计划投资120亿元，这还不包括公交的基础设施投入。

一个城市每年拿出120多亿元

钱太冤，可是人家管厕所的觉得，按管理成本这点钱只是个零头。

那会儿，北京市政府的财政收入有限，老百姓有怨言也没辙。后来，北京的经济发展了，财政收入多了，下了一道令，所有的公厕一律免费使用。老百姓为此举无人不拍巴掌。

可是您知道吗？仅此一举，北京市政府一年要拿出十几个亿来。回过头来说公交，也如是。

进入20世纪90年代，北京市政府对城市公交的投入比过去多了，但最多的年份也只有一年10亿元左右。10多个亿来“养”2000万人口的城市公交，显然不能解渴。但是，一年拿出10多个亿投入到公交，毫无疑问，北京在国内各大城市中，是政府投入公交的财政补贴最多的。

2001年北京申办奥运成功之后，城市公交作为交通发展的战略之一，

人民币，投到公共交通之中，全世界各大城市，可以说北京是第一个。

我们还可以从以下数据和措施中，看到北京发展公交的力度。

北京公交大换车

现任北京公交集团总经理张国光介绍：改革开放30年，北京公交集团运营车辆发生了巨大变化，车辆总数居全国各城市的公交之首。不但车的数量多，而且技术水平显著提高，已接近发达国家的国际大都市公交客车水平。此外，公交的运营车辆，也位居全国公交企业首位。

1978年，北京公交总公司拥有公共电汽车2627辆，以汽油车为主，还有少量柴油车、无轨电车。这些车

辆的结构基本是采用国产“解放”、“黄河”载重货车底盘改装的，高地板公共汽车（车厢内地板距地面高度900mm左右），容量小、动力性低、舒适性差，而且车辆尾气排放含二氧化碳很高。

到1998年，公交总公司拥有公共电汽车6094辆（含空调车315辆），按车种分有汽油车2755辆、柴油车2801辆、无轨电车538辆。按照车型分有铰接车2897辆、双层车135辆。

近10年来，北京公交集团在改革开放和公交优先政策的支持下，以迎接举办2008年奥运会为契机，公交客车从数量到质量，都有了飞跃性的发展。

2008年，北京公交集团拥有公共电汽车20904辆，比1978年增长了近8倍。其中，汽油车451辆、柴油车15407辆、天然气车4157辆、无轨电车802辆。

在总车辆数中，空调车数量达到9908辆，铰接车数量为5574辆。

公交车型结构大换血

张国光总经理介绍，公交车不但在数量上大增，在车型结构上也有了明显变化。

1978年，北京公交总公司运营车辆的主力车型只有“解放”牌、“黄河”牌单机车和通道车。2008年，北京公交集团运营车辆结构发生了重大变化，大型通道车、空调车、双层车、低地板车和快速公交车成为公交主要车型。

新的车型结构主要有以下特点：铰接车有效地增加了客运量。2008年北京公交集团已经拥有11米以上大型车20904辆，其中14～18米铰接车达5574辆，占车辆总量的26.66%。

空调车提高了乘坐的舒适度。1978年，北京没有空调公交车运行。1998年仅巴士公司有315辆空调车。2008年，北京公交集团已拥有空调公交车9908辆，占车辆总量的47%，极大地提高了乘客的乘车舒适度。

低地板车改善了乘车条件。1978年，北京没有低地板公交车运行。2008年，北京公交集团已拥有可供残疾人无障碍通行的低地板公交车2835辆。

双层车在城市旅游观光方面发挥了重要作用。1978年，北京没有双层

公交车运行。1998年仅巴士公司有135辆。2008年，北京公交集团已拥有双层公交车857辆。在城市旅游观光方面发挥了重要作用。

快速公交车提高运行速度。2005年，北京开通了第一条快速公交线路——南中轴路快速公交线路（BRT），并配备了与专用行车道路和停靠站台相适应的车辆（左侧开门）。在此基础上，2008年快速公交2线（朝阳路）、3线（安立路）相继开通，提高了城市东部和北部地区公交运乘能力。

公交运营车辆动力结构实现多元化。1978年，北京公交总公司的运营车辆只有柴油车、汽油车和电车。

2008年，北京公交集团的运营车辆动力结构发生了重大变化，在提高原有柴油、汽油公交车环保排放标准的基础上，增加了压缩天然气、液化天然气等清洁环保车型，并开通了混合动力、纯电动、燃料电池等新能源车辆示范运营线路。

环保车成为公交主力

北京公交车的最大变化是，环保柴油公交车成为运营线路上的主力车型。1978年，北京公交集团有柴油公交车564辆。1998年北京公交集团有柴油公交车2801辆。

北京奥运会，提出了"绿色奥运"的理念。北京公交集团利用举办奥运会的契机，从2001年开始更换环

保车型，到2008年，柴油公交车达到15407辆。

从动力性、经济性以及环保性看，柴油发动机无疑是城市公交车的首选动力装置。由于老旧柴油机给人们留下冒黑烟的不好印象，发展柴油公交车曾遇到许多阻力和质疑。随着柴油机技术的进步和燃料品种的不断提高，北京公交集团于2002年率先试用排放达（欧Ⅲ）标准柴油机，车辆一经推出，以其低排放效果和燃油经济性好、可靠性高、噪声低和优良的性能获得各方一致好评。

目前，北京公交集团国3标准柴油车总量已达9357辆，同时配套使用不大于350PPM的国3（欧Ⅲ）低硫柴油燃料。2007年，柴油的含硫量进一步降低为50PPM，提升了排放水平。

为了进一步改善北京的空气环境质量，迎接2008年奥运会，北京公交集团于2006年批量试用国4（欧Ⅳ）柴油公交车，使用效果良好。2007年，全部购置柴油公交车实现了国4化。目前北京公交已拥有国4（欧Ⅳ）柴油公交车4966辆。

天然气公交车保有量世界第一

1999年，为了庆祝新中国成立50周年，北京公交集团在1、4、44、52路投入300辆11米压缩天然气公交车。这些环保车辆以稳定的性能、可靠的质量、优质的排放，获得广大市民的一致肯定。截至目前，北京公交运营的车辆中，天然气公交车有4157辆，北京成为世界上使用单一燃料天然气车最多的城市。

为满足天然气公交车的加气需要，北京公交集团从1999年起，配套建设了30座天然气加气站。液化天然气（LNG）公交车具有非常好的发展前景。

在采用压缩天然气车的同时，北京公交集团还开发并应用了液化天然气（LNG）公交车，为解决CNG公交车的连续行驶里程短，燃气瓶组重量大等问题提供了有效的途径。

无轨电车摘“辫子”

北京公交车的变化，有的是老百姓能感受到的，有的细小的变化却是被乘客所不注意的，但它的科技含量却很高，比如说在北京公共交通使用了50多年的无轨电车。无轨电车是零排放的清洁环保车辆，北京公交集团一直高度重视无轨电车的发展。

由于无轨电车的电源是靠拉杆输送的。长长的拉杆在车顶上，看上去

像两个大辫子，行驶起来也受到一定限制。所以现在许多城市都取消了无轨电车。

在一些城市取消无轨电车的情况下，北京的无轨电车却从1978年的538辆，发展到2008年的802辆。而且全部为装有动力电池组和集电杆自动捕捉装置的双源无轨电车，使无轨电车在通过没有行车线网的路口和立交桥等特殊路段时，能够实现短距离脱线行驶。比如过去117、104、109等无轨电车线路通过长安街路口时，售票员得下车摘辫子，过了路口，售票员又要下车去接“辫子”，现在的双电源无轨电车就省了这些麻烦。

这种新型的无轨电车改变了无轨电车不能脱线行驶、机动性差的制约，为传统的无轨电车注入了新的活力。

除了无轨电车以外，北京公交还用上了混合动力车。混合动力车（HEV）装有2种以上不同动力源。不同的动力源，在车辆不同的行驶状况下，分别或一起工作。主要优点是既有内燃机持续工作时间长、动力性好的优势，又利用电动机无污染、低噪声的特点，通过集成达到节能减排。

2007年，北京公交集团经公开招标，购置了10辆柴—电混合动力车，并开通了121路混合动力示范线路。2009年，北京公交集团又批量采购了一批混合动力公交车辆，以进一步扩大示范运营。

与此同时，北京公交集团公司与

大专院校、生产厂家积极配合，完成了拥有自主知识产权的纯电动公交车的研发工作。这种纯电动公交车历经暑热湿潮、寒冬低温、雨雪天气的考验，运行基本正常。同时配套建设了熊猫环岛即5号场站电动车充电站，及电池组快速更换设施。在2008年北京奥运会期间，50辆纯电动车作为奥运交通服务用车亮相奥运村，车辆以方便的操作、美观的外形、良好的运行，获得国内外舆论一致好评。

公交车大量采用国内外先进技术

近10年来，北京公交集团在公共汽车上全面采用了大量的国内外先进技术，所拥有车辆的整体技术水平，已经接近甚至达到了发达国家的先进水平。其中包括环保技术的广泛应用，使北京公交达到世界先进水平。

1978年，由于我国汽车工业整体水平还很低，公交车没有专用底盘，只能用载重车底盘改装，特别是发动机技术水平很难满足使用要求，主要采用技术落后、机械控制的老式汽油、柴油机作为公交车的动力装置。公交车不仅动力不足，而且尾气排放重，对大气环境和人们生活质量影响

很大，被北京的老百姓讥讽为“墨斗鱼”。

1998年到2008年的10年中，北京公交车辆开始改头换面，购置的新车全部采用达到国3、国4排放标准柴油机，达到国3、EEV标准天然气发动机，以及零排放、无污染的双源无轨电车和纯电动车，使北京公交在车辆环保方面创造了国内外同行业的十项领先：

第一，拥有世界最大天然气车队。

第二，大部分天然气公交车排放超过EEV标准。

第三，拥有世界上最先进、数量最多的加气站。

第四，从2002年开始，在国家标准实施前，率先使用国3排放标准柴油车。

第五，在国内率先使用国4排放标准柴油车，并达到4966辆的规模，与欧美发达国家实现了同步。

第六，在国内第一家应用LNG公交车，并拥有国内第一座LNG加气站。

第七，在国内第一个试验应用纯电动汽车，并组建电动车队线路运营，同时开发出第一批50辆锂电池电动车为奥运会提供了交通运输服务。

第八，拥有国内最大的柴电混合动力的无轨电车车队，保有量超过800辆。

第九，在国内率先示范运营燃料电池公交车。

第十，在国内率先全面应用50ppm的低硫柴油。

北京的公交车坐着舒服了

北京的公交车过去是傻大黑粗的形象，开起来叮当乱响。司机开着费劲儿，乘客坐着难受。从2001年开始，北京的公交车开始变脸。从整车技术上看，全部车辆装上了自动变速箱，司机再也不像过去那么来回扳动手挡了。它不但降低了司机驾驶操作劳动强度，更降低了车辆传动系统故障。公交车还全部装用盘式制动器和无内胎子午线轮胎，消除了刹车噪音，降低了燃料消耗和车辆行驶系统的故障频率，提高了车辆使用的可靠性和经济性。

现在公交系统的全部车辆均装用底盘自动润滑系统，不仅延长车辆使

用寿命，更降低了车辆修理的劳动强度。采用空气悬架系统，降低地板高度，减少振动，进一步提高行驶平顺性和乘车的舒适性。

从节能经济上看，全部车辆采用CAN总线整车局域网电控技术，提高车辆电子化程度，节约了大量线束材料。应用电磁风扇离合器，降低车辆能耗。

从车厢人性化设施上看，配置了人性化服务设施，提高了乘坐舒适度。在12米、18米车型上装用低底盘门式桥，降低了车辆地板高度，方便了乘客的上、下车。特别是自2004年以来，北京公交集团先后购置2835辆低地板无障碍公交车，满足了乘坐轮椅的残疾人及老幼等特殊人群乘车需求。

同时，在符合国家法规前提下，适当降低车厢扶手杠高度，尽量增设立杠、侧扶手杠，以方便不同身高乘客的抓扶需求。并在全部单机车上装用车载冷、暖空调，提高了车厢乘坐环境的舒适度。

此外，公交车还在智能化方面增加了大量设施，为乘客提供信息化智能服务，全部车辆装上了大型电子路牌、语音报站器、IC卡读卡机、投币箱、车内信息显示器、倒车及乘客门监视系统、多媒体电视和行车记录仪等，实现了服务电子信息化。

公交车“长”得好看了

公交车的“内瓤”变了，“长相儿”也比原来好看了。原来的颜色灰不溜秋，透着土，现在漆色美观大方，色彩鲜活了。美观大方的外形漆色让北京公交车“年轻”了。

新型环保车辆的外观设计，采用了当前国际流行的方基调小圆角外形，美观、大方、庄重，车身漆色

图案聘请清华大学美术学院专门设计形成了城区、城郊单机、铰接、无轨电车、BRT快速公交车等五种图案，与北京城市建设和人文环境基调相协调，让乘客和市民候车时享受到视觉的美观，使公交车辆成为北京一道亮丽的风景线。

对北京公交车的变化，京城的老百姓真是看在眼里，记在心里。

30岁往上的北京人，甭管现在是开着私人的“大奔”出门的，还是坐着公家的“奥迪”上路的，谁也别牛，都是坐着公交车长大的。多多少少对北京的公交车有印象。

过去北京人乘坐的公交车，别说环保，有的车开起来叮咣乱响，噪音刺耳，甚至雨天还漏雨。乘客坐公交车挨挤不说，冬天冷，夏天热，乘公交车等于活受罪。而且当时公交车的性能很差，车跑起来，上下颠簸，乘客乘坐公交车，戏称为“摇煤球”。

现在人们乘坐公交车很多时候不但不挤了，而且车也越来越舒服了。有些市民甚至说，现在乘坐公交车能找到坐旅游车的感觉了。

地面公交线路全国第一

优先发展公交的明显变化是北京的地面公交线路大幅度增加。从2001

■ 上会车辆载着乘员行驶途中

年到现在的10年间，北京公交集团为方便市民出行，增加了几百条线路。与此同时，他们还积极优化调整公交线网，开始构建公共交通快速网络。为了减少中心区公交线路的重复，也撤换了一些线路，如长安街撤掉了4路等老的线路，增加了一些新的线路。扩大边缘线路的覆盖，凡是新建的大型社区都通上了公交车，有的大型社区如望京、天通苑、回龙观、亦庄等还增设了社区内的公交线路。

■ 枢纽站

■ 大容量快速公交

公交网络还包括一些线路与地铁、城铁的对接。到2008年，北京已基本形成了市区公交、市郊公交、郊区客运、地面公共轨道交通一体化的网络体系。

据张国光总经理介绍，到2008年6月底，北京的地面公交线路已达932条，线路长达18468公里，比2001年分别增长71%和15.3%。五环以内的市民，出门不足百米，都可以找到乘坐公交车的车站。

932条公交线路，北京堪称是国内各城市里公交线路最多的城市。

为了体现路权的优先，北京实行了公交专用车道。这是公交优先的最实际的体现。目前北京市城区范围内，公交专用车道已达300公里，主要分布在长安街、二环路等主要干道。随着公交优先发展策略的实施，在未来几年，北京的公交专用道还会大幅度地增加。

与此同时，北京公交集团还把发展大容量快速公交作为重点。这种大容量快速公交，不但载客多，而且有专用道，速度快。可以和地面的轨道交通相媲美，极大地缓解了城市主要干线的交通压力。目前已在南中轴路、朝阳路、安立路等开设了3条。快速公交体现了公交路权的优先，提高了营运的速度。值得一提的是，北京的这种大容量快速公交在全国还是首创。

公交集团科技处副处长钟强华对笔者说，2005年开通了南中轴线的大容量快速公交专行道，这是国内第一条快速公交专行道。从前门到大红门，当年投入了9辆大通道快速车，客运量一天达到21万人次，相当于一条轻轨。

有了无障碍公交

北京公交的另一个亮点是建设了一批综合交通枢纽和中心站。使换乘

■ 低地板公交车

公交车更为便捷。目前已建成的有动物园、六里桥、东直门等公交换乘中心站。在建的有西直门、四惠、一亩园、北京南站等交通枢纽，实现了同一交通方式和多种交通方式的“零换乘”，使市民感到乘坐公交车越来越方便。

在公共交通上体现人文关怀，是这几年北京公共交通的新理念。同时，也把这种理念付诸于行动。

这种人文关怀体现在公交车和公交站台设施的细节上。比如，在318处公交站台，64个地铁车站，183个地铁出入口及11个省际长途客运站，进行了无障碍设施建设和改造。

这些设施在2008年北京残奥会上发挥了作用，也为今后公交人性化打下了基础。

大力推进“村村通公交”，是这10年北京公交的重要工作。北京公交这几年先后在偏远的郊区，建设了22处场站，1000多个候车亭和候车室，新开辟和新调整线路30多条。

目前北京的十个郊区县，除密云、延庆的偏远山村外，已全部实现行政村“村村通公交”。

全北京城的行政村，公交的通车率达到了96.1%。这在其他城市是难以做到的。北京为了达到“村村通公交”付出了10多年的努力，政府为此投资了几十亿元。

公交车票牵动百姓神经

车也好，路也好，让京城老百姓念叨北京公交最好的是票价便宜。便宜到几乎等于白坐。

优先发展公交，服务于民的政策，让人们看得见、摸得着的事是北

■ 北官厅新站

■ 动物园枢纽站台

京市政府实施低票价及老年人免费乘公交政策。这是让老百姓感到最实惠的一件事，也是让老百姓出门就念政府好儿的一项利民惠民措施。

北京的公交车票，您甭觉得它毛儿八七的不起眼，但它如同是物价的晴雨表，最能牵动百姓的神经。

在计划经济时代，公交车票涨几分钱，都得由市政府上报国务院批准。

1979年以前，北京公交车票大体维持在5分、1毛、1毛5、2毛这样的水平上，普通月票是3.5元，郊区专线是4元，通用月票是5元。因为当时职工的工资普遍较低，二级工月薪只有43元，所以职工月票3.5元维持了十来年。

北京的公交车票发生大的变化是在改革开放以后，大致经过了以下几个阶段：

1979年1月，经北京市革命委员会批准，市区职工月票票价由3.5元调为6元，郊区专线职工月票由4元调为9元，通用月票由5元调为12元，并取消郊区学生月票。

但是这一规定实行后，引起老百姓的不满，各方面的意见很大。主要是因为当时职工的工资水平普遍比较低。

您想1979年那会儿，“文革”刚结束，还有“革委会”呢。职工的月平均工资只有四五十元，车票一下涨几块钱，等于在身上割一块肉，大伙儿能不叫唤吗?

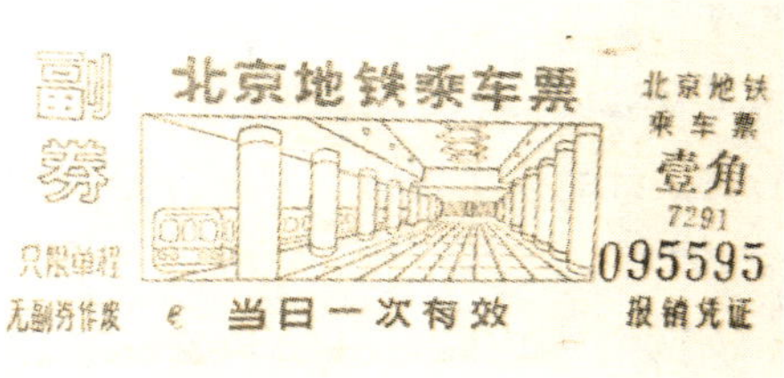

■ 1984年9月19日，北京地铁二期工程建成通车，票价仍为1角

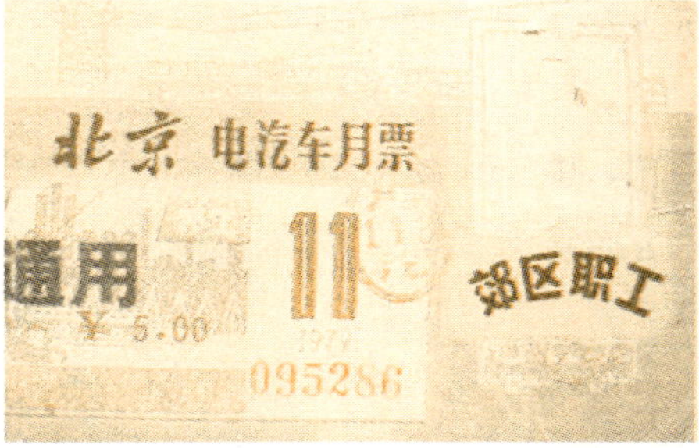

没辙，这一票制只实行了3个月，便寿终正寝。4月份便全部恢复了原价。

由于公交车的票价太敏感，此后十几年没敢动。

斗转星移，到了20世纪90年代，北京的经济状况已经开始好转，职工的收入也有了很大提高。北京市政府为了发展城市公交，同时也为了提高公交系统的职工待遇，重新开始酝酿车票改制。

1991年1月，经国务院和北京市人民政府批准，北京公交调整了月票票价，市区电、汽车职工月票，由3.5元调整为7元；郊区电、汽车专线职工月票，由4元调为8元；市郊通用职工月票，由5元调为10元；电、汽车、地铁联合职工月票，由10元调为18元，学生月票不作调整。

普票价格，票制仍维持市区6、6、9、9……制，郊区2、2、3、3……制，票价由0.05元起价0.05元进制调整为0.10元起价0.10元进制。地铁普票由单一票价0.30元调为0.50元。

这次调价是自1965年以来第一次全面调整票价，使公共电汽车票制票价逐步走上改革之路。但因政治因素影响，学生月票价格仍维持在1965年的水平上（市学2元低于1965年学生价格）。

1996年，为了抑制北京市公共交通企业的政策性亏损，减少财政补贴，缩小与外省市票价差距，解决价值与价格严重背离的问题，北京市公共电汽车线路，进行第二次票价的调整。

月票价格：市工由7元调为15元，市郊通工由10元调为25元；市学由2元调整为5元，市郊通学由4元调整为10元，取消职工和学生的郊区专线票。地铁联合月票由18元调整为40元。普票价格：票制市区调整为单一票制，票价0.5元；郊区调整为3、5、5……制，票价调整为0.50元起价0.30元进制（即第一计价段为3公里起价0.50元，每增加5公里加价0.30元）。

此次调整幅度较大，简化了票种。

这次票价上涨虽然相隔只有5年，而且涨得幅度也比较大，但是老百姓并没有多少怨气。因为这5年，北京的经济发展迅猛，老百姓的生活水平有了很大提高，腰包比过去鼓了。同时，人们的出行方式也开始改变，购买私人轿车的人越来越多，出门打“的”也成了年轻人的时尚，所以人们并不像过去那么在乎涨了十几元钱的月票钱了。

票价涨了一半也不够运营成本

2000年，为实现社会平均成本，发展公交事业的需要，北京市公交总公司进行第三次票价调整。

月票价格：自2000年1月起，市工由15元调为30元，市郊通工由25元调为40元；市学由5元调整为10元，市郊通学由10元调整为20元。地铁联合月票由40元调为80元。

普票价格：自1999年12月10日

起，票制调整为：市区单一票制，票价由0.50元调整为1.00元；郊区票制由3、5、5……制调整为12、5、5……制，票价调整为1.00元起价0.50元进制（即第一计价段为12公里起价1.00元，每增加5公里加价0.50元）。

北京市公交1996年和2000年两次价格调整，初步达到了公交企业能够维持简单再生产的目的。但是燃料价格的上涨，更新、购置环保车辆，车辆保险及职工工资增长等因素，使运营成本大幅度增加，促使公交集团加快票制票价改革的步伐。

北京公交告别纸质车票

北京公交的票制彻底改革，应该是从取消纸质车票开始的。作为新中国成立后，城市公交系统的一次重大变革，告别纸质车票，意味着北京公交的发展进入了一个历史的新时期。

2006年，为迎接2008年奥运，实现北京数字化管理，优先发展城市公交，北京市人民政府决定自2006年5月1日起，采用一卡通IC卡，替代公交地铁纸质月票。并且于2006年5月10日正式启用，在新开通“一卡通”功能的线路上刷卡乘次和在月票无效线路上打折优惠功能。

最初的“一卡通”，有几种规格，即有学生月票卡、成人月票卡、地铁专用月票卡、公交地铁联合月票卡、普通卡。

原市学、通学月票合并为学生月票卡，20元／卡·月；原市工、通工月票合并为成人月票卡，45元／卡·月；原地铁专用月票替换为地铁专用月票卡，60月／卡·月；原公交地铁联合月票替换为公交地铁联合月票卡，90元／卡·月。

月票卡具有月票计次和普通卡储值两种功能。月票计次限本月1日至当月最后一天使用140乘次。使用普通卡和月票卡储值区，乘坐地面公交月票无效的线路，给予8折优惠，乘坐地面公交月票有效线路无折扣和优惠。

低票价让百姓叫好

可以看出以上的这种改革还是

不彻底，而且折扣也比较烦琐，效果并不明显。试行不到一年，北京市政府为了让市民真正感受到乘坐公交的好处，引导人们出行选择公交，缓解北京的交通压力，作出重大决策，采取低票价的方式，发挥公交的社会服务功能。这种低票价基本上是不计成本，完全属于公益性的。

2007年，市政府为此拿出了90亿元的财政补贴，从2007年1月1日起，取消学生月票卡、成人月票卡和公交地铁联合月票卡，保留地铁专用月票卡，发行普通卡、学生卡。原学生月票卡可作为学生卡继续使用，原成人月票卡可作为普通卡继续使用，原公交地铁联合月票卡可作为地铁专用月票卡继续使用。

北京市区公交线路普票票制统一为：单一票制线路每乘次1元；分段计价线路12公里内1元起价，每增加5公里加价0.5元。现金购票无折扣优惠。

刷卡乘坐市区公交线路享受普通卡4折、学生卡2折优惠；刷卡乘坐原月票有效分段计价线路“打折封顶”，即普通卡每乘次0.4元，学生卡每乘次0.2元。

2007年2月1日，为了方便短期乘坐北京公交的乘客使用，发行三种时间票（卡）：3日卡票价10元，限3日内使用18次；7日卡票价20元，限7日内使用42次；15日卡票价40元，限15日内使用90次。可乘坐除“9”字头线路以外的市区公交线路。

时间卡不贴照片、不限本人使用、不可充值。办卡时须交纳每卡20元的卡押金（退卡时退还押金）及时间卡票款。

■ 动物园枢纽站车道

为统筹城乡交通发展，推进城乡公共交通一体化，使广大市民分享改革发展成果，经北京市政府批准，北京市郊区公共客运线路（含“9字头”公交线路和远郊区县境内客运线路）票价实行折扣优惠。自2008年1月15日起，持市政交通一卡通乘坐“9字头”公交线路在现行票制票价基础上实行成人4折，学生2折优惠；北京市域外路段维持现行折扣优惠政策不变。现金购票乘车不优惠。

北京从2007年1月1日起，取消了用了几十年的传统的公交月票。这对北京市民来说是一个大举动。为了引导人们改变出行方式，乘坐公交车上下班，减少路面行车的压力，统一市区地面公交普票，实行持卡乘车成人4折，学生2折的优惠，除6字头、8字头、9字头公交车，持卡乘车不管多远都是4毛钱。

老人坐公交车不花钱了

从2007年10月7日起，北京的轨道交通实行全路网单一票制，持卡2块钱，已开通的9条地铁线路，可以自由换乘。2008年1月15日起，“9”字头公交及郊区境内客运票制票价，也按公益性定位，实行了与市区公交持卡乘车同折扣优惠。

2009年1月，北京市政府又推出一项利民惠民的举措，实行对65岁以上老人，持老年证免费乘车公交的政策。这在北京的公交史上是从未有过的。

这些利民惠民的政策，让京城老百姓拍手叫好。许多外地和外国来北京的游客，也称赞北京的公交，是全中国乃至全世界各城市中乘车最方便，也是最便宜的公交。

当然这种公交低票价政策，让市民享受到改革成果的同时，也对出行

方式重新作了选择。尤其是那些在城市中心区工作的人，越来越发现，乘坐公交比开私家车上下班要快得多，也更实惠。以至于现在出现了这样的流行语：开私车不如打出租车，打出租车不如坐公交车。

北京公交优先的策略实施，尤其是实行低票价政策以后，北京公交的客运量在两年内提高了29%，北京市民的出行结构也发生了巨大变化。

北京公交一年要拉45亿人次

北京公交集团副总经理王新声，从小在胡同长大，说一口纯正的京腔，算是老北京。王总不到20岁，就到公交系统工作，属于老公交。北京公交的60年的巨大变化，在他的脑子里都存着档。他的记性极强，许多数据张嘴就来。

他对笔者说，1978年北京公交的客运量是11亿人次，2008年北京公交车的乘客运营量是44.8亿人次，日均客运量达到了1270多万人次，平均1125万人次，30年翻了4倍多。一座城市的公交车一年要拉44.8亿人次，恐怕世界各国没有哪座城市能超过北京。尽管如此，运量与运力的矛盾也没完全解决，但是跟1978年相比，这种矛盾已经大大缓解。1978年，北京公交20%以上的线路满载率超百，现在个别线路也有超载的现象，但只是个别，而不到5%。

王新声先生说的超载，实际上就是我们平常说的挤车现象，恐怕每天坐公交车上下班的北京人会有这种感受，现在坐公交上下班不像过去那么挤了。当然个别时段，个别线路也还有挤车的情况，但是绝对不会像过去那样每条线路每个时段都挤。

“老公交”抚今追昔谈变化

王新声先生对笔者说，现在公交的服务范围扩大了。1978年，北京的公交只有101条运营线路。2008年已

达到835条运营线路，运营线路总长15万公里，北京的18个区县都有公共电车、汽车。

1978年，公交服务分为市区、近郊、远郊长途。北京市区主要是东城、西城、宣武、崇文4个区。朝阳、海淀、丰台、石景山那会儿还算郊区，即“3”字头的车。现在已经没有这种区别了，远郊的怀柔、密云、平谷、延庆都已经公交化，没有长途这一说了。公共交通的发展，从真正意义上缩短了城乡的距离。

1978年，从北京市区到怀柔，得到顺义中转，早晨出门，下午五六点钟能到就不错。现在坐9字头公交车，走京承高速，不到一小时就能到。过去是两小时发一趟车，现在十多分钟一趟，你说有多方便。

王先生回忆，当时从昌平的南口，到北郊农场即现在的马甸桥南，一天只有4趟车，北京军区驻南口的一个部队领导给他写信，反映他们出行不便，恳请增加班次，后来这条线路增加了两趟车。现在改为“9”字头的公交车，10分钟一趟，方便多了。

王先生深有感触地对笔者说，北京公交变化最大的是车辆。1978年，全市公交系统电、汽车加在一起只有2627辆，当时的公交车多是“黄河”大通道，柴油系列的，车一加油就冒黑烟，北京的老百姓讽刺这种车叫“墨斗鱼”，人见人怨，瞪眼睛，捂鼻子，还有“解放”系列的单机汽油车，走起来哐哐响，刹车装置也不灵，司机一脚刹车，乘客东倒西晃，戏称是“摇煤球”。现在北京的公交系统运营的车辆加在一起有26000多辆。

2004年以来，公交集团在市政府的大力扶持下，相继投了130多亿元，

淘汰报废了那些污染严重，设施陈旧的老旧公交车，淘汰的车大概有12000多辆，购置了新型的环保公交车15927辆，到2008年奥运会时，运营的公交车总规模已达21000辆，其中环保型的天然气车有5000辆左右，占总数的20%。这些新型环保车大量采用了世界先进水平的发动机，自动变速器，空气悬挂，低地板，CAN总线等信息化技术，真可谓面貌一新。

让人感受最大的是现在北京公交车的人性化，过去的公交车一般都是三级脚踏板，90公分长，等于上3个台阶，年轻人无所谓，上点岁数的人就会发怵，曾经发生过老年人下车踩空掉下来的事情。所以有很长时间，公交系统强调售票员要搀扶老年人上下车，但车上人少的时候可以做到，人多的时候就照顾不过来了，让一些老年人对乘公交产生了畏惧感。

现在的公交车都改为一级踏板，只有30公分高，上下车一迈腿就得。而且在2008年残奥会期间，公交集团还设计了无障碍踏板，车到站后，能伸缩，可以直接上车。

王先生说，北京公交还有一个大的变化，恐怕一般老百姓没有注意到。什么变化呢？就是优化公交线网，进一步方便群众出行。

您也许对老的公交线路有印象，比如京城的主要街道，长安街、西单、东单等，一条马路十几条甚至几十条线路扎堆，一个公交站的站牌恨不得有几十条线路，这种重复线路不但造成了资源的浪费，也人为地造成了道路拥挤，看起来是方便乘客了，但实际上是添了乱。

为此，北京公交集团动员了上千员工，花了几年时间进行现场调查，并制定了“减少市区重复、扩大郊区覆盖、构建三级线网”的原则，从

■ 20世纪50年代的公交车

■ 2000年新型的公交车

2006年开始，共分6批对原有公共电汽车线路线网进行调整优化。调整线路55条，撤销市区重复线路71条，减少重复站位2949处；新开辟城乡结合部和偏远小区公交线126条，解决和改善了430余个小区和40余条道路不通公交车的问题。

与此同时，公交集团还延长了300余条线路的运营时间，绝大多数公交线路的首车提前到5：30，末车延长到22：00；逐步实现了快线、准快线、普线、支线网分层布设，形成合理的供求关系，使群众出行更加便捷了。

北京公交的另一个大的变化体现在公交场站上。王先生对笔者说，1978年，北京市公交场站只有57处。由于场站少，不少线路只好采取在断头路调头的办法，如52路在劲松东口调头，372路在通州长年在此调头。由于缺少场站，在不得已的情况下，公交车只能停在马路边。

为了解决场站短缺的问题，从2004年开始，北京市政府先后投资了1208万元，用于场站建设和改造。新建场站基本做到了停车到发分离，方便乘客换乘，健全服务体系，不扰民，力争做到环保。

众所周知，现如今北京市区的土地存量有限，地价高得惊人，尤其是在二环三环以内，寸土寸金，新建一个公交场站要投入巨额资金。为此，公交集团除了投资11812万元对原有40多个场站进行改造以外，把一些大的场站尽可能地设在三环四环以外。

■ 北广场地下一层

2004年到2007年，投资17396万元新建了南苑中心站、回龙观锦园站、单店等十几处公交场站，现在全市公交场站已达513处。

据王新声先生介绍，新建的场站，配有行列式站台，有站棚、护栏、座椅、盲道等附属设施，还有导向标识和指示车辆的交通标识，此外还有为乘客服务的设施，包括公共厕所，公交IC卡充值点，为乘客服务的人行旁道，为乘客服务的电子信息服务系统、视频监控系统以及照明系统。为了改善公交职工的工作条件，新建场站都配有调度室和职工休息室，有的设有内部食堂和洗浴设施。

坐着公交车看电视

让老百姓直观感受的变化是现在的公交车站的智能化。其实这只是公交系统智能化的一部分。您也许有所不知，在2008年奥运会之前，北京公交的调度指挥系统已经完全智能化和信息化了，整个公交系统有一个总调度中心，下设11个分调度中心，各车队全面实现了电子路单，形成了三级联网的智能调度指挥系统，以及60个大的场站和750个中途站图像信息监控系统。这套系统可以随时掌握这些场站车辆和客流情况，以便调度车辆和采取其他应变处置措施。

另一个变化是现在北京运营的公交车已经全部安装电子报站显示屏和双语语音报站器，为乘客提供信息服务。此外还安装了有线电视，坐在公交车里能看电视，这在十多年前是难以想象的。

当然，公交的智能化和信息化是需要大量的资金投入的。据王新声先生介绍，在2008年奥运会之前，四环路以内的各主要大街的公交车站的站牌，几乎都更换成太阳能发光的了，人们晚上坐公交车，也能看清楚站牌上的站名。仅这一项工程，就花了近2亿元。

说起公交车的站牌，人们也许有深刻印象，最早的站牌是大铁墩，后来又变成固定式的铁板，每一次变化，都按着美观大方的路子走的。

您别小看这公交车站牌，它也能起到美化市容的作用。站牌与车站的站棚，犹如都市的一道风景。所以北京公交集团一直对它很重视，但让站牌夜里能亮起来，很长时间困扰着设

计者。现在采用的太阳能方式不但解决了光源，而且也节约了能源，有利于环保，让人们耳目一新。

城市文明的“窗口”

在改善运营条件，提高客运能力的同时，北京公交集团这些年还着重抓了服务质量，众所周知，公交是城市文明的窗口行业。公交的形象，从某种意义上说代表了一个城市的形象。

北京公交系统有10多万员工，素以“特别能战斗”而闻名，甭管发生什么大事，公交职工都能坚守岗位，照样出车。2003年“非典”期间，2008年“5 · 12”大地震的时候，北京的公交车照常运营。

北京的老百姓说，不论发生什么突发事件，只要看到马路上有公交车在行驶，心里就踏实了。

一些大的政治活动和大的赛事，比如亚运会、奥运会、国庆50周年、60周年庆典，等等，都需要公交集团出车出人，公交职工都圆满地完成了任务。

除了重要活动，北京公交集团这几年还把培养职工的文明素质作为重要任务，扎实推进创建文明行业工程，全面提升整体服务水平。为了在2008年奥运会期间，展现北京公交的风采，2005年，北京公交集团制定了《关于创建文明行业的工作意见》和《迎奥运，创建文明行业三年工作规划》，抓住创建文明行业这一主旨，提出了建设文明窗口行业的“六大工程”，即优先服务提升工程、科技进步建设工程、场站建设整治工程、员工素质培训工程、企业文化建设工程、和谐企业构建工程。把文明建设作为形象工程来抓，以前还没有过。

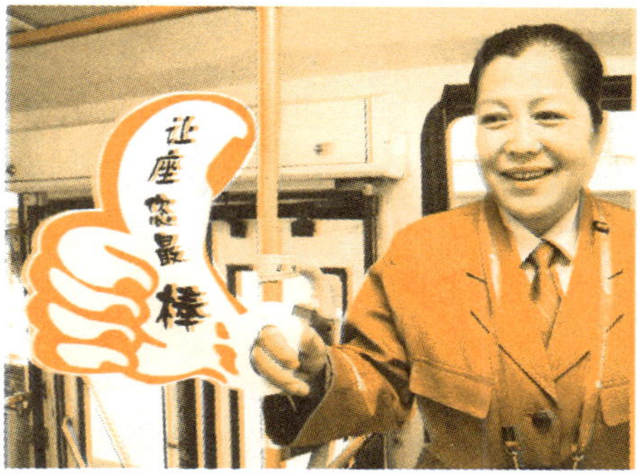

在2008年奥运会之前，北京公交集团为提高全员的创建意识，在全系统开展了“迎奥运、讲文明、树新风——我为创建文明行业作贡献”的主题教育活动。组织了“迎奥运、树形象、展风采”员工文明礼仪竞赛，6万多名员工参加了礼仪、英语能力展示和奥运知识竞赛等活动。编印了《创建文明行业宣传手册》和《公交员工奥运培训手册》，分层次、有重点地对员工进行培训。

为了使公交系统员工成为人民满意的司售人员，北京公交集团建立了一整套的文明建设激励机制，出台了星级达标和高技能人才制度，在工人中评星（1～7个星），戴“星”标上岗；评选首席驾驶员、乘务员、调度员、保修工等工人技师，为10万工人岗位的员工开通一条成才的通道，提高他们的工资待遇，引导和鼓励员工提升业务素质和服务水平。

周总理坐公交车感动了一代“公交人”

1957年9月11日和9月26日晚，国务院总理周恩来利用工作闲暇，和身边的工作人员饶有兴致地坐上了环行路有轨电车，了解北京公交的运营和服务情况，车从西单开到东单，周总理和工作人员又上了5路公共汽车，从天桥坐到了北海。

■ 示范岗

周总理“微服”深入北京公交，像普通乘客一样坐在车上，与售票员亲切握手谈话。让车上的乘客感觉到异常惊喜和感动。

这个消息给当时的公交职工以很大鼓舞，在公交系统开展了“一颗红心为乘客”的竞赛，涌现出王长清、牛淑兰、刘玉兰等一批优秀司售人员和文明标兵、优秀车组。榜样的力量是无穷的，这些优秀人物成了北京公交系统优质服务的代表。他们的事迹影响了几代公交系统的司售人员。

北京人的形象

作为首都的窗口行业，北京公交集团从组建的第一天开始，便把服务

■ 调度室的调度员

作为一项工作重点来抓。几十年来，文明礼貌服务已在公交系统形成了风气。在平凡的工作岗位上，涌现出一大批热情为乘客服务，为乘客排忧解难，百问不烦，礼貌周到，深受人民喜爱的优秀售票员和优秀司机。如有轨电车1路的优秀售票员延福坤，106路无轨电车优秀售票员赵淑珍，103路无轨电车优秀售票员王桂荣等。

20世纪90年代，北京公交又涌现出李素丽等一批新时期的模范售票

员，为了开展文明服务，北京公交集团以李素丽命名，开辟了“李素丽服务热线”，使北京公交的文明服务迈上了一个新台阶。

进入21世纪，北京公交的车况好了，路况也好了，老百姓对公交司售人员的服务又提出了更高的要求。因为北京公交集团与时俱进，在员工的文明素质上也有了新的标准。2008年，北京公交被评为首都文明行业。这次评选是由首都文明办组织的。经过对北京公交创建文明行业进行的暗察暗访、明查考评、初评审核、乘客满意度调查4个阶段的工作，首都创建文明行业考评委员会全票赞成北京公交为首都文明行业。

第七章

地下天光：轨道交通的火红年代

当年的“铛铛车”回来了

2009年，改造一新的前门外大街添了一道景观，即老北京人所说的“铛铛车”。

许多年轻人坐上“铛铛车”，觉得挺新鲜，也很好奇，以为它是“洋玩意儿”。其实“铛铛车”就是过去北京的有轨电车。

这段只有两公里长的有轨电车，现在是用作观光游览的，它让许多北京人回忆起80多年前北京最初的公交车。

您可能难以想象，这已成为老古董的“铛铛车”，是北京最早服务于公共运营的轨道交通工具。

80多年过去了，轨道交通已经成为北京市民最便捷的交通工具。所不同的是，当年的轨道在地上，现在的轨道却在地下，即北京人说的“地铁”。

最早的地铁让人很害怕

英国首都伦敦的地下铁道，是世界上最早建造的地铁。

早在19世纪中叶，伦敦市区的交通就已经变得拥挤不堪。当时有人异想天开，地面上交通紧张，能不能利用地下的空间？于是有人建议修建地下铁道。

英国人敢想敢做。众所周知，蒸汽机就是英国人瓦特发明的。1829年英国人斯蒂芬孙，发明制造了比较完善的蒸汽火车头的雏形。所以，很快他们就制订了建造伦敦地铁的计划。

■ 北京前门外大街恢复的铛铛车，吸引了大量的中外游客

可是真正开始建却是在1860年。从筹划到开工花了20多年的时间，即便如此，还是遭到了许多市民的反对。

因为最初的地铁是明挖法，在马路上开膛破肚。伦敦市民

■ 莫斯科地下铁道

不仅不相信在地下能跑火车，而且也担心把路面挖开，会危及自己住的房子。但英国政府这次却有点一意孤行，一定要干。

事实证明伦敦的老百姓的担心是多余的。3年之后，地下铁道终于修成，不但路旁的房屋没塌，刨开的路面也修复如初，车辆照走不误，只是地下却多了一条交通要道。

当然，那时的地下火车跟现在的地铁截然不同。因为当时电还没有发明出来。地下照明用的是煤油灯，动力是烧煤的蒸汽机。

您琢磨去吧，这种地下火车开起来是什么劲头儿？

隧道里烟雾弥漫，坐火车的人烟熏火燎，滋味儿实在是够受的。更要命的是隧道里冒出的滚滚浓烟，让路面上的行人和车辆惊慌不已。

那会儿，还没汽车，路上跑的都是马车。马见着浓烟就惊慌得狂奔乱跑。您想车祸能少得了吗？这就是当时伦敦地铁的状况。

直到1890年以后，世界上出现了电动机车，地下铁道才算是步入了黄金时代。

一边打仗一边修地铁

进入20世纪以后，发达国家为了解决路面交通的拥堵问题，纷纷投资修建地下铁道。当然，地铁除了交通之用，还有战时防空的作用。

据全永燊先生介绍，“二战”时期，苏联和德国法西斯的战争异常惨烈，仗打得那么厉害，德军的部队都打到了苏联首都莫斯科的城下，莫斯科的地铁照修不误。

■ 20世纪60年代北京修建的地铁1号线工地

为什么打着仗还要修地铁？我琢磨着主要还是为了战时防空吧。

诸位有所不知，其实，当年北京修建地铁，也有备战的防空用途。

背着背包到地铁报到

翟春凤原是北京地铁客运公司票务科的科长，在北京地铁工作了38年。

她对笔者说，她是北京地铁招的第一批员工。1970年，还是16岁的初中毕业生的翟春凤，便被选拔到北京地铁。

为什么要用“选拔”这个词儿呢？因为当时能进北京地铁公司，必须“根红苗正”，一要看家庭出身，

当年能成为地铁的司机是非常光荣的职业

当年能成为地铁职工需要“根红苗正”

北京地铁的老职工换上新装后合影

二要看个人表现，家庭出身要查祖宗三代有没有历史问题。

翟春凤回忆道：当时是中国人民解放军铁道兵12师的军人到学校来招工的。一共招了二三百人。我们学校有70多人。我记得，我们这批人，是背着背包在永定门大桥下面集合的，然后坐着大卡车，把我们拉到礼士路的一个部队大院集中学习、培训。培训了20多天。当时一切都按部队的要求，不允许出门，甚至不允许给家里人打电话。培训结束后，我们被分到地铁的各个车站。我被分到了木樨地车站。

接车时要挥“红宝书”

翟春凤说，当时的地铁是试运营，地铁对北京人和外地人来说还是新鲜事，所以各企事业单位都组织职工来参观。那会儿，参观地铁是一项政治任务。我当时在车站当乘务员，主要任务就是接待参观者，工作分早晚班，早晨7点到下午1点一班，下午1点到7点一班。后来改为干一天，歇一天。

那会儿的地铁连售票的地方都没有，临时找个地方就售票。当然，一般也没有散票，主要是团体票，所以售票也省事，有时一个礼拜的票就预售完了。

当时买票要单位开介绍信，盖公章，一毛钱一张，坐地铁的人不是为了出行需要，而是参观。

翟春凤说，当时各单位组织职工一起来参观，统一在门口集合，排着队上车。我们这些服务员拿着小喇叭，先让参观者背毛主席语录，即毛泽东1965年对地铁的批示：精心设计，精心施工。车来了，才组织乘客下站台。接车时，我手里要拿着“红宝书”，也就是《毛主席语录》，把“红宝书”放在胸前，车开走的时候，要向乘客挥动“红宝书”。

外国元首来华访问也要参观北京地铁

翟春凤说，我记得当初的地铁是从北京站到公主坟，也就是后来的1号线，后来往西通到苹果园。由于珍宝岛事件发生后，当时中苏关系紧张，中央提出备战备荒的指示，所以一般人参观地铁要出示工作证。外国人乘地铁是受限制的，只能到玉泉路。

北京地铁是新中国成立后建的第一条地铁，建成后，也算是北京建设的新成就。因此外国的国家元首来华访问，有时也安排参观地铁。当然，

外国元首参观北京地铁

■ 原中共中央政治局委员、北京市委书记彭真视察北京地铁

主要是社会主义国家的元首。

直到1972年以后，个人买票才不要工作证了。大约到1974年左右，地铁才真正成为北京人的交通工具，1978年也有了地铁月票。

北京地铁最早是军事化管理

北京地铁车辆一公司电动客车司机张晓雨，是有35年工龄的地铁老司机。2009年，我采访他时，有人告诉我，他是目前还在岗位上的最老的优秀司机，到目前已经安全运营了81万公里。

张师傅对笔者说：我是北京铁一中毕业的。1975年9月，北京地铁到我们学校招工，记得一共招了两个人。我们这批一共招了90多人，有40多人

■ 第一代北京地铁司机是来自铁路开内燃机车的老司机

■ 第一代北京地铁女驾驶员

分到了地铁车辆段，其余的分到地铁各站台当服务员。我被分到了车辆段的乘务连。

当时的车辆段还叫地铁机务营，按部队的编制，营长往下是连长、排长、班长，地铁公司最大的领导是师长。

张晓雨说，我分到乘务连以后，被安排学机车驾驶。我们这拨学开车的有28人。师傅是原来铁路开内燃机车的老司机。北京地铁的司机到我这儿算第四代了。第一代是原来铁路上开内燃机车或蒸汽机车的老司机，还有一部分是开公交车的经验丰富

的老司机；第二代是修北京地铁的铁道兵；第三代是1970年招上来的初中生，即“七〇届”的学生。

张晓雨回忆说，当时的地铁完全是军事化管理，对司机的要求非常严，除了政审，还要求个头儿、长相等。技术要求也很严格，学徒三年。这三年不让摸车，主要是擦车打扫卫生，半天学习政治，半天学习专业课。三年之后，当副司机，开始跟师傅跑车，然后才让考正式司机，考上了才能独立驾驶。我是1975年到地铁车辆段的，但真正当上司机却已经是1980年了，从1980年一直干到现在。

北京修地铁一年投入500亿元

从翟春凤和张晓雨的描述中，我们可以知道，北京地铁最初的情况，除了交通的需要，也有战备的需要。

北京地铁真正成为主要交通工具，是在20世纪80年代以后。当时的北京市政府已经认识到地铁在城市交通中的重要地位，并且把发展地铁作为发展城市交通的重要内容，只是由于受财力和物力的限制，不可能大规模地发展地铁。

其实地铁的优越性，早在100多年前就被人们所认识。

■ 交通专家在向邓小平同志汇报北京地铁的建设情况

■ 前全国人大常委会委员长，北京市的老副市长万里同志视察北京地铁

全永燊先生对笔者说，现在全世界有100多个城市有地铁，我国目前有地铁的城市也有10个了。北京是国内第一个有地铁的城市。从20世纪60年代，我们就开始修，但速度一直没有快起来，这主要是受当时的经济发展的制约。

与我们相邻的韩国首都首尔，有地铁300多公里，香港的地铁也有200多公里，此外还有轨道交通。北京

■ 邓小平同志视察北京地铁2号线

的地铁建设提速是在2000年以后。一年投100多个亿，现在发展到160多个亿，2009年达到了500多个亿。速度之快是惊人的。

据全先生介绍，一条地铁新线的建设周期是4～5年，世界上的100多个城市地铁建设，几十年统计下来，平均每年4公里，东京的地铁一年修了7公里算是快的。北京一年则完成了30～50公里，这让外国人连想都不敢想。

发展轨道交通是最佳选择

北京的地铁最早建于1965年，北京是全国最早有地铁的城市。但是到2001年，30多年，通车的里程仅54公里，两条线路。而上海地铁是1990年通车的，当时的运营线路却超过了64公里。

为什么北京地铁发展如此缓慢？阻碍北京地铁发展的关键是没有钱。

20世纪80年代，修地铁的成本，一公里大约是1.5亿元人民币。到2001年，修建地铁的成本一公里已达到5个亿。而地铁作为社会福利性的准公共产品，票价必须低廉，而它的运营成本却非常高昂，是地面公共交通的几倍。

全世界没有哪个国家的地铁不是

■ 地铁工地一派热火朝天的繁忙景象

亏损的。地铁靠吃政府补贴过日子，似乎是天经地义。但是，毫无疑问在地面交通空间日益紧张，土地成本日益提升，交通堵塞成为各大城市一时难以根治的“通病”的时候，选择地铁是最实用的手段。

当然，国外轨道交通的建设和发展是渐进式的，如伦敦的地铁修了100多年，东京的地铁修了30多年，而北京在申办奥运的交通方案中，提出在2008年前新增轨道交通路线85.82公里，总运营里程达到200多公里，显然这是对北京这座城市的一大考验。

6条地铁线路同时开工

2003年，原北京市地铁集团公司一分为三，其中负责地铁新线项目投资融资的北京市基础建设投资有限公司（简称“京投公司”），采用政府主导的负债型投融资方式，抓住国内信贷市场资金充沛的有利时机，充分利用奥运这张牌和利用政府信用的优势，提出了地铁投融资的赢利模式。

在2005年底，他们已落实770亿元的投资金额，为地铁新线的施工提供了资金保证，而先进的地铁建设技术，如遁构暗挖法的引进，也为地铁建设赢得了时间。

当时，地铁13号线、八通线、5号线、10号线一期、奥运支线、机场线6条地铁线路同时施工。

北京地铁要达到561公里

■ 地铁新线开工仪式

当许多北京人为地面交通的拥堵而苦恼和困惑的时候，殊不知，在他们的脚下，一条一条的地铁轨道，正在紧锣密鼓地大干快上。

北京轨道交通的建设速度令世人感到震惊。到2008年奥运会之前，6条轨道交通线路，85.82公里，用了短短5年多时间顺利完工，使北京地铁的路线增加到8条，总长达到200多公里。

与此同时，地铁9号线、8

■ 新建成的北京南站（永定门火车站）广场交通枢纽

号线二期、10号线二期、大兴线、亦庄线、6号线等7条线路，共164公里也全面开工。

2009年9月28日，北京地铁4号线建成运营。这是继5号线之后，又一条贯穿京城南北的交通大动脉。4号线全长28.165公里，地下线长27.9公里，是国内一次建成地下线最长的城市轨道交通项目，全程24座车站，跨越丰台、宣武、西城、海淀4个城区。并且与1号线、2号线、10号线连通。

与此同时，北京南站（即永定门火车站）北广场枢纽站也开始启用。7条公交线进驻，将和地铁4号线、京津城际铁路形成便利的换乘。

随着一条一条新建地铁项目的完工和运营，到2015年，北京将建成“三环、四横、五纵、七放射”共19条、561公里运营里程的轨道交通网络。

毫无疑问，轨道交通是解决目前北京道路交通拥堵的良策。它的方便、快捷和时间上的保证，将会使越来越多的有车族，出行选择地铁。

地铁线上的“两个中心”

众所周知，地铁的运营需要有一套相对完整的调度指挥系统。由于列车是在地下轨道运行，情况比地面要复杂得多，这套调度指挥系统要达到非常缜密。

在北京的地铁只有几条线运营

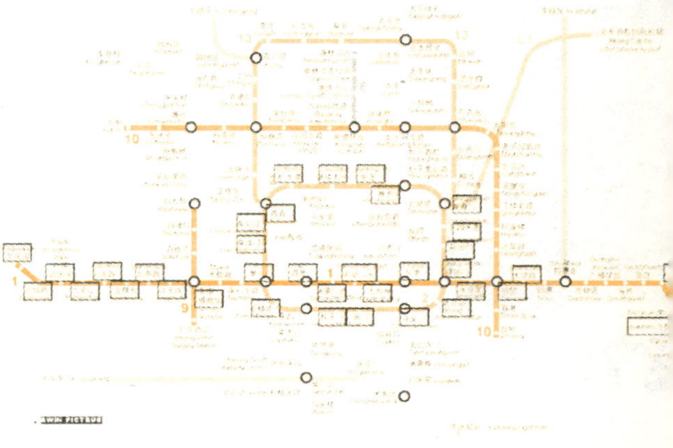

■ 北京2008年地铁规划

■ 刘淇和刘小明陪同胡锦涛总书记乘坐地铁，考察北京地铁建设情况

时，所设立独立的线路调度指挥系统，完全能承担运营管理的需要。事实上，1号线、2号线在二三十年的运营中，调度指挥系统很少出现问题。北京地铁运营的安全系数，曾得到世界同业的认可。

但是当几条线交错形成网络以后，一条线甚至一个车站出现了问题，便迅速波及网络的各个节点，影响各条线的安全正常运营，甚至会导致全线路的运营瘫痪。

■ 国务院总理温家宝在地铁工地与施工人员亲切交谈

因此使全路网统一调度指挥，形成快速反应的路网调度指挥模式，便成为当务之急。

此外，从北京地铁开始运营的时候起，北京已有38年人工售票检票的历史，这种方式以及与之相应的票务和清结算管理方式，已经无法适应网络化、大客流、小间隔的运营组织和精确化的管理需要。因此，在新时期，迫切需要建立可实时统计，并进行分析的智能化数据管理信息系统。

北京地铁进入网络时代

北京的地铁职工都知道“双中心”这个词，城市地铁的“双中心”，即北京轨道交通指挥中心（TCC）和自动售检票清算管理中心（ACC）。

在一座城市的地铁建设“双中心”，目前，全世界还没有先例。

2004年，北京地铁开始进入“双中心”的立项和设计规划施工，并提出要在2008年奥运会之前，投入使用。

显然这是一项十分艰巨的任务。“京投公司”聘请港铁公司做前期咨询，并把这个项目面向国际招标。

2007年底，北京市轨道交通指挥中心建成，包括5条线路控制中心（OCC）和路网应急调度指挥中心

（TCC），实现了OCC与TCC同厅、同台、同步协调联动，统一指挥，提高了路网运输的协调、调度指挥的快速反应能力。

您如果有机会到北京地铁的调度指挥中心参观，便会直观地感受到信息时代的奇妙。北京地铁指挥中心的大厅里，有一个大型的屏幕。在这个大型屏幕上，北京地铁的各个站点的运营情况一目了然。

在指挥中心还有若干小屏幕。您如果想知道北京地铁某条线路的某个车站的情况，只需摁一下按钮，便可以看到，宛如人在现场。而且在指挥中心，可以随时与任何一个站点的工作人员即时通话，有如在现场亲自调度和指挥。

2008年2月，北京地铁的全网自动售票系统（AFC）和票款清分结算系统ACC系统，进入试运行。同年4月，TCC系统具备运营条件，这种建设速度可谓惊人。

一天之内全部实现刷卡进站

北京地铁曾接受过军事化的管理。地铁员工至今仍保持着部队的作风，素以管理严格、纪律严明、作风过硬、吃苦耐劳、善打硬仗著称。地铁的全网自动售检票系统和票款清分结算系统的同时使用，是对北京地铁员工的一次真正的考验。换句话说，以前人们乘坐北京地铁都是花钱买票，或者用地铁月票。实行上面说的两大系统，就是改用IC卡（一卡通）和电子票卡进站，这对北京地铁来说是一次票务“革命”。而摆在地铁员

■ 北京地铁全部实现IC卡（一卡通）和电子票卡进站

工面前的难题是实现这种大的变革，地铁不能中断运营，等于说只留给他们几个小时的时间。如何能在这么短的时间内，实现北京地铁营运的5条线路，93座车站的电子票卡和一卡通无障碍通行，确实不容易。

要知道当时的北京地铁，每天的客流大约300多万人次。而AFC系统同步投入使用，接入联网收费系统，共约5000余套自动售票机、自动充值机、自动检票机等设备。这一系统的规模，在国内国外都应算是最大的。

北京地铁运营公司宣传部长贾鹏对笔者介绍，从2008年3月底到6月初，在轨道交通指挥中心的协调下，北京地铁系统实施了5次大规模的全路网联合现场走票测试，这无异于打一场大的战役。北京地铁是夜里12点到凌晨4点这4个小时断电。对地铁员工来说，这4个小时是非常宝贵的。包括车辆、供电、线路、通信、信号、基电、照明、通风、水电、防灾、报警、电梯等地铁的所有系统，都要在这4个小时进行养护和检查，以保证第二天的正常运营，所有作业都是争分夺秒。

贾鹏说，当时地铁系统，从干部到职工总动员，每人手里最少持100张卡，在91座车站刷卡进出。这一出一进，至少要走100圈，而且这种测试，是在不中断地铁运营的情况下进行的。也就是说，要在每天的23时半到24时地铁停运后，一直到次日凌晨5点地铁首班车之前完成。

2008年6月9日，一天之间，北京的5条地铁线路，全部实现了刷卡进出站，告别纸质票的时代。人们很难想象，地铁职工为此付出的努力。

贾鹏说，5条线路的系统，一次性以卡取代纸质票证，并且未中断正常运营，没有出现任何闪失，在全世界范围内史无前例。

3条地铁线同日开通

2008年7月19日，地铁5号线、机场线、10号线、（含奥运支线）开通，在保证日均370万人次客流安

■ 地铁新线开通仪式

全运营的前提下，北京轨道交通网络运营，平稳实现了从5条线路、142公里、93座车站到8条线路、200公里、123座车站的扩容。

这又是北京地铁的一大创举。

目前，北京地铁14条轨道交通线路控制中心（OCC），与路网指挥调度中心（TCC）集中在一起。节省建设用地10多亩，每年可节约能源费用上千万元。加上统一的维护管理，大大减少了运营及维护人员的定员配置，综合算下来，14条线路，可节省投资14亿元。

80亿元给两条地铁线大换血

轨道交通的安全，一直是令人担忧的问题。由于地下公共交通与地面公共交通相比，情况要复杂得多，而且有许多不可预知性，任何一点儿纰漏都会造成很大的社会影响。有人说，“北京地铁无小事”，真是一点儿不假。

北京市交通委副主任李建国对笔者说，2001年，我们申办奥运时，曾经有过承诺，在轨道交通方面，做到安全有序。当时，地铁5号线、机场线、10号线包括后来的4号线，还正在修建。13号线、八通线在试运营，只有1号线、2号线在运营。这两条线建成的时间较早，设施老化，车辆也老旧，运营间隔时间最快4分钟左右，存在着一定的安全隐患。为此，北京市政府决定投资38个亿，对1号线和2号线进行不停止运营的大规模的改造。我们把它称之为“消隐改造工程”。后来这一工程又逐步追加，达到85个多亿。

■ 整装待发的地铁车辆

地铁也有老的时候

地铁1、2号线是我国最早建设的地铁线路，始建于20世纪六七十年代。1号线全长30.44公里，共有23座车站。2号线又称环线，全长23.1公里。两线连接贯穿天安门、复兴门、西直门、北京站等繁华枢纽地段。2002年前后，日运输乘客就达80万人次以上，是首都轨道交通运输最为繁忙的干线。

但已经运营了30多年的地铁1、2号线，部分未更新的轨道，使用寿命已达到或接近了报废年限，安全隐患逐步显露。其中，钢轨损伤和振动超标是存在的主要安全隐患。

1号线的苹果园站至复兴门站，2号线复兴门站至北京站，自1969年开通运营后，一直没大修过。随着地铁

1990年首组BD1型车

运力、运量的不断增长，每年都出现大量的钢轨损伤和磨耗问题，而且这种损坏逐年增加。2号线自1984年开通后，其正线道床和道岔未进行过改造，古城和太平湖车辆段100余组道岔大部分超过使用年限。

给老地铁“换血”得有点胆儿

现代化的地铁客运对乘客的安全和环保的要求越来越高，特别是2008年奥运会，提出了地铁客运人性化的要求。而1号线、2号线地铁在这方面不尽如人意。由于线路老化，乘客乘车感觉颠簸，坐地铁像坐摇篮。

有关方面在2号线太平湖车辆段出入线和复兴门至西单段做现场振动测试，发现严重超标。如果不及时进

行整治改造，将无法保证乘客的安全乘车，当然也无法保证2008年奥运会的正常进行。

2002年，北京市地铁运营公司提出了对车辆设备系统实施逐步改造的全面规划，编制了《北京地铁1、2号线车辆设备改造总体规划》。

但是具体实施难度相当大。在消隐改造工程提出不久，有的专家就提出，想要在每天客流量超过80万人次的地铁1、2号线上，实行边运营边改造，简直是在火中取炭，就算最终可以完成改造，恐怕也得付出巨大代价。夜间施工，如何能够保证白天运营的万无一失？一旦出现事故，客流量如此巨大的地铁线路可以承受吗？运营了30多年的老线路，就算改造了，能不能达到现代化的科技要求？

这些质疑比较客观，显然1、2号线的“消隐改造工程”，是对北京交通的一次严峻考验。

那么到底“改还是不改”？改，施工风险巨大。不改，老旧线路已经到了大修年限，继续运营安全问题不容忽视。特别是2003年韩国大邱地铁火灾事故后，地铁的安全问题日益被大家所重视。

2003年5月，国务院有关部委专门组成地铁安全督察组，对北京地铁运营设备设施进行了全面检查，并对存在的安全隐患提出了全面整改要求。

为此，北京市交通委决定不管有多大的难度，必须对地铁1、2号线全面进行消除安全隐患的改造工程。2003年9月，北京市政府办公会通过了《北京地铁安全隐患全面整改方案》，北京地铁消隐改造工程的大幕由此拉开。

地下作业的“夜猫子”

“消隐”工程开始之前，北京市交通委就定下了“工期严格服从安全”的原则，消隐改造工程一定要稳扎稳打，确保不出任何安全事故。

由于1、2号线消隐改造规模大，专业系统多以及改造工程的复杂性，在“消隐”改造工程中，专门成立了北京地铁安全隐患整改项目监管办公室，特别增加了总体设计的环节。自2003年工程启动以来，一直到2005

■ 施工照

年，进行了近两年的工程前期准备工作，为后续工程的实施奠定了良好的基础。

“消隐”的可研报告，是整个改造工作的指导性文件，也是开展后续工作的重要依据。2003年12月至2004年7月，北京市交通委牵头与北京地铁的设计院共同完成了可研报告的编制，初步确定了改造工程的范围、内容、方案、总体目标以及设计原则、技术标准等。解决了为什么改、改哪些、改到什么程度的问题，并提出了需要总体综合考虑的问题。2004年9月至12月，各相关部门完成了工程总体设计，进一步确定了改造方案，理清了各专业间、各系统间的接口关系，明确了各系统实施中的制约条件，编制了总体工程筹划、系统过渡方案及应急措施，研究了改造后的运营维修管理模式。“消隐”改造工程于2005年全面开工。

地铁1、2号线全面改造工程，是北京地铁有史以来规模最大的一次改造，总投资85亿元。这一工程对线路、车辆、信号、通信、供电、机电、自动售检票7大系统进行了全面的更新改造。

参与地铁“消隐”改造工程的一位工程师说，这几年我们都成“夜猫子”了，别人睡觉，我们干活。而且，我们这些“夜猫子”每天与地铁的约会只有3个小时！

2005年7月25日，地铁1、2号线改造换轨工程正式启动。原北京市地铁运营公司副总经理战明辉介绍，从7月1日开始，就已经进行了地面焊轨与

运输作业，即把短轨焊成长轨，再把将要更换的钢轨及扣件等工具运输到地铁车站内部，等待夜间施工。

“消隐”工程将更换1号线38.7公里（单线）、2号线13.1公里（单线）铁轨，此项工程意味着对运营了30多年的北京地铁1、2号线的大换血。

改造后，1、2号线列车运营的平稳度有所提升，乘客乘车时就不会再感觉到“咯噔”声了，列车的摇晃情况得到明显改善。

战明辉说，为确保市民正常出行，线路改造将全部在地铁停运的凌晨0：30至4：00左右进行。把钢轨运进车站后，工人们要在洞体内焊接成1公里多长的无缝线路。每个凌晨施工结束后，工人必须将施工现场迅速清理，并检查全路的安全运营情况，以为第二天的运营扫清障碍。

敢在运营线上动“土”

地铁阜成门站，是机电系统消隐改造的施工试点车站，2006年4月1日全面启动。地铁1号线、2号线工程“消隐”改造涉及两条线路的全部车站和区间，分5个阶段进行，南礼士路、军博、万寿路、阜成门、北京站、前门站等6个车站为第一阶段施工重点车站。

综合机电安装和弱电安装，是地铁机电系统改造的重要内容。综合机电安装包括通风空调系统、动力照明系统、给排水消防系统及防烟、排烟系统等几个主要部分。弱电安装由防灾报警系统和环境与设备监控系统组成。

工程初期，车站“消隐”改造对地铁公司“改造办”的工程人员来说可谓困难重重。车站施工改造，他们全是

"门外汉"。况且这是北京地铁公司成立以来，投资最大、涉及专业最多、技术含量最高、社会影响最广的技术改造工程，在运营线上进行大规模的土建改造，在国内外尚属首例。

因此每项工程的开始，"改造办"的工程人员都要进行大量、繁复的前期准备工作。

首先，地铁运营公司与施工单位就施工方案进行一轮又一轮的研讨，对每一个环节和工作面用分钟计算，反复推敲，并携带施工图纸与计划到车站进行现场核对，发现问题及时与设计单位沟通协调，对不符的设计重新修订。

其次，对施工现场所需的每种材料进行严格检验，哪怕一块小小的瓷砖，如果不符合设计规定，也逃不出"改造办"工程人员敏锐的双眼。每完成一个车站的改造，便及时总结施工经验，根据每个标段的不同特点制订合理的施工计划，在保证工程质量的基础上，克服困难，灵活调整施工方法，最大限度缩短工期，为整体工程早日完成赢得了宝贵的时间。

鼓楼车站夜间施工期间，在对楼梯进行拆除过程中，发现原有结构中有一段设计图纸没标明电源线位置，如果在不知是否有电的情况下贸然拆除，存在严重安全隐患。身为施工现场指挥的由晓忠，立即要求拆除楼梯的工程全部停止，会同有关部门工作人员将车站复杂的线路逐条清理、盘查，最终找到电源线的根源，将其连夜拆除。

在施工现场跟朱成江一起工作过的人都知道，他有一个小本子，上面逐条记录着施工过程中存在的违章违纪现象。他利用业余时间，结合现场情况将其整理编写为宣传教育提纲，在施工间歇向工人们进行宣传，提高工人的安全意识。在施工过程中，朱成江发现问题绝不姑息，有时甚至要求工人停止作业，一切重来。他常说，如果不在问题初期将其处理好，埋下隐患，后果不堪设想。

刘建忠、白春祥、郝建峰、古明军、矍京红、易其军、冯浩都是坚守在改造一线的地铁员工。他们在平凡的岗位上用忠诚、执著、敬业，陪伴着地铁"消隐"改造走过了6年光景，

1、2号线“消隐”改造的每一张图纸、每一份说明、每一件施工器械、每一个螺丝钉，他们都烂熟于心。

“地铁安全是大事，每天那么多人坐地铁，出点事儿可了不得。我们多细心点，多注意点，也许就能避免事故，大家都平安出行，我们就踏实了！”这朴实的话语，说出了每一个参加“消隐”改造工程人的心声。

他们用最平实的话语，最踏实的工作方法，实实在在地改变着我们熟悉的地铁1、2号线。

就这样，从2005年7月1日到2007年12月27日，历时3年零2个月，这些陪伴了北京30多年的地铁钢轨悄然下岗了，取而代之的是接缝少、平滑度高、噪音轻的新型无缝钢轨，列车走在上面，再也不咯噔咯噔响了，也平稳了很多。

1号线、2号线的信号系统全部更新

如果把钢轨、车站比做是人的身体，那么，地铁运营过程中的信号系统和奥运前投入使用的地铁自动售检票系统（AFC），就好比是人的大脑和中枢神经。这些技术要求硬、科技含量高的先进工程，施工人员以前从没碰到过。

此次地铁1、2号线“消隐”改造工程中，信号系统的改造，包括1号线信号设备的局部改造，和2号线信号系统的全面更新，包括通信传输系统、广播系统、专用电话系统、闭路电视系统和无线通信系统改造。

原来的地铁信号系统非常陈旧

1号线信号系统改造工程于2005年8月正式开工，至2006年11月，全部完成。2号线信号系统更新于2006年11月正式开工，至2008年2月完成所有设备以及车载设备的安装工程；4月12日完成了正线间闭塞功能倒接；6月15日，移动闭塞功能（CBTC）正式投入使用；6月28日，2号线缩短行车间隔至2分半钟，实现2号线新信号系统的全部功能。

2号线新信号系统的开通使用，创造了多项纪录，它是首个在北京轨道交通中开通使用的CBTC系统，是国内首个在开通使用的CBTC下实现列车自动驾驶的系统，同时也是世界上首个既有线不停运改造后开通的CBTC系统。

那么CBTC系统到底是个什么样的系统呢？它是基于通信的列车自动控制，是Communicatiom Based Tuain Control System 的英文缩写。自从通信技术，特别是无线电技术飞速发展以后，人们就开始研究以通信技术为基础的列车运行控制系统。它的特点是用无线通信媒体来实现列车和地面的双向通信，用以代替轨道电路作为媒体，来实现列车运行控制。

CBTC的突出优点是车—地双向通信，而且传输信息量大，传输速度快，很容易实现移动自动闭塞系统，大量减少区间敷设电缆，减少一次性投资及日常维护工作，可以大幅度提高区间通过能力，灵活组织双向运行和单向连续发车，容易适应不同车速、不同运量、不同类型牵引的列车运行控制等。

在CBTC中不仅实现列车运行控制，而且可以综合成为运行管理，因为双向无线通信系统，既可以有安全类信息双向传输，也可以双向传输非安全性信息，例如车次号、乘务员

班组号、车辆号、运转时分、机车状态、油耗参数等大量机车、工务、电务等有关信息。

利用CBTC，既可以实现固定自动闭塞系统（CBTC-FAS），也可以实现移动自动闭塞系统（CBTC-MAS）。在CBTC应用中的关键技术是双向无线通信系统、列车定位技术、列车完整性检测等。

目前2号线上所用的系统就是自动闭塞系统，通过CBTC系统的应用，列车行车最小间隔由原来的4分钟缩短到2分半钟，提高了运力，达到国际一流水平。

老线用上了新车

有了先进的信号系统，还得有具体实施这些信号程序的列车，原先跑在1、2号线上的地铁列车都没有空调，一到夏天闷热、憋气，像个“闷罐子”。伴随着此次“消隐”改造，更换新车也是一个很重要的方面。毕竟列车是直接和乘客打交道的，车辆的好坏，乘客会有最直观感受。

到2009年底，2号线已经全部都更换了带空调的新型电动列车。这种不锈钢车辆，自重轻，而且防噪音。每辆车还设有8块LCD资讯显示屏，可播放中英文文字和图像等信息。客室座椅采用了新型防火材料的软坐垫，乘客上车后坐的再也不是硬邦邦的“冷板凳”。1号线的车辆也在2010年内全部更新。

无论是车站、车辆、钢轨这些硬件设施还是信号系统、机电、供电系统全部更换一新之后，如何能清楚明白快速地统计出每天地铁的客流量，成为了北京交通管理者们考虑的又一大问题。

AFC地铁自动售检票系统（Automatic Fare Collection）在国外已经得到了广泛的应用，也是未来地铁发展的大趋势。这个基于计算机、通信、网络、自动控制等技术，实现地铁路网售票、检票、计费、收费、统计、清分、管理等全过程的自动化系统，是以非接触式IC卡为车票介质，利用车站自动售票机、半自动售补票机、自动检票机、查询机等终端设备，使乘客在乘坐地铁时，能够实现自动购票、自动检票、自动充值和自动查询等功能。

它不但可以实现票卡的无纸化办公，而且对于实时统计客流量，临时调派车辆都有着举足轻重的作用。于是，和“消隐”改造一起，地铁1、2号线和2003年才通车的八通线开始了AFC系统的工程改造，其中包括车站土建改造和AFC专业设备系统安装与调试。

在细节上较真儿

午夜，地铁安定门车站北厅的每阶楼梯中间，都码放着沙袋。沙袋上面平铺着木板，使楼梯中间形成一个平缓的斜坡。

施工任何细节都一丝不苟

近40名工人肩并肩站在斜坡两侧，手扶着上面一根近8米长、重约2吨的钢梁，钢梁的另一端拴着一根粗绳子，十几名工人紧紧攥住，避免钢梁在斜坡上滑脱。

随着一阵阵号子声，几十人一起使劲，让这个巨大的“铁家伙”缓缓从楼梯上向下移动，不到50米长的楼梯，足足用了30分钟才移到平台……这是一位参加“消隐”工程的年轻人描述的地铁安定门站移梯加板工程的施工现场。

由于受车站条件等客观因素制约，需架设的重约2吨的4根钢梁完全需要人工搬运。工作强度之大、难度之大、搬运之险，在地铁修建历史上前所未有。这只是整个1、2号线“消隐”改造工程中的一小部分工作。

“消隐”工程的任何细节，都做

到了一丝不苟。地铁客运公司的沈铁夫是一名老客运员，他负责工程的监管工作，他说，整个工程的原料都经过了严格的检验，从没出现过因为原料影响整个工程的情况。在朝阳门站移梯加板施工过程中，沈铁夫在检查施工原料时，发现向墙壁植栽的钢筋尺寸与设计要求不符，经详细测量，确实比要求短了3厘米。他立即要求停止施工并与施工单位取得联系，对原料重新更换。这种“3厘米”精神一直贯穿工程的始终。

地铁“大脑”的移植“手术”

1、2号线AFC土建工程共涉及29座车站的三大类型改造，其中站内用房拆除共计11座车站，站内移梯加板改造共计10座车站，地面厅改造共计8座车站。到2008年4月底，1、2号线车站中的10座移梯加板的车站改造、7座地面厅车站改造以及11座车站拆除站务用房全部顺利完成。而设备的安装及调试工作是在2008年4月20日全部完成的，共计安装各种设备2038台。

2008年6月9日，1号线、2号线、八通线自动售检票系统与13号线、5号线一起同步开通投入使用。从此，北京地铁告别了38年的纸质车票，迈进电子车票的“数字化”时代，乘客拿着一张电子车票，就能畅游北京城。

地铁全路网实现了自动售检票之后，必须有一个后台来处理这些汇总上来的数据，AFC的作用才算是最终完成。

北京市轨道交通指挥中心主任战明辉说：“以前，我们的地铁都是一条线路一个指挥中心，线路少的时候还可以，线路多了，就很难统筹全局，指挥中心的作用也就不明显了，

■ 刘小明向胡锦涛总书记介绍北京地铁的自动刷卡检票系统

所以我们就提出要修建一个全路网统一的指挥调度中心，也就是现在的北京轨道交通指挥中心。”

指挥中心于2007年底就建成了，可问题是，何时将地铁1号线、2号线、13号线和八通线的分指挥中心，移至这个“总调度”呢？因此这4条线路的合并问题，也一并纳入了“消隐”改造工程。

2008年3月至6月，地铁1号线、2号线、八通线和13号线4条线路的指挥分中心统一移设到了北京轨道交通指挥中心，实现了既有线路的综合指挥调度，算上奥运前开通的地铁8号线一期、10号线一期和机场线3条轨道交通线路，北京轨道交通8条运营线路，实现了一个“大脑”的综合指挥调度。

奥运期间，正式根据AFC系统对客流的准确统计分析，北京地铁公司

■ 1、2号线全部实现自动购票机售票

针对奥运会开闭幕式和不同奥运场馆的赛事安排，专人对全线123个车站的客流分布逐一摸排，准确预测客流密度，分别编制了开、闭幕式期间和赛事期间的专项列车运营图，安排提前首班车或延长末班车运营时间，适时加开临客，缩短平峰运营间隔。8月8日晚，奥运会开幕式结束后，地铁只用了60分钟，就安全地将3.5万名观众顺利疏散出去，完美地完成了开幕式的疏散任务。

地铁站的华丽“转身”

“新北京、新奥运”是北京申奥成功之后提出的响亮口号，地铁作为公共交通工具，每天都和数以百万计的乘客打交道。如何提升自身形象，为广大市民、游客提供优质的交通服务，也是北京地铁时时考虑的问题。

老线的“消隐”改造，5号线等

■ 改建后的2号线东四十条站

一批新地铁线路在奥运之前也都能投入运营，可以说，硬件上应该不会有任何问题，那么，就要从细节入手，做好地铁的服务工作和安全保障，让乘客舒舒服服地坐地铁。因此，和地铁1、2号线“消隐”改造一起，对北京地铁所有车站进行了综合整修。

您如果乘坐地铁，也许会发现，不经意间，北京地铁的站台和车厢内的警示语和警示标志发生了变化。以前的各种标志，隐蔽模糊，远处看不见，近处瞅不清，现在取而代之的是明亮、显眼的标志和中英文对照的新图板。

原来地铁里的洗手间的牌子特别简易，现在清晰明亮。一位在阜成门地铁站下车的乘客，看到新装上的洗手间标志，感到意外，特地给地铁公司写了封表扬信。各地铁站出入口的指示牌，变成了醒目的蓝白色双语灯箱，红白两色的“禁止吸烟”、“禁止坐卧停留”、“禁止摆卖”等中英文标志，装在了出入通道显眼的位置上。车厢里，提示乘客安全的提示语印在了车门上，提醒大家不倚靠车门、不要吸烟、小心站台间隙和夹手。

以前“禁止跳下”、“小心触电”、“禁止乱扔废弃物”这些标语，与隧道两侧墙壁上的巨幅发光广告牌比起来，太不起眼。现在更新后，给很多不常坐地铁的人，或者是初来北京的外地人提了醒。这些标志系统改造都是地铁1、2号线“消隐”改造工程的一部分。

标志的设计规范统一，信息量加大，另外在细节方面也有很多改进。比如，双语标志为了做到英语表达的规范，特意由北京市政府外事办的专业人员重新进行了翻译。为了做到标志醒目，采用了彩色灯光，不但更加显眼，夜里也看得清。目前正在运营的线路均采用不同颜色来标志。以不同色彩来区别不同的线路，给乘客

■ 安定门站站牌更新改造

换乘提供了方便，色彩人人都能看得懂，不光标志上有所区别，连运营车厢的色彩也不同。

1、2号线车站内的乘客服务中心，是“消隐”改造工程新增的一项服务设施。乘客服务中心配有专门的服务人员，他们会用简单的英语帮助外国游客，还会用手语帮助聋哑人。如果乘客在地铁站里遇到紧急情况，他们可以进行简单的急救。

据地铁阜成门站值班班长介绍，乘客服务中心能够为乘客提供道路信息、简单的卫生服务、无障碍服务。乘客丢失物品也可以在这里登记。自动售检票系统投入使用后，还可以为乘客提供引导服务。

在乘客服务中心，急救箱、北京公交地图、爱心针线盒、工具刀、剪刀、订书机这些日常需要的小物件一应俱全，乘客需要时可以到服务台求得帮助。

与此同时，对地铁1、2号线车站出入口及通道进行了全面粉刷清洗。车站的集散厅吊顶、墙面、柱面也作了粉刷清洗。30座车站公共厕所改造一新。以前，地铁站的卫生间设备陈旧，无人看管，弄得污水四溢，尿迹遍地，气味难闻，洗手的水池满是污垢，而且经常断水，形同虚设，乘客多有难色，不是万不得已，不会来到这里方便。现在的洗手间完全按宾馆饭店的标准安装的设备，干净整洁，在营运期间，设有专人随时清洗打扫，让乘客进去，感觉耳目一新。

俗话说，细节决定成败，北京地铁就是要尽可能地在服务细节上给乘客营造出温馨、舒适的感觉。

在北京坐地铁心里踏实

安全保卫工作至关重要，在1、2号线的“消隐”改造的工程中，防恐和处理突发事件等安全问题也纳入重点。为了加强防范，在1、2号线的43个车站共安装了1590个摄像头和相应

的室内设备、300辆地铁车辆视频摄像头，实现了车站监控功能。北京奥运会之前，北京地铁在全市8条线路123个站台和所有车厢内都安装了摄像头监控设施，实现了整个路网全覆盖，无盲区。

在北京奥运会期间，北京地铁实行了严格的安检，严把入口关。为此，专门购置了1900多台安检设备，在全线123个车站设置244个安检点。2008年7月20日至9月20日，地铁安检共检查物品7782万余件，查获违禁品总数19645件，占检查物品的0.25%，其中军警用具152件，枪支5支，子弹41枚，炸药1件，易燃易爆类6273件，毒害品92件，刀具8328把，劝离车站8637人，转公安处理2048人。

北京市交通委副主任李建国说："在地铁设立安检，世界上独此一家，在123个车站，244个安检点，我们共配备了3000多名安检人员。"地铁安检系统建设，对于恐怖活动最大限度地起到震慑作用，有效发挥了"严把入口关"的作用。

不但消了隐，而且换了车

贾鹏对笔者说，北京地铁1、2号线的"消隐"改造工程从开始到完工，经历了地铁5号线、8号线一期、10号线一期和机场线的新线开通，也经历了北京举办奥运会。7年来，北京地铁没有因为"消隐"改造而出现过任何重大事故，也没有影响既有线路的正常运营，可以说，北京地铁员

工，用7年的时间，漂亮地完成了一项在业内人看来难以想象的任务。

值得一提的是，1、2号线的“消隐”改造工程完成了两条线路的车辆强检强修，提升了车辆运行的安全可靠性。新车上线运行后，车辆质量保障更为可靠，乘车舒适度有了明显改善。同时，新车的各项功能更加完善，材料更为环保，动力方面也采用了能耗更低，便于维修，更加绿色环保的先进设备，从而为实现低耗环保提供了条件。

“消隐”工程完成了供电系统基础设备改造，供电系统的安全可靠性得到了进一步提高。线路系统更新了所有钢轨、扣件、道岔等运行直接相关的关键设施，并增加了大型维修、检测机具，很大程度上提高了轨道设施的可靠性和安全性。

■ 中共中央政治局常委习近平同志乘坐北京地铁，对车厢的舒适度感到满意

坐地铁更舒服了

现代化的城市地铁，要以人为本、乘客至上。在这一服务理念的指导下，“消隐”改造工程在提高运营车辆科技含量的同时，也对车站的各项服务设施提高了等级标准，安装了AFC、自动扶梯、导向标志、通风空调、卫生间、残障设施等服务设备，使地铁的各项服务功能更加完善。

新车客室设置了空调系统，可以使车辆客室的温度比较均匀，提高车辆的舒适度。同时新更换的地铁车辆的旅客信息系统，也增加了到站广播和电视、电子显示等设备，能够为乘客提供周到的信息服务，以方便乘客的出行。

经过7年多的努力，北京地铁“消隐”改造工程取得了丰硕的成果。在车辆设备安全可靠性、地铁运输能力、车辆设备技术水平、车站和车辆环境、低耗环保、运营管理模式、综合调度指挥效能等七个方面取得了大幅度改善和提升。

这些措施保证了奥运会期间北京地铁的正常运营，而且为今后地铁线路的大修和改造积累了经验。使北京地铁成为世界各大城市中最繁忙的地铁，也是最安全的地铁。

无障碍与停车场

2008年的残奥会，对北京地铁提出了更高的要求。从2008年起，凡是新开通的地铁线路都增设了无障碍设施。与此同时，以人为本，对轨道交通的车站进行了全面无障碍设施的改造。

通过140部直升梯，120部升降平台和42部爬楼车，以及铺设盲道和设置盲文标符，实现了每个车站至少有一个出入口，满足轮椅乘客无障碍通行。每个车站至少有两个出入口，满足视力残障乘客无障碍通行。

为了方便郊区大社区的居民改变出行方式，乘坐地铁，北京地铁凡是新建的线路，都在有大社区的车站建有汽车换乘停车场（R+R），例如配合地铁5号线的开通建设，在天通苑北站建了一个有259个停车位的驻车换乘停车场。白天使用率达100%，为减少城市中心交通流量的压力，作了有益的探索。

出门首选坐地铁

轨道交通已经成为解决北京交通问题的一个重要突破口。同时也是北京市民在以公共交通为出行方式上的首选。在地面交通变得越来越拥挤的情况下，地铁的优越性越来越突出地显现出来。

北京人现在都知道，出门最方便最快捷的往往不是开私家车，而是乘坐地铁。尤其是地铁5号线、10号线、4号线这几条南北、东西大动脉开通之后，让北京的老百姓更加感到乘坐地铁的方便。

过去许多开私家轿车上下班的“白领”，对地铁的方便快捷，也作出了重新选择。尤其是家住五环以外

2004年12月地铁首先在13号线全线倡导“按线候车排队上车”，至今已蔚然成风

望京、回龙观、天通苑、通州、大红门等大社区的“白领”，坐地铁上下班比开私家车要方便得多。

当然，现在北京人出门坐地铁的人也越来越多，地铁成了北京交通的“热线”。

地铁5号线从天通苑北站到宋家庄，是贯通京城南北的热门线路。5号线初期设计每天的客流量是40万人次，运营两年后，工作日的客流量已达70万人次，最高时突破82万人次。5号线最小发车间隔2分50秒，为提高运力，改为2分30秒。高峰时段，5号线的39组列车全线出动，运力明显吃紧。这说明地铁已成为北京人出行的首选。

上班坐地铁最合适

2009年，英国《经济学家》杂志的一项调查显示，中国的上班族每天在上班路上（从家里到单位单程）花费的时间领先全球，该调查涵盖了13个国家的1万多名上班族，结果显示，中国上班族每天平均有42分钟用在上班路上。分析认为，中国城市的道路拥挤是导致上班时间过长的一个原因。

其实，北京的一些上班族，在上班路上所花的时间，可不止45分钟。笔者认识一个朋友，家住通州梨园某小区，工作单位在颐和园附近，每天开车上班，一般要一个小时左右，赶上路上堵车，要花两个小时。自从地铁4号线通车，他改乘地铁了，把车开到地铁站，由八通线换乘1号线，再倒4号线，最快的时候不到一小时就到单位了。

当然，改坐地铁上班，节省的不只是时间，还省了汽油钱和存车费。

这几年汽油的持续涨价，让一些有车族越来越感觉到“养车”的负担

加重，开车上班的成本也随之提高。

以我的这位朋友上班的距离来说，从通州到颐和园少说有50公里，以经济实用的车型计算，百公里耗油在9公升来说，算下来要40多元。坐地铁上班单程2块钱便解决问题。从环保的角度说，少开一天车，也算是为北京的环保作了一点贡献，何乐而不为呢？

一样的地铁,不一样的车

现在的北京地铁，跟20世纪70年代建的1号线、2号线相比，不论是车型，车站的设施还是文明服务标准都有了明显提高，地铁让北京越来越感

到现代化了。

在北京地铁开了30多年车的张晓雨对笔者说，他上车的那会儿，开的是BD2型机车，他们也把它称为2型车，就是第二代机车，长春机车车辆厂制造的。1型车还属于试验型车型，因为当时全国只有北京有地铁，完全从国外进口价格太贵，只能自己生产，但也有不少进口零件。他记得装备这种车有国内国外802个厂家的产品。他们戏称“八国联军”。到第二代车，开始国产化。3型车的性能明显变了，一开始就是4节编组，而之前是两节编组。后来发展到6型车也就是第六代的时候，机车的变化就大了。以前的车是电磁阀，机械调速。6型车改为由可控硅控制，无极变速，起动平稳，乘客坐着舒适。

张晓雨说，他开了30多年车，感

触最深的是地铁的机车越来越漂亮，越来越先进，舒适度越来越好，操控性好了，标准也高了。比如停车，因为现在车站有了屏敝门，所以停车位距离的正负是25公分，一点不能差。最早的标准是前5米，后10米。

发车间隔达到1分50秒

20世纪80年代，北京地铁运营强调正点率，是从起点到终点不能晚5分钟以上，现在的标准，晚点5分钟以上就算是重大事故了。每个站的停车时间都是按秒来计算的。2008年奥运会时，北京地铁的承诺是1号线间隔在3分钟到4分钟，但实际上北京地铁已达到间隔2分15秒。2号线的机车是自动驾驶，有司机也不用动，最快间隔能达到1分50秒，停车的标准越来越精确。

20世纪80年代，提出“5分钟200列”，即5分钟间隔，200列车次，现在间隔是2分钟，平均两站之间就有3个车次在运行。

张晓雨说，由于现在地铁机车的行车安全标准越来越高，列车准点率都是以秒来计算的，司机的心理压力比较大。为了给司机减压，我们经常开会，各个交接班的站点都有心理测试仪。安全无小事，心理负担重，会出安全问题，上岗前，要尽量做到心理放松。

北京地铁客运公司宣传部长贾鹏对记者说，现在北京地铁正点率能达到95%以上。在2008年北京奥运会期间，北京地铁做到了正点率百分之百。10号线和4号线刚一开通就实现了间隔4分钟。达到这一点非常不容易。

10号线、2号线，还有机场专用线是闭塞方式运行，也就是可以无人驾驶，但是为了保证万无一失，这几条线又要具备人工技能。

上地铁工作得是大专以上学历

现在北京地铁职工的社会地位有了很大提高。地铁员工的工作服更换过几次，现在站台服务员穿的工作服跟飞机上的空姐差不多。一个个儿的

■ 北京地铁客运公司新闻发言人贾鹏在接受记者采访

现在地铁公司的员工大学本科学历的越来越多

模样也顺溜儿，看着让人养眼。而且还会说几句外语，透着那么有文化素质。

贾鹏对笔者介绍，现在地铁新招的员工都是大专以上学历，长得还要求周正，在身高体重上也有要求，男的要1.75米以上，女的要1.63米以上，尽管条件有些苛刻，但报名者非常多。

贾鹏说，2007年，我们向社会上招聘200人，报名者有3000多人。机场线是无人驾驶，主要是为乘客服务，提运行李，应急疏通，由于是为航空旅客服务，招聘时，条件比其他线路要高一些，除了在学历、外观、身高上有要求以外，还要求英语水平要高。2007年，机场线招聘69人，居然有7000多人报名，报名者中有的甚至是研究生学历。

招69人，有7000人报名，真称得上是百里挑一了。

北京人的地铁情怀

在地铁站干了几十年的翟春凤说，现在地铁员工的工作条件，比她们刚来地铁时，不知要强多少倍。她记得上世纪70年代，地铁内的通风不好，也没有空调，冬天冷得要命，夏天热得不行。由于在地下工作，见不着阳光，算是特殊工种， 一天补助4毛钱。那会儿，她们的工资也不高，只有几十块钱。

翟春凤说，那会儿的地铁都是闸瓦车（制动装置），刹车系统是塑料石棉，车一停，都能看见冒清烟，车站内粉尘很大，空气都是混浊的。她们在站台上值一天班，弄得灰头土脸的，回到家，吐出的痰都是黑的，用手纸擦鼻孔也是黑的。后来，国产

机车的车型改进了，车站内也有了空调，条件才好起来。

现在的地铁机车都是电制动，站台内粉尘几乎看不见了，而且车站建得越来越漂亮，设施也越来越人性化。

翟春凤说，她在地铁干了近40年，把青春献给了北京地铁。她从16岁开始，伴随着北京地铁的发展而成长起来的，她对地铁有着深厚的感情。她在退休的时候说过一句话：在地铁工作38年，她没待够。如果她有来生，还会选择在地铁工作。

这是多么饱含深情的一句话。

其实，北京人对地铁的感情都很深。地铁不但是北京人最钟爱的交通工具，也是让人感觉特别温馨的地方。地铁冬暖夏凉，遮风挡雨，尤其是北京地铁的优质服务，都给人们留下了美好的印象，甚至有许多美妙的爱情故事也发生在北京地铁上。

■ 地铁老员工对北京地铁怀有深厚情感

老员工倾吐心声

翟春凤深有感触地说：在地铁工作这么多年，她感觉最大的变化就是2008年，全系统实现自动售检票和IC卡的刷卡装置，这是北京地铁人多年的梦想，非常了不起。头天还在窗口售票呢，第二天全部刷卡了，像做梦一样。

为了实现这一梦想，北京地铁上万名职工用了半年的时间，其中的甘苦只有地铁员工最清楚。

翟春凤说，她在地铁站卖过十几年车票，深知其中的辛苦，有时坐地铁的人多，在售票窗口一坐就是几个小时，忙得头都抬不起来，连上厕所的时间都没有。有时出票稍微慢一点，一些不文明的乘客就会发脾气，她赶上过乘客冲着她大骂的情景，也碰上过朝服务员脸上吐口水的人，

但是她们为了维护北京地铁的形象，对这一切都忍了。真正做到了打不还手，骂不还口。

翟春凤说，其实，乘客并不清楚，有时她们售票的速度慢是有意的，因为站台上要控制人流，她们怕乘客引起误会，不能对乘客明说，只能采取放慢售票速度的办法。用我们的行话叫“乱上不乱下”。地下不能出任何闪失，一点小错就会酿成大祸。

现在的地铁站采取的绕行措施，其实也是为了限流。听翟春凤这么一说，我们才明白其中原委。

世界上地铁票价最低的城市

由于有了IC卡，在北京乘坐地铁进站出站极为方便。而且IC卡地铁与公交车通用，买一张IC卡，可以随意坐任何线路的公交车和地铁。

值得一说的是，北京地铁的票价不但是全国最低的，也是世界各国有地铁的城市中最低的。

刷卡一次只用2块钱，四通八达的9条地铁线路，除机场专用线以外，可以自由换乘。您说上哪儿找这么便宜的事去？

在2008年世界范围内的金融危机发生后，各国的物价普遍上涨，北京也不例外。现如今，2块钱在老百姓手里已经变得轻飘飘的了。的确，现如今掏2块钱可买到的有用的东西并不多，一根雪糕都2块钱了。所以北京人笑称，花一根冰棍的钱，能在地铁里转半天。

地铁带动了沿线经济的发展

毫无疑问，北京地铁的低票价，体现了政府买服务还给大众的惠民政策，也反映出北京市政府优先发展公共交通的理念。在老百姓享受地铁优惠票价的背后，北京市政府每年给北京地铁的财政补贴是巨大的。

当然，优先发展公交是北京经济可持续发展的一项重要保证。事实上，北京地铁的每条线路修建，都在带动着沿线地区经济的发展。

2009年11月5日，由北京34个部门和城南5区共同参与制订的北京市《促进城市南部地区加快发展行动计划》正式对外发布。这份行动计划，背后是未来三年高达500亿元的政府投资，加上带动的社会投资，总投资可达2900亿元。而支撑这一“发展行动计划”的是7条地铁线路的开通。

地铁让北京南部经济腾飞

“城南”并不是老北京口中的“南城”，《行动计划》中所指的城市南部地区，包括崇文、宣武、丰台、房山和大兴5个区。

这个《行动计划》首次明确提出，建设“一轴一带多园区”的城南产业发展格局。自北向南，包括“前门到天桥历史文化风貌集聚区”、“永外到大红门服装文化商务区”、“大兴到新媒体基地”。

“一带”则指永定河产业经济带。“多园区”规划了丽泽金融商务区、中关村丰台科技园的产业功能区、大兴生物医药基地、龙潭湖体育产业园、广安产业园区等。

北京现有14个区，2个县（密云、延庆）。2010年7月，原来的西城区和宣武区合并为西城区，原来的崇文区和东城区合并为东城区。改革开放30年来，这些区县的发展都比较快。但是就城区而言，北部、东部、西部发展更快一些。南部地区是北京的平原地带，又是天津、河北等环渤海地区的出口，按理说占有天时、地利，应该有大的发展，但是受基础薄弱和交通的限制，跟其他地区相比，经济一直发展缓慢。北京轨道交通的发展，让他们看到了经济起飞的契机，南部地区审时度势，将利用轨道交通大做文章。

到2010年底，城南地区将开通亦庄线、大兴线和房山线等3条线路。到2012年底，将建成地铁10号线二期及地铁9号线两条线路。地铁7号线和14号线也将在2013年、2014年建成通车。

与此同时，在道路交通方面，丰台区集中打通东西走廊，建设石榴庄路西延、六圈路、北宫南路等重点道路项目；大兴区重点建设兴华大街、金星路西延、芦西路等城市主干道；房山区重点建设东环路、阳光大街北延、良乡东路延长线、燕房路南延等。

让人们感到欣慰的是，随着7条地铁线路的开通，《行动计划》中提出，将在南部中轴线上，在大兴与丰台区的交界处，南五环团河桥以南，依托团河行宫遗址，打造总面积约1万亩、与北中轴的奥林匹克森林公园面积相当的南中轴森林公园。公园与中

轴路沿线的永定门广场、天坛、前门大街、故宫、景山公园、后海、奥体中心以及奥林匹克森林公园相呼应。

北京南部的5个区借助轨道交通的发展都有自己的宏图。

新西城区打造天桥演艺园

新西城的宣南地区是老北京传统文化的“根儿”。但经济发展跟东部、北部相比，较为滞后。2008年以后，4条地铁将穿越宣武区。地铁让宣武区插上了腾飞的翅膀。

在城南“一轴一带多园区”的产业空间布局中，宣南地区占据着天桥历史文化风貌集聚区和“多园区”中的国家级产业园区广安产业园。

据新西城区区长张建东介绍，天桥演艺园区，将在2011年前启动天桥新世界、城南游艺园等重点景区建设。这两个项目均按4A景区建设标准建设。2020年，演艺园区基本建成。

此外，还将在南新华街与琉璃厂东、西街交汇处建设琉璃厂艺术廊桥，全面贯通东、西琉璃厂。

新东城区规划天坛文化圈

5号线的开通，让原崇文区增加了活力。原崇文区发改委主任韩焕岭透露，在三年行动计划中，原崇文区将实施“天坛文化圈”战略。

规划建设中的三大产业聚集区，分别为前门文化创意产业集聚区、龙潭湖体育产业园和南中轴现代服务业集聚区。

其中前门地区主推老字号级老北

京民俗等。龙潭湖体育产业园将在三年内，形成体育休闲娱乐中心、体育商务交流中心、体育产业总部基地、体育研发基地的“两中心，两基地”格局。

永外地区将依托永外到大红门服装产业集聚的产业基础，建设北京南中轴现代服务业集聚区，以百荣时尚设计中心为重点，打造北京南站商务圈，形成服装创意基地。

大兴区要直通中心城

轨道交通拉近了大兴与城区的距离。大兴区委常委、常务副区长张晓林介绍，行动涉及大兴区的重大基础设施共22项，包括地铁大兴线、轨道交通亦庄线、黄良路、房黄亦路、蒲黄榆快速路、京台高速、兴华大街南延、金星路西延等13项重大交通设施，其中大兴线2010年底实现通车。

此外，行动计划中，规划了蒲黄榆快速路、京台高速、万寿路南延、马家堡西路南延4条与中心城区的连接线。

大兴区的规划，还包括黄村自来水厂、老凤河改造、三海子郊野公园一期等5项精品工程。

房山区要跟“杜大爷”告别

房山区副区长吴会杰介绍，2010年，京昆高速北京段、丰良路、京良路西延、南水北调巡线路、黄良路、房黄亦路有望开工建设。2010年年底，轨道交通房山线将有望开通运营。

京港澳高速五环至赵辛店立交

段，全长4.58公里，是本市最早建成的高速路段，1987年开通运营，但建设标准较低，为京港澳高速北京段最窄路段，容易形成车流淤塞，每逢节假日，杜家坎收费站排队车辆经常一眼望不到头。与此同时，这段高速又是丰台区西部、房山居民进出中心城区的主要通道，每天早晚高峰时段拥堵异常。数据显示，2009年杜家坎收费站平均日车流量已达到11.9万辆，而通常4车道的高速路交通承载能力仅为日均5.5万至8.5万辆。

鉴于五环路至赵辛店的拥堵严重影响京港澳高速通行能力，也妨碍周边居民的便捷出行，实施拓宽改造迫在眉睫。根据规划部门批复的设计方案，改建工程起点为杜家坎收费站以北五环路，终点为赵辛店立交，道路加宽8～10米，设三上三下6车道，其中永定河大桥与大宁水库桥加宽为四上四下8车道，设计时速从现在的80公里提升至100公里。

同时，五环路进出京港澳高速的匝道将从单车道改建为双车道，提高车辆通行效率。而被众多市民戏称为“杜大爷”、“堵车坎”的杜家坎收费站，将在南侧80米处新建10个进京收费通道，另外现有18个收费车道调整为进京9个车道，出京9个车道，从而使进京收费通道增至19个，整体通行能力将大幅提升。这次大规模改建预计总投资高达5亿多元。

北京西南方向的密集车流，单靠一条高速公路已难堪重负。作为连接北京和石家庄的第二条高速路，京昆高速2011年也将动工建设。京昆高速北京段位于京港澳高速西侧，大体与京港澳高速平行，将从六环路大苑村立交直达市界，全长52公里，未来可与新京良路衔接，实现与中心城区的快速联络。车主还可从京昆高速走西六环、莲石路进出市中心。

未来3年内，房山新城进入中心城区的快速通道，将由目前唯一的京石高速增加到4条，彻底解决杜家坎的交通瓶颈。

新增3条京石高速路的出口，将使人们跟“杜大爷”拜拜，不再提“杜大爷”色变了。

第七章

地下天光：轨道交通的火红年代

丰台最牛，要打造金融不夜城

7条地铁线将在丰台区开通，无疑让丰台区变得更加具有发展的活力。他们大胆地提出了打造“金融不夜城”的宏伟目标。

据丰台区委常委、宣传部长李明圣介绍，丰台区占据着“一轴一带多园区”中的大红门服装文化商务区、永定门水岸经济带、丽泽金融商务区、中关村丰台科技园、河西生态休闲旅游带、花乡千亩高端花卉产业园等。其中，大红门服装文化商务区，将以打造北京时装之都核心区为目标。

永定门水岸经济带，拟规划建设“一条廊道、五个项目区”，包括以

永定河为主线，形成永定河生态走廊和永定河历史文化园区。此外，桥西街及水岸古城将整体建成开发区，包括宛平湖建设区、晓月湖生态系统构建区、卢沟桥农场生态修复区。

丽泽金融商务区，将打造成为“绿地上的CBD”、“水岸旁的金融区”，并实现宜居、宜业的金融不夜城。此外，未来3年，北京天坛医院将整体迁至丰台花乡。

在2009年12月，丰台区政府公布了丰台区“城南行动计划”的细节，其中有关永定河的多个项目引人注目。未来3年，永定河丰台段将形成两个大型人工湖，并计划建成湖心岛，形成崭新的旅游景观。

丰台区规划部门负责人叶大华介绍说，永定河将再现两大人工湖。

宛平湖位于卢沟晓月湖橡胶坝至燕化输水管道间，长1324米，河底平均宽500米，新建橡胶坝1座，形成水面面积41万平方米，蓄水91万方。宛平湖主要是为了恢复京石路南侧永定

河生态水环境。晓月湖主要重现“卢沟晓月”景观。宛平湖与晓月湖在京石高速路两侧形成连续景观水面，提高进京门户的景观效果。人工湖中规划修建湖心岛，增加一些旅游设施，形成卢沟桥地区新的景观。

而这一远景规划是以轨道交通相依托的，没有轨道交通的发展，丰台区没有这样的底气。据北京市交通委介绍，规划和在建的快速路有6条将跨过丰台区。而且今后3年，丰台区将重点建设7条轨道交通线，包括7号线、9号线、10号线二期、14号线一期、大兴线、亦庄线和房山线。全部建成后，丰台区将新增运营里程约77公里，不但极大改善这一地区轨道交通不足的问题，而且为这一地区的经济腾飞打下了基础。

未来丰台区将建成6条跨区的快速路，包括蒲黄榆快速路、万寿路南延、马家堡西路南延、梅市口路西延、丰良路、京良路。全部建成后，丰台将新增道路里程30多公里，进一步加强核心城四区的交通联络。

交通的发展，必然带动经济的繁荣。丰台区将在地铁9号线郭公庄站西侧，建设一个总规模达15万平方米的大型购物中心。这个“城南购物中心”，将包括丰台的第一个大型溜冰场和城南最大的电影院。该购物中心预计2012年开业。

北京地铁的运营能力国内第一

轨道交通的便捷越来越受到老百姓的青睐。这几年，坐地铁出行的人越来越多，地铁的客流量逐年增加。北京市政府在加大地铁建设的投资，开辟新线路的同时，也要求地铁运营公司提高运营速度和缩短发车时间，来满足市民的出行需要。北京地铁客运公司这几年，运用科技手段，经过反复摸索，使运营能力不断提高，在缩短发车间隔，扩大列车编组，延长运营时间3个方面，取得了明显效果。

地铁1、2号线、13号线和八通线先后11次缩短发车间隔，1号线、2号线由3分钟缩短到2.5分钟，这种发车间隔，国内外罕见。13号线、5号线、8号线、10号线也缩短到3分钟。

八通线和13号线由原来的列车4编组一律改为6编组，运营时间也向

后延长了1个小时，大大提高了运营能力。

在缩短发车间隔的同时，地铁列车也逐渐提速，最快的时速已达到每小时100公里。从南城到北城，坐地铁最快只用45分钟。

城铁安上了消音器

城市轨道交通现在四通八达，甚至开进了社区。老百姓欢呼雀跃的同时，也对轨道交通的噪音产生了烦恼。尤其是邻近城铁沿线的居民区。虽然轨道交通的线路设计，距离居民区的距离符合国际通用的标准，但还是让一些居民心里犯嘀咕。不过，不可否认，夜深人静的时候，列车与铁

轨的摩擦声，让人听得还是很真切。尽管有些地段安了防噪音的玻璃隔音板，轨道交通的噪音问题依然让人心里不安。

为了解决轨道交通的噪音问题，北京地铁公司与科研部门及地铁机车制造单位研制出一种可以最大限度减少列车噪音的消音器。新建地铁线路都将安装消音器，最大限度地减少地铁噪音及震动对居民的影响。

2009年7月，静音轨道交通网络建设正式启动，涉及线路长达330公里。4号线成为全国首条安装消音器的轨道交通。

新线的技术设备在国内首次使用

在新建的地铁中，一些新技术、新设备、新材料在国内首次使用。地铁房山线，将采用国产B型车，国产

化率达到95%以上。

B型车的最大特点是车速快，车辆最高运行速度可达每小时100公里。并且可实现ATO自动驾驶，这是国内首次使用的车型。

地铁昌平线，将采用完整的国产“ATS+联点式ATP”系统，提供全自动无人驾驶功能，实现无线通信移动闭塞ATC（含全自动无人驾驶功能）的全功能开通运营。

大兴线、亦庄线、房山线、昌平线、6号线、8号线（二期）、9号线、10号线（二期）将采用电子乘客导向系统。应用导向标识系统，会使运营组织灵活、可控，这项新技术是国内首次使用。

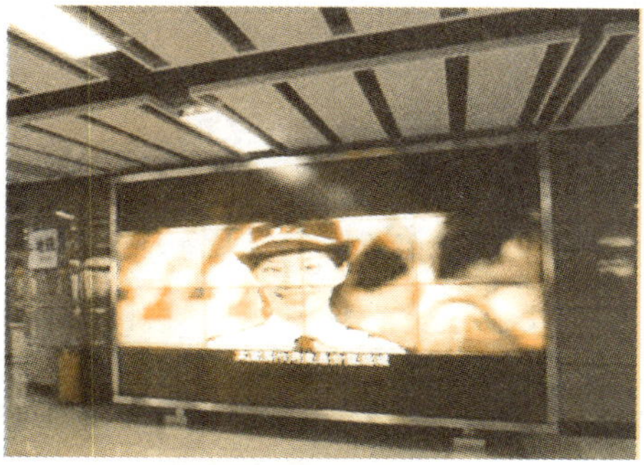

此外，这几条新开的地铁线路全部使用“门禁”，这项技术在北京地铁中首次使用。以确保地铁正常、安全运营，保证授权人员，在受控情况下方便地进入设备管理区域，防止非授权人员进入限制区，特别是车站、车辆段主要的设备管理用房。

此外，大兴线还采用了真空卫生间，这种卫生间的卫生器具的冲水量仅为1.0～1.2升，有效地节约用地用水，改善卫生间和污水泵房的空气环境。

大兴线还采用智能照明，实现对公共区域照明的智能控制和集中管理，实时控制和节能，这项技术在北京地铁首次使用。

磁悬浮技术上了地铁线

房山线、昌平线还将采用磁悬浮冷机。这项技术也是在北京地铁首次使用。实现制冷系统完全无油进行。

据国家认可的实验室数据显示，磁悬浮离心式冷水机组的最高功效比普通机组节能40%以上，整体噪声低于70分贝。

另外，北京地铁9号线将采用阿尔斯通的Urbalis解决方案，这是一种基于尖端无线通信技术的列车控制系统（CBTC），是当今全球最先进和成熟的轨道交通信号控制系统。能在

保障列车行驶安全的同时，有效地缩短行车间隔，并提高运能。

Urbalis信号系统在世界各地受到广泛认可，全球最大的重载无人驾驶地铁线——新加坡环线、新加坡东北线和瑞士洛桑M2线均采用了该系统。

全长16.5公里的北京地铁9号线，连接了丰台区郭公庄和海淀区国家图书馆，全线共设13座车站。由于采用了多项新技术，这条线路的科技含量非常高。设计发车间隔为90秒。可以说是北京地铁发车间隔最短的线路。

3G信号覆盖北京地铁全线

北京新建的地铁线的另一大科技亮点是3G的引进。据专家介绍，3G信号将全覆盖新线。新的Urbalis信号系统，将使快慢车合理地交错运营。北京新建轨道交通线的换乘通道，都将控制在百米以内。具备条件的换乘站都将建为同台换乘，免去乘客上下奔波之苦。列车最小发车间隔也将进入2分钟之内，乘客候车时间将有望以秒计算。

在2009年12月召开的北京市轨道交通建设自主知识产权成果应用评审会上，北京市轨道交通建设管理有限公司副总经理丁树奎向人们展示了未来北京地铁科技发展的前景，新建线路将更注重人性化、安全、环保等方面，并且会有越来越多的具有自主知识产权的成果，运用在北京地铁新线上。

新线换乘走不了100米

据丁树奎先生介绍，北京计划于2010年底开通5条新线，即亦庄线、大兴线、昌平线、房山线、15号线一期。2012年开通4条城区线即6号线一期、8号线二期、9号线和10号线二期。

此外，从北京站到北京西站的地下直径线，也将在2012年通车。这条双向对开式地下铁路，全长9.15公里，总投资31亿元。是国内第一条在城市繁华区域内，采取大直径水泥通构法施工的地铁。

丁树奎介绍，新建线路将力争同台换乘，在具备条件的换乘站，乘客可以在同一平面上，实现各条地铁线的自由换乘。9号线与房山线换乘的郭公庄站等8座车站，都将实现同台换乘。

根据设计规划，所有新线之间的换乘站，其换乘距离都将小于100米。丁树奎介绍，在不能实现同台换乘的车站，也将尽量采用宽敞便捷的新换乘方式。比如六里桥站，将采用圆形换乘大厅，宋家庄站三线地铁及公交枢纽共用换乘大厅。

对于原来没有预留换乘条件，或只能采用传统换乘方式的车站，在与新线地铁接驳时，将适当加大换乘通道宽度。单向换乘通道由原来的4～5米加大为6～8米，双向换乘通道达到8～10米。

地下地上场站接驳同步建

以前，北京地铁的新线投入运营后，与地面交通的衔接不畅，是令人

头疼的事儿，也影响公共交通对“有车族”的吸引力。已经开通运营的4号线、5号线、10号线虽然跟地面交通可以接驳，但接驳的设计方案，也是在车站设计完成后才展开的，自行车、机动车停车场地多根据现场用地条件设置，公交站位调整、配套过街设施建设都相对滞后。北京地铁新建的线路将根本摆脱这一困境，车站接驳方案必须加入线路总体设计和初步设计审查，接驳设施的规模确定从研究近、远期车站交通接驳需求入手，与车站设计同步研究、同步实施。

比如8号线霍营枢纽站规划的主要接驳设施，就包括自行车停车场3000平方米、公交总站1.26公顷、机动车停车场1.44公顷、公交停靠站5处、出租车候客区2处。

95个“节能坡”

能源消耗是地铁运营的主要成本，北京新建地铁的节能环保水平也

显著提升。北京地铁的新线路首次尝试“节能坡”的设计。

所谓“节能坡”，就是让列车出站下坡，进站上坡时节约能源。“节能坡”的线路平面设计，采用大曲线半径，减少了列车运行阻力，当然也节省了能源。据统计，8号、9号、大兴、亦庄等5条新线共设计了95个“节能坡”。

另外，地铁大兴线引入飞机和高速铁路的真空卫生间技术。卫生器具的冲洗水量仅为1.0～1.2升，既改善卫生间空气环境，又节约污水系统的用地用水。

地铁14号线还将在周边有市政再生水管网的车站，引入再生水用于车站卫生间冲厕。

等车时间按秒来计算

北京地铁客流不断攀升，列车拥挤程度也随之加剧。为此，在客流高度集中的地铁6号线、14号线将扩大列车编组，采用8节车厢编组运行，比现在运营的列车多了两节。地铁7号线也将随着客流量的增多，扩大列车编组。同时，6号线还将率先尝试快慢车交错运营，缩短长距离出行的乘车时间。

目前，北京地铁最小发车间隔已经全国领先，达到2分钟。但针对网络化运营和地铁客流猛增的现状，地铁新线将继续突破2分钟的发车间隔。

据专家介绍，亦庄线将示范运行的国产CBTC信号系统，列车最小发车间隔可达75～80秒的世界先进水平。

北京的亦庄是南城新起的大社区，也是北京的国家级的科技开发区。根据亦庄新城规划，亦庄新城的规划区范围为通州区行政区域京津第二通道以西地区及大兴区旧宫镇三海子等地区，承担北京高新技术产业中心的城市职能。2020年亦庄新城规划人口规模为70万人左右，城市建设用地规模在100平方公里。地铁亦庄线的开通将缩短与城市中心区的距离。同时，这也会是一条客流量很大的“热线”，所以这条新线设计的运行发车间隔为2分钟。随着该技术在北京地铁新线的推广，列车发车间隔很快会压缩至2分钟以内，这样乘客的等车时间将以秒来计算了。

在全线设置“逃生平台”

地铁运营中列车突发故障停在了隧道中，黑灯瞎火的，乘客如何安全撤离，这是各国轨道交通都在探索的难题。北京地铁在设计时，把解决这一难题列为一个重点。

怎么从隧道撤离？据丁树奎介绍，在建和拟建的地铁新线，将全线设置乘客紧急疏散平台，也就是业内人士所说的“逃生平台”。

目前，北京仅有机场线设立了紧急疏散平台。紧急疏散平台建在双向轨道之间，比两边的轨道高出一些，遇到紧急情况时，乘客可以从停车地点走到最近的车站，也可以原地不动，等待救援车辆。

紧急疏散平台并不是断续布设，而是沿轨道全线铺设，列车在任意区间停驶，乘客都能有安全撤退的通道。

轨道交通将成为北京的主动脉

截至2008年底，中国已有10个城市共29条城市轨道交通运营线路，运营里程达776公里，年客运总量达22.1亿人次。

中国城市轨道交通已进入快速发展时期。据不完全统计，北京、上海等15个城市有约50条、1154公里轨道交通线路在建。到2009年底，有约27个城市正在筹建城市轨道交通，其中22个城市轨道交通建设规划已获国务院批复。到2015年前后，北京、上海、广州等22个城市，将建设79条城市轨道交通线路，总长2259.84公里，总投资8820.03亿元。

1969年，北京市开通了全国第一条地下铁道。截至目前，北京有9条地铁运营线路，240多公里轨道地铁线。2015年，北京将建成开通19条轨道交通，总里程达561公里，车站达420座，形成“三环、四横、五纵、七放射”的轨道交通骨架网络。到那

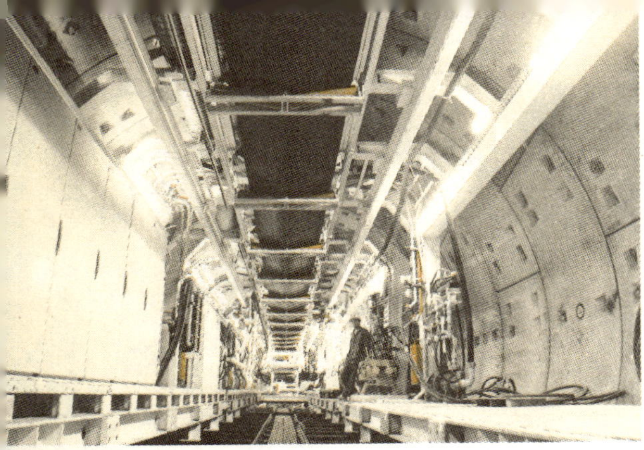

时，轨道交通将成为北京交通的主动脉了。

截至2009年底，上海市轨道交通已有9条营运线路，长度达279公里，车站总数增至173座，日均客运量达350万人次以上。到2012年，上海将形成13条线路、300多座车站、运营总长度超过500公里的轨道交通基本网络。

广州市轨道交通2010年有可能跻身世界十大地铁行列。广州市于2011年到2020年，还将建设11条地铁，长度300公里左右，核心区站点覆盖将达到80%以上。

北京市发改委副主任刘印春介绍，2009年北京市基础建设安排政府投资了138亿元，其中交通投资103亿元，占75%。其中很大一部分用于了轨道交通建设，2009年6号线一期、8号线二期、9号线、10号线二期等9条线路同时开工建设，在建规模达到209公里，为历年之最，北京市轨道交通通车里程达228公里。2010年年底，亦庄线、大兴线、15号线一期（顺义线）、昌平线及房山线5条线路将建成投入使用，北京市累计通车里程将超过300公里。同时，2010年地铁7号线、14号线、S1线及西郊线也将开工建设。到2015年，北京市轨道交通通车里程可达561公里。

此外，京沪高速铁路、京石铁路客运专线已开工。京沈、京张、京唐3条城际客运专线将在2010年底前开工建设，构建以北京为中心的城际铁路网。同时，城际铁路与远郊区县新城将衔接起来，解决远郊区县与中心城轨道交通的连接需求。

2008年，北京市交通委发布了《北京市城市快速轨道交通建设规划（2004—2015年）》，确定了到2015年建成“三环、四横、五纵、七放射”561公里的轨道交通网络。总投资达2700亿元。轨道交通将承担首都公共交通45%的客运任务，前景十分光明。

第八章

铸造辉煌：奥运交通为国人争光

举办奥运千载难逢

在首都北京举办一届奥运会，是中国几代人的梦想，为了向世界展示我们的综合国力，促进世界的和平和友谊，北京从1991年开始加入到申办奥运的城市之列。1993年9月，北京争办2000年第27届奥运会举办权，在国际奥委会第101次会议表决时，北京以两票之差败给了悉尼。

不过平心而论，以当时我国的经济实力，举全国之力在北京举办一次奥运会应当不是难事，但是从当时北京所具备的“硬件”来说，特别是当时的交通状况而言，举办一届精彩的高水平的奥运会，确实有些力不从心。

当10年以后的2001年，北京第二次争办奥运会举办权时，北京的各种“硬件”，尤其是环境、交通等已经有了突飞猛进的变化。正所谓水到渠成，所以北京顺利取得了2008年第29届奥运会的举办权。

北京交通对奥运会的承诺

交通，是历届奥运会举办城市面临的重大难题。2001年，北京申办奥运会时，恰逢北京的机动车以每日千辆的速度增长，交通拥堵日益困扰人们出行。

尽管北京面临交通的巨大压力，但是我们仍然有信心能够为奥运会提供安全、有效、便捷的交通保障。

在奥运陈述报告中，北京申奥委就北京交通向国际社会作出了庄严承诺：

一是为奥运会提供方便快捷、安全有序、经济环保、一流的城市交通服务，所有比赛场馆距奥运村的行车时间不超过30分钟，奥林匹克专用道高峰时间行车速度达到每小时60公里。

二是2008年以前加速道路交通基础设施建设，大力发展公共交通，特别是轨道交通，提高交通承载能力。

■ 新地铁通向新奥运

“中国速度”让国际奥委会的专家吃惊

但是能否真正有效地缓解交通拥堵，解决奥运交通问题，毫无疑问，会引起国内外和国际奥委会的关注。甚至有些国际奥委会委员还产生了疑虑。

北京市交通委综合协调处处长于国成对笔者说，2005年交通委就开始进入奥运筹备工作。当时，我在奥组委成立的奥运交通协调小组下设的办公室工作。国际奥委会协调委员会交通专家，瑞典人菲利普·包威在2008年奥运会之前，每个季度来北京开一次例会，借此机会来北京考察交通。我负责接待，最初他对北京的奥运交通很不放心。这个“老外”办事极其认真，也比较固执。2007年，我们搞“好运北京”交通测试，他亲自坐公交车、坐地铁考察。当时，地铁8号线正在施工。他非要去看，戴着安全帽下到土城站考察，他看了以后对北京交通有怀疑。

■ 国际奥委会官员视察北京交通状况

申办奥运报告里，北京对交通的

承诺最实际的是路。但2001年申办成功时，五环路还在修（2000年7月开工）。

于国成说，这位洋专家对我们的交通官员说，悉尼修17公里的快速路用了8年，你们承诺修那么多路能完成吗？

于国成说，事实让国际奥委会的这些专家感到吃惊，北京的道路建设速度之快，他们从没见过。当这些洋专家还在心里打问号时，北京的四环路已全线通车，仅仅用了3年时间！

布勃卡的疑虑

北京市交通发展研究中心主任郭继孚对笔者说，申办报告完成后，2000年底递交给国际奥委会。国际奥委会在投票前，组织评估团到申办城市评估。他们来到北京作全面考察评估，其中包括北京的交通。说老实话，当时北京交通的压力很大。2000年，正是私人轿车大发展的初期，北京的交通堵得厉害，而且评估团来的那4天，正赶上雨雪、大雾天，虽然如此，评估团来了以后，所经过的路线，我们并没采取禁行措施，只是留出一条车道。因为我们心里有底气，不想跟他们来虚的。

郭继孚说，他记得乌克兰前著名撑竿跳高运动员布勃卡也是国际奥委会评估团的成员。布勃卡很爱聊，坐在旅行车上，跟小导游聊天。他问小导游有什么愿望。小导游说，将来挣了钱，买辆小轿车。布勃卡对身边的评估团成员说，连这个小姑娘都想买汽车，北京的交通将来怎么办？显然，他对北京的交通持一种怀疑态度。

实际上我们当初的承诺全都兑现了，而且远远超出了国际奥委会的预期。郭继孚说，首都机场T3航站楼，评估团来的时候刚动工，这么大的工程，他们担心我们建不起来。实际上我们在奥运会之前就建成了。当时承诺地铁建5号线和一个支线，实际上，我们还完成了10号线。历届奥运会在交通上都出过问题，不是运动员延误了进赛场的时间，就是开闭幕式散场时出现闪失。我们在这方面没出现过一次事故，没发生过一起运动员延误的事。奥运会期间，北京的交通也很顺畅，特别是公交运营能力翻了一倍多。申奥时，北京的公交车，我们努着劲说有1.5万辆，现在已经发展到快2.3万辆了。

事实证明当初那些外国专家的担忧是多余了。北京的奥运会不但开闭幕式是最完美的，奥运交通也是最出色的。

罗格说北京奥运会办得无与伦比

国际奥委会主席罗格在评价2008年北京奥运会时，用了“无与伦比”这个词。同时，他也对北京的交通高度赞扬：“北京奥运会进行得十分顺利，交通工具非常准时，工作非常出色。”伦敦奥组委的官员，甚至提出要参考“北京经验”，来解决2012年

■ 国际奥委会主席罗格

伦敦奥运会的交通问题。

机遇与挑战共存。北京市政府从申办奥运的那时刻开始，便把举办奥运会作为加快城市建设发展的历史机遇，在力争办成历史上最精彩的一届奥运会的同时，提出了“人文奥运、科技奥运、绿色奥运”的三大理念。当然借主办这届奥运，把北京交通提升到新的水平也是一次历史机遇。尽管在交通方面，我们面临许多问题，但北京有信心也有能力解决这些问题。

北京申办奥运成功后，奥组委用最快的速度，按照举办一届“有特色、高水平”奥运会的标准，汇集了一批交通专家和北京交通委下属的各公司的主要领导，组建了奥运交通筹办工作机构。由北京市交通委牵头成立了奥运交通运行中心，下设为赛事交通服务的奥组委交通部，交通组织安全保障中心，城市运输服务保障中心，交通设施保障中心，统筹协调城市和奥运交通的保障工作。此外还组

建了一支上万人的奥运会交通服务志愿者队伍。

奥运会是对北京交通的一次大检阅

说老实话，在2008年奥运会之前，北京的交通状况并不尽如人意。当时北京的机动车总量已经达到330万辆，常住人口和暂住人口，包括外来流动人口已经突破2000万。虽然，通

过几年的努力，北京的交通基础设施和运行承载能力，包括交通指挥系统有了显著的提高。

但是，路修得快，人口和车辆增加得也快。人多、车多，加上市民的交通法规意识差，给交通带来的压力非常沉重。市区，特别是中心城区的道路拥堵问题依然严重。高峰时，全市大约有600多处交通拥堵严重点段。

举办奥运会，既要保证为奥运会提供方便快捷、安全有序的交通服务，又要不影响北京市民的生活和出行需要，这的确是前所未遇的一道难题。

23条奥林匹克专用道

但是，北京奥组委已经向国际奥委会作出了庄严承诺。北京之所以面对如此巨大的交通压力，敢于向世界作出承诺，除了我们的信心，也在于我们有中国特色的管理体制作保障。同时也有中央和全国各个城市的支持作保障。当然北京也有这样的经济实力。

这一点，国际奥委会的官员深有体会。别的不说，仅在交通管理问题上，这一点是西方发达国家难以做到的。比如，北京为了兑现奥运申办的承诺，确保奥运交通畅通，同时也保障城市交通的正常运行，经中央同意，北京市政府、公安部、交通运输

■ 公交专用通道

部、环境保护部联合发布了《2008年北京奥运会、残奥会期间北京市交通保障方案》。

方案的基本原则可概括为“环保优先，交通可靠，政府带头，公众参与，体现公平”。

根据这个方案，在奥运会之前，设置了奥林匹克专用道。全市共设置了奥林匹克专用道23条，总长286公里，用于持有奥运会车证的车辆通行。这一做法保证了奥运期间车辆运行时速60公里和奥林匹克大家庭成员从驻地到比赛场馆30分钟的承诺。

机动车单双号，北京市民没得说

此外，根据这个方案，对北京所有机动车实行了限行规定，在2008年奥运会举办前后的两个月期间（即7月20日至9月20日）机动车单双号行驶（单号单日行驶，双号双日行驶），并且分阶段停驶机关事业单位的机动车。7月1日到7月19日，停驶30%，7月20日至9月20日停驶70%。7月1日至9月20日所有黄标车禁止上路。

这些措施，确实行之有效，使北京的机动车在奥运会前后平均日减200多万辆。许多北京的机动车司机可能记忆犹新，在奥运会前后两个月，是

出门开车最顺畅的两个月。这时，才真正感受到一路畅通的滋味。

当然，对机动车限行给市民的正常出行带来的不便，北京市也采取了相应的措施，这就是增加公共交通的运力。除了增加地面公交运营车辆，缩短地铁发车间隔，扩大列车编组，延长运营时间等措施以外，还保证出租车的运营能力。这一阶段，北京8万辆出租车的出车率，达到了95%以上。

“绿色通道”保民生

与此同时，为了保证北京市民的正常生活，设置公共服务窗口，组建绿色车队，保障货物运输，因为在奥运会期间，大货车不让上路了，老百姓还得吃饭吃菜，副食品的供应不能中断。所以，北京市分行业建立了14个货物运输保障公共服务窗口，公布了受理电话和办理流程，满足临时货运需求。

同时，还组建了由4300多辆绿标车组成的城市生活配送“绿色车队”。

当时北京进京方向的高速路和快速路收费站都设有绿色通道，凡是贴有绿标的进京货车，一律免费通行，保证了北京市民的日常生活需要。

■ 机场第二通道

临时性交通管制措施被市民认可

在奥运会期间，北京还实行了其他交通保障措施。如实行错时上下班，削减高峰期间出行量，实行对停驶机动车减免车船税和养路费，在高速路收费站设置专用通道，奥运车辆在高速路快速通行等。

这些交通管制措施，有效地保障了奥运期间城市的正常运行。

毫无疑问，北京奥运在交通管理上的这些措施，为今后举办国际性大型活动的城市积累了经验。当然，这些临时性的交通管制措施，也为后来北京的交通管理探索出一些新思路，比如在奥运会后，北京为限制机动车的出行，采取的尾号限行措施，可以说就是借鉴了奥运交通管制的经验。

开闭幕式的人员疏散只用了70分钟

奥运会开闭幕式的交通运输，是检验一座城市交通管理指挥系统能力的“试金石”。由于在同一时间同一地点，要运送和疏散几十万人，包括

■ 奥运会开闭幕式的人员疏散井然有序

国际奥委会的官员，国家领导人，各国参赛运动员，参加开闭幕式的演员和几千名工作人员。

当然光运送和疏散还不行，还要做到安全、准时。说老实话，这个难度是非常大的。

为了保证万无一失，北京奥组委在正式开幕之前，做了一次“好运北京”的体育赛事，相当于一次运输服务保障工作的预演，效果非常好。

在正式开闭幕式之前，奥运交通运行中心根据开闭幕式客流集散量，依托地铁10号线、8号线、5号线和周

■ 奥运会开闭幕式人员散场

边常规公交线路，增设了28条奥运会开闭幕式公交专线，满足了客流集散的需要。

由于各方面的组织工作做得周密细致，当初，我们承诺的奥运会开闭幕式的人员疏散用时两个小时，实际上只用了70分钟，这在历届奥运会是没有过的。国际奥委会的官员为此感到惊奇。事后对北京的交通的组织和指挥能力给予了高度赞扬。

创造地铁45小时不间断运行纪录

能把几十万人在70分钟内疏散

完，而且没有出现任何安全事故，这短短的70分钟，蕴涵着北京交通部门干部职工几年的心血。这里面既有奥运交通保障部门指挥者、组织者的智慧和运筹帷幄的能力，也有北京交通系统数十万职工投入的大量精力和辛勤劳动的汗水。

要知道为了这短短70分钟，从2003年北京交通委成立以后，交通系统的干部职工就开始默默地努力了。这其中，北京的地面公交和地铁不知搞过多少次预演。

在奥运会之前，公交、地铁系统还精心组织运营时间的临时安排。公交、地铁根据开闭幕式散场时间分别作了延时运营。地铁当日全网24小时运行，创造了45小时不间断运营的最长纪录。

北京地铁运营公司宣传部长贾鹏介绍，北京奥运会开幕式是2008年8月8日，北京地铁的8条线，从8月8日早

■ 志愿者在疏导观众散场后乘坐地铁

■ 尽管进散场人多，但疏导有序，图为运动员乘地铁进入赛场

4点开始第一趟车，到8月10日凌晨1点最后一趟车，算下来一共运营了45个小时，这在世界地铁史上从来没有过。因为地铁的车辆是需要保养的，不能连续作业。此外地铁的供电、线路、通信、信号、照明、通风、供水、电梯、基电等系统也要每天进行检修。车辆的运营是从凌晨到午夜，留给车辆保养和线路的检修时间只有从夜里12点到凌晨4点这4个小时，这4个小时对地铁的职工来说异常珍贵，只有这4个小时的保养和检修，才能保证第二天的正常运营。但是在奥运会开幕之前，我们接到上级的指示，要两天两夜45小时不间断运营，还要在客流大、满载率在百分之百的情况下保证运营的安全性、可靠性，不能出任何闪失，这对北京地铁来说实在是从没有过的考验。

贾鹏说，为了保证北京地铁45小时不间断运营，我们作了周密的安

■ 2009.9.6国庆演练交通运输保障

排，调集地铁的所有车辆，统一调度，分为一线和二线，一线是在线上运营的，二线是备用的。把备用机车存在涵洞（车库）里，随时待命。司机在洞里吃洞里睡，规定上厕所的时间不能超过5分钟，一般的车都要连续跑23小时，一线的车一停，二线的车马上出发，车都通着电。

贾鹏说，10号线和2号线是闭塞式机车，可无人驾驶，但也有人工驾驶功能，原来是运营24小时带电设计，连续45个小时运行，就要重新调整信号系统。为此，把西门子的技术人员召集过来，开过两次专题会研究，并在10号线的40组机车进行模式调试，整个过程像打一场大的战役。经过我们周密的组织调度和北京地铁8条线路员工的努力，我们最终出色地完成了这次任务，并且打破了地铁运营史上的一项纪录。

开设34条奥运公交专线

为了保证奥运会和残奥会开闭幕式的人员疏散，特地开设了34条奥运公交专线。公交专线运营至观众疏散完毕为止，外围公交线路也相应延长运营时间，保证与地铁和公交专线的衔接，方便散场观众回家。

针对开闭幕式散场观众人流集中，地铁压力大的情况，奥运交通运行中心制定了地上地下联动的人流疏控机制，根据地铁车站内的情况放行进站人流。

为了使广大市民了解奥运期间北京的交通保障措施，奥运交通运行中心提前对公交运营方案在各媒体上作了宣传。为了让广大市民了解公交运营方案，方便参加奥运会开闭幕式的观众乘坐公交，奥运交通运行中心

■ 新开辟的奥运公交专线

还编写了奥运公共交通服务指南的小册子。

根据奥运比赛场馆分布及赛事日程安排，在既有公交、地铁线路基础上，规划设置了34条奥运公交专线。其中10条普线，用于衔接交通不便的奥运比赛场馆，奥运期间每天定时运行。24条快线，用于增加赛时公共交通观众集散运输能力，只在赛前1.5小时至赛后3小时运行。

调动人马在地铁站安检

2001年美国发生了“9·11”事件以后，世界范围内的反恐和防恐就此拉开序幕。北京作为2008年第29届奥运会的举办城市，自然它的安全和防恐问题会引起国际奥委会的高度重视。2003年韩国大邱地铁发生了纵火惨案，2004年春节北京密云发生了彩虹桥踩踏事件，给正在筹备2008年奥运会的北京敲响了警钟。毫无疑问，安全问题决定着2008年北京奥运会的成败。

于成国对笔者说，2008年奥运会交通安全保障工作分为两个阶段，第一个阶段是2008年以前城市道路交通的安全隐患的排查和解决。这项工作实际上从2005年就开始进行了。当时我们对北京的所有道路交通进行了安全检查，比如花了3个月时间对市内的道路，包括二环、三环，用雷达探了一遍，发现几百处安全隐患，有弯道、坡道、标志、护栏、路口等，发现这些问题后，我们一个一个进行改造和整治。2004年以后，又对100多座危桥进行大修或重建，花了3年时间。此外投资85亿元对地铁1号线、2号线“消隐”。所有这些都做到万无一失。

于成国说，第二阶段是奥运会和残奥会赛事期间的交通安全保障，包括开闭幕式的人员疏散的安全。中央对奥运会和残奥会高度重视，成立了奥运会残奥会筹办领导小组，组长由国家副主席习近平担任，副组长是中共中央政治局常委周永康和中共中央政治局委员、北京市委书记刘淇。北京成立了奥运会残奥会运行指挥部，指挥长由北京奥组委执行主席、北京市市长郭金龙担任，下设11个工作机构。交通与环境保障是第9组，这个组设立了交通运行中心，主任有北京市

交通委主任刘小明，北京市公安局交管局局长宋建国，北京奥组委交通部部长于春全和北京市交通委副主任李建国。

交通与环境保障组的职责是负责统筹赛事交通运行、城市交通管理、运输服务和设施保障，协调民航、铁路、交通各类资源，负责突发事件处置的组织协调，组织实施奥运期间交通需求管理政策，减少交通流量确保道路通畅，协调外地进京车辆绕行等交通工作，在确保赛事交通“安全、准点、可靠、便利”的前提下，努力实现赛事交通和城市社会交通和谐运转。

这实际上就是2008年北京奥运会交通安全保障的主要任务。

确保奥运会的安全万无一失

刘小明对笔者说，交通与环境保障组从2008年3月就开始进入“实战”演练了，因为受当时国际恐怖组织频繁活动的影响，在安全问题上我们的压力很大。中央领导多次过问奥运交通方面的安全问题，习近平来北京视察工作时，反复强调安全的重要。就交通而言，我们最担心的是地铁，因为奥运会期间观众的出行主要是公交，地铁是首选。当时北京地铁的客流量每天都在四五十万，复兴门、东直门等中转车站长期处于高峰客流量。如何做到安全运营和人员的平安疏散，不出任何闪失，确实让我们心里没底。经过我们反复研究，决定在地铁站设立安检，同时在奥运会主会场的地铁站安排了电瓶车，防止都扎堆坐地铁。

刘小明说，地铁的安检实行起来

是非常复杂的。枪支弹药，易燃可爆物品好办，发现后一律禁止带上车，可是其他物品呢？究竟什么东西不能带，并没有一定说法。为了保证万无一失，我们充分作了预想，研究了每一个细小的环节，比如一个乘客带着一小包黄豆，往地上一撒，人们踩上去打滑，就会造成踩踏事件。有的乘客带着炒菜的食用油上车，你不能耽误乘客回家炒菜做饭吧？可是食用油也是油呀，属于易燃物品。以前地铁运营强调的是服务，现在安装上安检设备，让乘客接受检查，他们能不能配合？安检口的整体操作能力够不够，人员的到达与安检能不能配套也是一个问题。

■ 中共中央政治局常委习近平在视察地铁安全后勉励大家安全问题一定要注意细节，确保北京奥运会安全万无一失

此外，突发事件的处置和应急问题。当时地铁车站有不同层次的管理人员，看见这么多人，都想指挥，有的从安全方面考虑，认为要这样，有的从交通方面考虑，认为要那样，中心区管委会又提出要这样，到底听谁的？这需要从大局和整体来协调，所有这些我们都充分考虑到了。当然最后也都一一得到了解决。豆子和食用油的问题，如果安检时碰上乘客带着，工作人员就要劝乘客改乘公交，不要坐地铁了。为了让乘客理解和配合安检，我们在报纸、电视、网络上广泛宣传，并且印成宣传品发给乘客，各个站口也发动志愿者对乘客引导，赛事交通的一切准备都围绕着安全这个主题进行。事实证明广大乘客为了奥运会和自身的安全还是积极配合我们安检的。地铁在正式实行安检之前，我们预演了3次，非常成功。

动用警犬嗅机车

李建国对笔者介绍：地铁安检，北京在世界上独此一家。在地铁全线

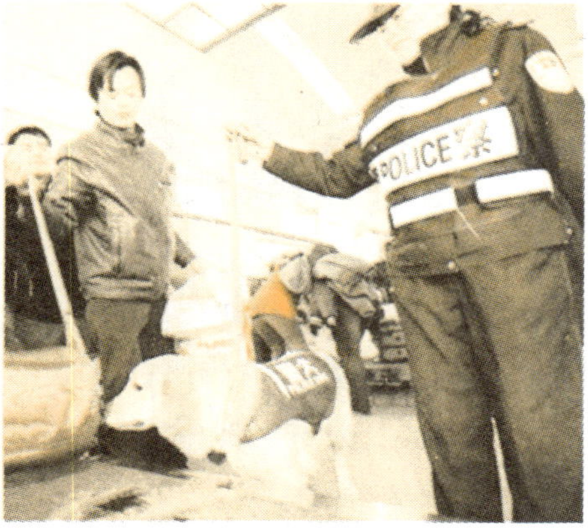

动用警犬安检

123个车站，安置了244个安检点，配备了X光机，金属、炸药探测器，防暴毯，防暴筒，此外还有警犬。大件物品必查，小件抽查，增加了3000多名安检员。这项制度到现在一直坚持，也算是奥运会的“遗产”。但从反恐防恐乘车安全的角度说，这项制度还是非常有必要的。尽管要投入大批的资金购置设备，同时也要投入人力来负责这项工作，现在所有新开的地铁新线，也统一实行安检。

奥运支线与10号线交接的北土城站，是当时北京最大的地铁车站，面积2.7万平方米，3层车站。

北京地铁客运公司奥运支线党支部书记孟繁裕对笔者介绍，奥运会期间，上上下下都是人。当时奥运会开闭幕式的主会场的安检大棚也设在了地铁站，共有4个大棚，48道安全门，6000多平方米，坐地铁10号线的观众，直接进安检大棚，经地面安检进入8号奥运支线站台，两个站台，安检过的叫“干净区”，没安检过的叫“非干净区”。为了保证安全，所有地铁车辆都被警犬嗅过。奥运支线每天有6只警犬在闻。此外，地铁还向社会招聘了3100多人的义务安检员，配合安检。

老孟对笔者说，安全上出事，没有改正的机会，所以我们想尽一切办法，要做到万无一失。

奥运期间，公共交通保障的安全可靠，北京也经受住了考验。在奥运期间，没有发生重大运营事故和恐怖袭击事件，公交、地铁运行平稳，没有发生影响运营的事故和故障，地铁安检系统发挥了重要作用。7月20日至9月20日共安检物品7780万件，查获可疑物2.54万件，有效地防范了恐怖袭击事件的发生。

保证老百姓的正常出行

任何一个奥运会的举办城市，都会遇到奥运交通保证与城市交通正常运行的矛盾。北京奥运会向国际奥委会承诺，所有比赛场馆到驻地不超过30分钟，并设有专用道，高峰时保证时速在60公里。要达到这个要求，肯定会对社会车辆采取限行措施，可是我们又不能因为开奥运会，影响老

百姓的正常出行。在奥运会之前，我们已经考虑到在举办期间采取机动车“单双号”限行，但私人轿车占机动车的32%，“单双号”限行，会使16%的有车人不能开车了，他们怎么出行？大部分人只能靠公交。

李建国对笔者说，在奥运会期间，实行了3个月的单双号限行措施，为了不影响北京市民的正常生活，北京市政府采取了一系列的措施，如错时上下班，减免养路费（当时开机动车还收养路费）。同时，北京市政府发表了致北京市民的一封信，希望市民对奥运期间采取的一些交通管制措施给予理解。

李建国说，为了保证城市交通的正常运行，当时出台了许多配套措施，在货运上，实行货运公共服务，组织成立了一个4300多辆车的车队，公布了电话，保证城市的生产和生活必需品的运输，开辟了绿色通道，保证蔬菜的运输。

此外，对公交线路作了一些临时性的调整，赛事期间，开通了34条公交专线，为赛场观众的集散服务。根据赛程的安排，有10条专线连续运行，有的是在比赛前一个半小时，赛后3个小时开通，没有比赛不开通。赛事期间，公交的运行安排，每天都在主要媒体公布，为市民出行提供参考。

由于各方面的协调和努力，北京奥运期间，在公共交通方面没有发生乘客滞留现象。

在奥运期间北京公交、地铁准备的运力充足，运行平稳。奥运会期间地面公交，日均发车17.2万车次，客运量达1313.93万人次（不含免费乘车奥运注册人员及观众等），均比先前有所增长。地铁日均运行4312列次，客运量达392.53万人次，其中客运量比机动车限行前增长1.2倍。

特别是奥运会、残奥会开闭幕式，公交、地铁承担了大部分观众的集散运输任务，观众散场仅用了70～75分钟，远低于当时北京奥运申办承诺的120分钟。

奥运期间，北京的交通也没有发生重大服务纠纷和投诉，特别是残奥会期间，为残障乘客提供特殊服务17.33万人次，其中轮椅乘客1.85万人次。

奥运会用车之多前所未有

像奥运会开闭幕式这种国际性的大型活动，交通用车的组织是非常复杂的。

首汽集团副总梁海晨对笔者介绍，根据国际奥委会的要求和惯例，奥运交通服务分为T1、T2、T3、T4、T5这5个档次。T1大体上包括国际奥委会主席、执委委员、各国奥委会主席、秘书长、国际奥委会委员、

以及顶级赞助商全球总裁和CEO。T2，大致是国际奥委会下设的部门，代表团小于50人的国家奥委会主席、秘书长。T3，国际奥委会的工作人员，以及国际奥委会高官的配偶。北京奥运会，T1、T2、T3加起来约5000人。此外还有注册的媒体记者1万多人，运动员和裁判员、技术官员2万多人，这些人都是T4，主要坐大客车。T5主要是奥运会的观众，根据历届奥运会的惯例，以乘坐公交车和地铁为主。其中T1和T3有1400人。T1是专车专人。T2是两人合乘一辆车，但有专门的司机。T3是电话预约，去哪儿，有车接送，但车不等人。T4是大客车专线，一共170多条专线，定时，定路线，有班车。T5所有的公交车、地铁线，拿门票和工作证可以免费自由乘坐。

梁海晨说，除了上面说的这些人以外，还有赞助商，比如“可口可乐”、“联想”等。他们把大把的钱赞助给奥运会，当然要从奥委会得到一定的权益，利用奥运会招待全球的客户，有的几千人，有的上万人，虽然这是单独收费的，但毕竟也得保证他们用车用人，赞助商在奥运会开幕前一年要拿出用车计划，然后再跟举办方磨合协商。从1980年洛杉矶奥运会开始，往后的历届奥运会都是这么搞的。

梁海晨说，“首汽”长期为中央和国家的大型会议服务，整个集团有1万多辆车，其中出租车7000多辆，9000多名司机，有1700多名司机和1000多部车直接为奥运会服务。

八千司机齐上阵

于国成对笔者介绍，2008年北京奥运会的车辆和司机需求量是历史上所没有的，我们动员了1万多司机，经过单位推荐，组织部门政审，以及技能和语言两道关的考核，最后定了8000多人。此外，我们还安排了4000辆出租车保证奥运会的服务，因为技术官员和媒体的新闻记者的时间是有弹性

■ 出色圆满完成奥运接待任务，受到表彰的“首汽”司机

的，随意性很强，大客车要保证24小时服务，按1比2.5的比例配备司机。

于国成说，国际奥委会的有些规定，我们也作了适当的调整，比如按历届奥运会的惯例，各国的政要包括国家元首、王室成员和举办国特邀客人，都是T3。雅典奥运会的时候，当时的北京奥组委主席刘淇这一级别的领导和其他各国的政要，包括美国前总统克林顿，都归到了T3。根据中国礼仪之邦，热情好客的国情和中国的文化传统和性格，我们把各国政要和特殊客人，从T3升到了T1，这部分人有100多人。当然，也就要有100多部轿车和司机为他们服务。毫无疑问，增加一部车，就是增加交通上的一点压力。但“有朋自远方来，不亦乐乎”。我们必须要给国家元首和政要更高的礼遇。不过，这又涉及国际奥委会的惯例。最后经过与奥委会官员的协商，我们按外交礼遇与他们的标准相结合，达成了一致。

运筹帷幄，组织“两年新”大巴

刘小明对笔者说，北京奥运会的用车与用人，是对北京交通的一次挑战，也是一次检验。尽管我们设计了许多运营方案，考虑得已经很周密了，但还是有许多意想不到的事，需要我们进行协调和磨合。直接为奥运服务的大巴车有1200多辆，给赞助商的车1000多辆。赞助商要利用奥运会搞公关，所以要求用好车，他们提出的标准很高，2006年买的都不能用，要求得用不到两年的新车，开了8万公里以下的符合尾气排放标准的环保车。当时北京市的旅游大巴车只有4000辆，我们按他们的标准理了一下，够上这个标准的，只有1000多辆。但奥运会期间正是旅游旺季，

不能把全部车都拿出来。如何组织这1000辆车就是问题。最后，我们只好从公交拿出一部分车，解决了问题。

刘小明说，奥运会开幕式外国国家元首和王室成员按T3标准用车。之前，与奥运会赞助商德国大众汽车公司签有协议，9米以下的车都由他们提供赞助。但大众没有那么多豪华轿车，提供的是“伊斯坦纳”，这是按T3标准提供的，一辆车售价十几万元。到了2008年7月，外交部提出这种车拉外国元首和王室成员标准太低，要求我们想办法重新换车，起码是“奔驰”。这部分人有100多，专人专车，换车得100多辆。如果用“奔驰”，我们梳理了一下，全北京才几十辆（不包括私人轿车），与公安交管部门协商，统计出整个华北地区才130辆。经过我们协调，把车凑齐。车的颜色又不理想，又经过调换，才把100辆“奔驰”的问题解决。

但新的问题又出来了，增加100多辆小车，停车又是问题。都停在“鸟巢”下面，没有那么大的地方。因为按国际奥委会的惯例，这部分人是应该坐大巴车的，之所以让他们坐大巴车，就是因为都坐小车停车问题解决不了，所以小轿车是严格控制的。但是现在这100多人提升到T1了，T1的标准是可以直接停在“鸟巢”下面。怎么办？我们只好又与公安交管部门协商，把原来底下的车调到地面上，使问题得到解决。

残奥会北京地铁的“点对点”服务

残奥会的用车也是问题。我们国家到举办残奥会之前，还没有残疾人用车的标准。残奥会的一类车是新型的公交车，但残疾人坐，设几个座位，座位怎么摆放，用什么方法固定，残疾人上车是用升降平台，还是用什么方法，我们都没有经验。一开始是用简单的方式，残疾人的轮椅直接上车，这种方法正常行驶没问题，但是赶上急刹车，就会产生倾覆，磕着碰着都是个事儿。怎么办？采取什么招儿保证残疾人的乘车安全？

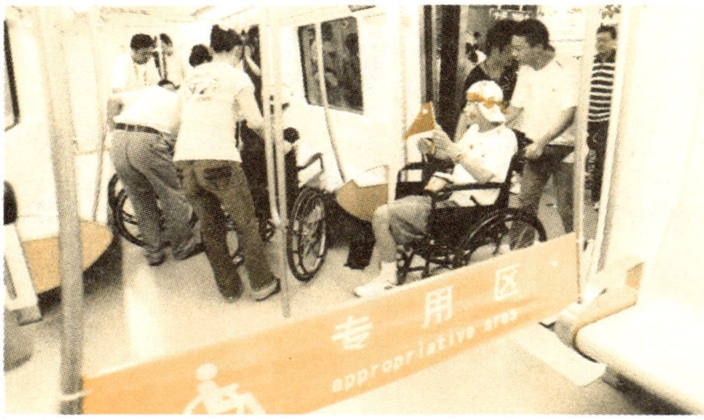

刘小明说，我们确实想了不少办法，为了防止轮椅在车上动，最后用的是物理的方法，把轮椅固定在车上，使用航空用的安全带，又方便，还让残疾人坐着舒服。残奥会的用车如何更人性化，我们从大巴车到地铁、公交车都采取了一些措施。

残疾人上下车都是点对点的接力式服务，也就是一个残疾人，从地铁站进口到上车，再到下车，出口，都有专人负责，残疾人上地铁有固定轮椅的安全带。10号线、8号奥运支线都有。老的线路如1号线、2号线没有这种设施，就派专人陪着，有时一辆轮椅派三四个人跟着，每个地铁站至少有一个轮椅升降平台，此外还配有爬楼车。同时，我们还公布了预约电话，告诉地铁人员，在哪儿上车、换车，地铁工作人员在第一时间在车站等候。

■ 地铁的工作人员创造出世界一流的服务水平，这是她们的服务标准站姿

自然这给地铁增加了劳动强度，但北京地铁员工的服务是到位的。他们宁愿自己多付出，也要让残疾人满意。地铁奥运支线在残奥会期间，一天就接待了1000多坐轮椅的乘客。残奥会的官员对北京地铁的这种热诚服务非常感动，称他们是世界上服务最好的地铁。

千名调度员为奥运交通解忧

由于奥运会用车量大，而且一部车要配备两到三个司机，所以需要大

批专业司机为奥运会服务。仅大巴车的司机就用了6000多名。同时也需要车辆调度人员。每个场馆和饭店包括开闭幕式的演员排练场地，都要配备调度，加在一起需要1200位车辆调度员。

您别以为调度这话儿简单，实际上他的专业性极强。没干过这差事的人，您高薪聘请，也玩不转。因为他不但要对车熟人熟，还要对路熟。同时还要使自己调度的车与其他线路调度的车衔接配合，头绪相当复杂。

刘小明对笔者说，能胜任这项工作的只有公交的调度。他们对北京路况和交通网路最熟悉，但整个公交集团的专业调度只有4000多人。奥运会期间，公交的运量将增加200多万人次，城市公交的运营本身就很紧张，调度又是一个萝卜一个坑，没人代替。

调度们在废寝忘食地工作

怎么办？只能从内部挖潜了。公交集团从大局着想，为了保证奥运会的成功举办，他们抽出1000名专业调度，为奥运服务。与此同时，为保证城市公交的正常运行，车辆调度由留下来的3000名调度，通过加班加点和内部人员调剂来解决。

刘小明说，公交集团抽出1000名调度已经尽了最大努力，还缺200多名调度怎么办？他们又把近两年退休的老调度请了回来，这样才圆满完成了整个奥运会期间的车辆调度任务。

养兵千日，用兵一时。奥运会充分体现北京公交是一支“特别能战斗”的队伍。他们为北京奥运交通作出了非常大的贡献。

招募志愿者司机

北京奥运会借鉴了历届奥运会的经验，为了体现“人人参与奥运”的精神，向社会招募了几万人的志愿者队伍。这些志愿者除了在赛场服务以外，主要任务之一是为奥运交通服务。由于奥运会交通用车的司机供不应求，向社会招募了6000多志愿者司机。

刘小明对笔者介绍，对志愿者司机，我们采取的是社会招募，政府组织，奥组委集中培训。北京的老百姓对奥运的热情很高，报名当奥运志愿者司机的人非常踊跃。严格挑选出来的这些人大多来自大专院校、国家机关、外企公司，还有企业职工等。他们积极性很高，但从专业司机的角度看，有些人的驾驶技术还不过硬，而且最大的问题是

■ 志愿者为北京奥运立下了汗马功劳

不熟悉路况，住的地方分散，时间上没保证。为此，我们专门对他们进行了培训，由专业司机带他们认路，并按部队建制，分为总队、大队、小队、小组4级进行管理。志愿者司机一律不给任何报酬，但有些在职人员，我们又不能因为他当了志愿者，而让他丢了自己的饭碗，所以还要跟他所在单位协调。

刘小明说，这批志愿者司机有6000人左右，主要是开小轿车。因为T1是专车，驾驶标准要求高，主要让他们负责T3团队，即两人合坐的轿车。志愿服务从7月20日到9月20日两个月时间。这支志愿者队伍，素质还是比较高的，在奥运期间工作任劳任怨、吃苦耐劳，不计较个人得失，没有出现任何过失，圆满地完成了任务，为北京奥运会作出了很大贡献。志愿者队伍的参与，为城市交通的组织和管理今后大型活动，探索出一条路子来，同时也积累了成功的经验。

司机统一留“毛儿寸”

奥运会的交通组织管理固然重要，同样交通服务也是展示中华传统文明礼仪和首都形象的重要内容。开闭幕式及赛事期间，用车量大，司机众多，服务对象又非常复杂，如何做到让乘客满意，也是对北京交通的一次考验。

北京公交集团、八方达公司的优秀司机蒋英明对笔者说，北京奥运会八方达公司一共出动了105部大客车，司机配备要求驾龄在4年以上，3年之内没事故，2年之内没违章，1年之内没投诉。经过严格选拔，挑中了279名司机，组建了奥运车队，主要是为T3媒体记者服务。为了在奥运会期间，展示北京公交员工的风采，在上岗之前，进行了封闭式的军事化培训。由

武警当教官，走路两人成行，三人成列，不但服装统一，而且连发型也统一，一律留毛儿寸（寸头），打定发型“摩丝”。此外还进行文明礼仪和外语学习。

蒋英明非常朴实、憨厚。他对笔者说，开了十几年公交车，赶上在北京举办奥运会不容易，为奥运会开车是非常光荣的事。我家住在怀柔县城，我穿着奥运会标志的工作服回家，周围的人都用羡慕的目光看着我。我母亲半身不遂，我们哥儿四个得轮流照顾她，她知道我为奥运会开车，她非常激动地对我说，你去忙吧，你给奥运会开车比在我身边照顾我，还让我高兴。

热诚感动外国记者

八方达奥运车队是一支团队精神极强的车队，在奥运会期间，他们主要负责T3注册媒体记者的运送。往返于机场，18个饭店，31个北京地区的赛场和天津、秦皇岛赛区，有42条线路。为了保证媒体记者的安全、及时、方便地运送，在奥运会之前，他们根据分工，开车往返4次认线。

蒋英明对笔者说，我是一个车队的队长，为了保证不走错路，我按照领导的要求，把线路画成图，沿线有

■ 外国记者高度赞扬了奥运车队的团队精神并与司机合影留念

什么主要标志性建筑，桥的高度，南北两个方向，如何绕行，怎么走最节省时间，都在图上标出来，复印了300多份，发给每个人。八方达的领导考虑问题非常细心，一部车安排两名司机，一名带队领导，一名安全员，共4个人，确保行驶安全。

这支团队，在整个奥运期间，不但没出任何差错，出色地完成了任务，而且他们热情、细心、周到的服务受到了外国媒体记者的赞扬。一次车队出车，拉韩国、意大利的记者去秦皇岛赛区采访。比赛结束，记者发完稿已经夜里12点多了，天下大雨，韩国记者说实在不行就住在秦皇岛吧。司机师傅说再晚也要平安地把你们拉回北京驻地。回来的路上，大雨倾盆，为了保证安全，车速控制在每小时60公里，凌晨6点半才到宾馆。一路上，司机连眼都不敢眨，韩国、意大利记者在车上睡了一道，睁开眼已到了驻地，他们对北京的大客车司机跷起了大拇指。奥运会结束，他们特地给公司写了感谢信，这样的事在八方达奥运车队很多。八方达的司机们就是这样用自己的满腔热诚和敬业精神，为北京人赢得了荣誉。

“首汽”的“一杯水”功夫

“首汽”为奥运会服务一共出了1000多部车，1700多名司机。

梁海晨对笔者介绍，“首汽”的司机主要是为T1和T3团队服务，司机的职业素养比较高，车技更称得上是一流。在“首汽”流传着一杯水的故事。

当年，“首汽”的司机主要为中央首长服务。有一次，周恩来总

理去机场迎接外国元首，他的专车司机临时有别的任务，国务院办公厅让“首汽”派人派车送周总理去机场。周总理把一杯水放在后座上，坐在车上闭目养神，车开到机场，这杯水一点儿没洒。由此可知司机开车有多稳。周总理对“首汽”司机的车技非常满意。从此“一杯水”成了“首汽”驾驶技术的标准。

梁海晨说，现在“首汽”考核司机也是用一杯水来衡量，把一杯水放在车的机器盖上，让司机开车钻桩，走圈儿，开回来后，看这杯水能洒多少。

车技高，加上服务热情周到，“首汽”的1700多名司机在北京奥运会的前后49天里，调度20多万车次，行驶超过百万公里，没有出现任何事故和差错，达到了零投诉，受到各方面人士的好评。

萨马兰奇为“首汽”司机竖起大拇指

“首汽”的老司机何士华是萨马兰奇的专车司机。1990年北京亚运会时，他就为萨翁开车。开车的“一杯水”功夫给萨翁留下深刻印象。2008年北京奥运会，萨翁来到北京又想起了何士华，对工作人员说，我还要用何士华。

何士华的心非常细，看到萨翁已经88岁高龄，不但上下车搀扶照顾他细心周到，而且驾车比过去更稳了，平时车速掌握在1小时50公里，有时萨翁在车上闭目养神，他就开40迈车。萨翁说，坐何师傅的车，感觉不是在车上，像是在家里的沙发上一样舒服。奥运会闭幕后，萨翁回国前，依然对何士华师傅依依不舍。

“首汽”司机王大海，是国际奥委会主席罗格的专车司机。罗格常在车上办公。他的车，也被大伙儿称为“罗

办”。王大海的车技在“首汽”是一流的。他的服务注重细节，罗格办公时，他开车就稍慢一些，让罗格感觉就像在办公室里工作一样，罗格要是上车养神打瞌睡，他就匀速驾驶，而且他很少踩刹车，汽车起步停车让罗格毫无感觉。

罗格作为奥委会主席，奥运会期间非常繁忙，时间异常珍贵。王师傅卡时间非常准，离罗格上车前30秒开车门，因为开门早了，车上的空调不凉，开门晚了让人等，他开车就细到这份儿上。奥运会结束后，罗格对王师傅的服务和车技给予了高度评价。

■ 前国际奥委会主席萨马兰奇在北京奥运会上

“首汽”的司机在奥运会期间，再一次显示了“一杯水”的功夫和他们细心周到的敬业精神。

克雷文给“北汽”司机授勋

北京公交集团“北汽”公司的司机张金龙，在1200多名“北汽”的司机中，不但驾驶技术超群，而且勤奋好学，会说一口流利的英语。北京残奥会期间，选拔他为残奥会主席菲利普·克雷文及夫人的专车开车，在跟克雷文夫妇接触的57天里，他用热诚、殷勤、周到的服务，不但得到了他们的称赞，而且还和他们结下了深厚的友谊。

赛事期间，作为残奥会主席的克雷文频繁出席各种活动，每天都工作到凌晨一两点钟。张金龙不但给他开车，而且还尽心尽力地充当了办事

■ “北汽”公司派出了最强阵容的司机和车辆

员、协调员、导游、导购和贴身服务生等角色。这些跑腿的差事，按说不是司机分内的事，但张金龙看到克雷文夫妇上了年纪，行动不便，主动承担下来，并乐此不疲。

克雷文夫妇虽然来过中国，但对北京的历史文化并不了解。在残奥会期间的空闲，张金龙陪着克雷文夫妇参观长城、颐和园、天坛，逛秀水街购物，并且以他多年积累下来的北京历史人文地理知识，用英语一一给他们介绍，而且还教他们学中文，使他成为克雷文夫妇在北京工作生活离不开的人了。

由于经常凌晨四五点钟出车，夜里两三点才能收车，加上每天精神高度紧张，经常顾不上吃顾不上喝，连睡觉的时间也没有，张师傅身体严重透支。奥运会开幕式那天，他因劳累过度昏了过去，被送到医院抢救。他醒过来后，首先想到的是克雷文夫妇。他对医生说，我不能在床上躺着，还要为克雷文夫妇服务呢。因为我不是代表个人，而是代表中国，代表北京人在为他们服务。他们在北京待的时间短，我要尽我所能，让他们更多地认识北京，认识北京人。这番话让在场的医生感动不已，他在医院住了两天，又很快地回到克雷文的身边。

张金龙说：在残奥会闭幕式上，当克雷文用中文深情地说：谢谢香港、谢谢青岛、谢谢北京、谢谢中国时，全场爆发出雷鸣般的掌声，我的眼泪禁不住夺眶而出。因为克雷文夫妇说的中文是我教的。

2008年9月18日，国际残奥委向北京残奥会作出突出贡献的人士颁发最高荣誉的残奥会勋章，克雷文亲手把一枚勋章颁发给张金龙。

在残奥会结束后，克雷文亲笔来信表扬张金龙说：“张先生是一位出色的司机，不仅如此，在奥运会和残奥会的后勤团队中，他也是很重要的

■ 辛勤努力换来荣誉，手里拿着奖章显得沉甸甸的

一分子，对于我来说，他是这个团队中我认识的最好的朋友。”

克雷文的这番话，实际上是对北京交通人为奥运会和残奥会所作出贡献的最好评价。

关键时刻UPS物流公司掉了链子

北京奥运会和残奥会的开闭幕式的精彩表演，不但让中国人叫好儿，也让世界各国的观众拍了巴掌。跟前几届奥运会的开闭幕式相比，咱不是老王卖瓜，自卖自夸，的确有咱中国自己的特色，那气势恢弘的场面，令人震撼。也许当时您光看到开闭幕式电视直播的精彩表演了，没顾上想那么大的舞台和背景是怎么搭起来的，也想不到这些大家伙是怎么转场运送的。

搭建开闭幕式表演的舞台和背景大部分是钢架结构。您也许有所不知，这些搭建舞台和背景的大小构件全算上总重量达到了2万多吨，最大的舞台钢架结构达到了24米长，扇子面的五洲乐台最宽的直径达到了6.7米。由于场地的原因和时间的限制，这些钢架结构不可能在现场焊接，只能提前做好之后，转场运到“鸟巢”。毫无疑问，这也是奥运交通的一项重要内容。

■ 奥运会开闭幕式舞台的钢架结构

早在开闭幕式的总导演张艺谋他们研究表演方案的时候，有关舞台的设计就同步开始了。在“鸟巢”搭建的露天舞台，肯定是一个字：大。到表演方案开始实施，并调集各路人马排练时，设计完成的舞台和背景材料，总重量达到了2万多吨。而且都是大件结构，如何把这些大件钢结构转场运送到“鸟巢”，以及演出前后的转场运输，便成了挠头的事儿。

奥组委指定的物流运输商是美国的UPS物流公司，这是一家全球最大的物流跨国集团。在奥组委研究奥运会和残奥会开闭幕式的转场运输的第一次协调会上，北京市副市长刘敬民提出北京有大件运输公司，这项任务北京可以承担。刘敬民是北京奥组委执行副主席，运行指挥部运行副指挥长，但国际奥委会的官员不放心，坚持要用UPS公司来做。可是到了开幕式预演转场运输时，UPS却玩不转，耷拉肩膀了。因为他们琢磨来琢磨去，实在承担不了这活儿。

为什么UPS这样全球有名的物流运输公司在关键时刻掉了链子呢？因为转场运送这些大物件，实在风险太大。首先情况不可知，到底运送什么，没有清单。因为搭建的舞台不是一件两件，而是数千件的物件。其次，结果不可逆转，一旦在路上发生事故，没有修复的可能性，设备都是安装好的，磕了碰了损坏了，不可能现做一个，而且转场不可预演，没有演练的时间和机会，因为演员排练时间排得满满的。此外，转场的时间卡得非常紧凑，以往历届奥运会的转场都在七八十个小时，北京奥组委要求58小时，后来又压到54小时。因为与历届奥运会开闭幕式相比，北京奥运会开闭幕式的演出阵容是空前的，舞台的搭建非常复杂。

■ 2009.9.12国庆联欢会演练交通保障及货运保障

很多专家认为这么复杂的结构，转场用50多个小时完成不可能。当时UPS公司也觉得承担不了，砸自己的牌子，所以临阵退出了。

北京交通的“王牌军”应急受命

UPS公司的临场退出，让奥运会运行指挥部的官员一时犯了难。当时已是7月初，离奥运会开幕只有一个多月的时间了。情急之中，奥运会运行指挥部副指挥长刘敬民想到北京的大件运输公司。他紧急升帐议事。交通运行中心主任刘小明也想到了大件运输公司，俩人真是不谋而合。一纸军令状下达到大件运输公司，“军令”如山倒，在这裆节儿上，大件运输公司的领导一点儿没含糊，把这项“光荣而艰巨”的任务承担下来。

说到这儿，笔者得跟您交代几笔，介绍一下北京的大件运输公司。

现如今，许多老话都变了新词儿，比如货运，现在不叫货运，改叫物流了。北京的大件运输公司，实际上叫北京祥龙物流公司，它的上级单位是北京祥龙资产经营公司。除了物流公司以外，“祥龙”还有一个汽修公司，一个公交公司，即“运通”，有2000多辆公交车，10条线路，还有一个物业公司。

老北京的货运，没有汽车，只有马车。那会儿老百姓搬家，也是用马车拉，或者用平板三轮车。由于搬运也没吊车之类的机械，全靠人背肩扛，所以形成了老北京特有的一个职业“窝脖儿”。老北京的货运业大都是民营的。北京解放以后，货运业实行公私合营，组建了运输公司，运输公司主要承担北京的货运。1958年北京的“十大建筑”用的建筑材料就是他们的车运的。

北京的运输公司后来发展到16家，规模很大，有1万多人。改革开放以后，京城的运输业开始市场化。在市场竞争中，民营运输公司以灵活多变和资金优势，拔得头筹。国有的16家运输公司最后几乎全军覆灭，只剩

2009.5.10京津塘高速大修

下祥龙一家。而“祥龙”真正搞货运的也只有400多人，两个运输场。祥龙大件运输公司是1997年从运输公司分出来的，与运输公司平级。后来国有运输公司改制时，其他运输公司已经没有车了，因此以大件运输公司的200多辆车做“壳”，组建了祥龙物流公司。物流公司主要是搞货运、仓储、大件运输。

为什么当初刘敬民副市长会想到了祥龙公司呢？因为大件运输公司在京城乃至全国都赫赫有名。大件运输公司从1972年开始运大件，行迹至半个中国，是京城交通行业的一支“王牌军”。近30年来，京城的大件货物，几乎都是他们运的，可谓战功显赫。

1972年，燕山石化年产20吨乙烯设备，从国外进口，300吨化工反应大罐，在天津港上岸，要运到燕山石化。当时的北京市交通组织大会战，由大件运输公司自己土造了一辆大型300吨运输平板车，花了十多天的时间，将其货物从天津大港码头运到北京。

1984年，首钢引进比利时的重160吨、宽11米的大转炉，也是大件运

输公司自制的大板车运送的。

1994年，大件运输公司从国外进口了两辆大型平板车。牵引车是德国产的，8米长，加牵引杆，总长50多米。平板车是法国“尼古拉”牌的，全组装起来有40米，可载重7500吨，其实力大增。

1995年完成了浙江台州电厂30万千瓦锅炉设备的运送，设备重214吨，共两件，从哈尔滨运到浙江。

1996年，完成了燕山石化加氢反应罐的运送，设备重300吨，两件，从齐齐哈尔第一重型机械公司运到“燕化”。同年，还完成了吉化集团加氢反应罐的转运，360吨，两件，从大连运到吉林，再到工地。

1997年，完成了温州电厂6台大型变压器的运送，单件重150吨，从保定变压器厂运到温州。同样，为秦岭隧道工程运送掘进机两套，单件重70～80吨，从连云港运到秦岭，要走山路，奇险无比，他们愣是出色完成了任务。

1999年，为秦沈客运专线运送箱式桥梁结构，每件重400吨。

北京这些年凡是长40米以上、重80吨以上的大跨度桥梁结构，都是由大件运输公司运送的。大件运输公司的司机和装卸指挥员都是经过多年实战磨炼出来的高手。您想那几十米的大板车，没两下子，谁玩得转呀？这些司机不但驾驶技术高超，而且胆大心细。您想心要是不细，稍微有点闪失，他们运送的大件差不多都是价值上千万，有的是上亿元的，给人家碰了，把公司卖了都赔不起人家。

六次“转场”惊心动魄

话说祥龙“物流”公司临“难”受命后，便立即调集人马，开始研究运输方案。因为临近奥运会开幕式只有一个多月了，时间不等人。

祥龙“物流”公司总工程师魏振民对笔者介绍：接到这个任务后，我们深感责任重大。因为我们是国企，干砸了，不单是企业完了，而且影响的是国家的形象，所以心理上的压力很大。

咱们说了半天奥运会和残奥会的转场运输，到底有哪些转场运输呢？

魏振民对笔者说，主要是开闭幕式的转场运输，一共有6次。第一次是奥运会开幕式的舞台，转到田径赛场；第二次是奥运会田径赛场，转

为闭幕式的舞台；第三次是从奥运会闭幕式的舞台，转到残奥会的开幕式舞台；第四次是把残奥会的开幕式舞台，转到残奥会的田径赛场；第五次是把残奥会的田径赛场，转到残奥会的闭幕式舞台；第六次是把残奥会的闭幕式的舞台，恢复到原来奥运会开幕式以前的状态，供以后游人参观。

当然这还包括把奥运会开幕式前，那些搭设舞台的大件从制作场地运到“鸟巢”。

转场运输方案改了20稿

魏振民说，这6次大的转场运输要求的时间非常紧凑，限时54小时完成，而且我们刚接手时，奥组委开闭幕式运营中心又拿不出清单。为什么拿不出来呢？因为奥运会和残奥会开闭幕式的舞台搭建是几个单位，不是一家。奥运会开幕式舞台的钢结构是首钢制作安装。小架子和面板是住总集团制作安装。舞台是升降的，由太原重型集团制作安装。升降舞台中间的核心演出设备，即开幕式的大圆球，闭幕式的升降塔，残奥会开幕式的白玉盘是武昌船舶公司制作安装。整个设计和衔接由解放军总装备部设计院负责。这些制作安装单位当时只埋头搭建这个舞台，但拆下来有多少主件和辅件说不清楚。

魏振民说，这些构件奇形怪状，而且体积比较大，奥组委对运输转场要求非常高，不能有任何闪失，还没用的，不能有一点磕碰，用过的设备有保存价值的也不能有丝毫的损坏。为了保证运输过程的万无一失，我们到武昌船舶公司和太原重型集团等制

2009.3.30长安街大修

作单位了解情况，制订转场运输方案。由于运输的构件复杂和场地时间的不断调整，从7月2日到8月8日奥运会开幕，一个多月内改了20稿，平均两天修改一次，最终获得了通过。

为什么转场方案要这么细呢？除了要保证路上的安全以外，还要考虑到转场时“鸟巢”的现场，做到井井有条。因为“鸟巢”的现场，除了大件运输的160辆车以外，还有运送草坪的60多辆车，加上汽车吊机、叉车，在“鸟巢”有200多辆车。如果协调不好，岂不乱成一锅粥？

所以他们的运输方案，把这些车的流向，从哪儿进，由哪儿出，大车进入“鸟巢”为保护草坪和跑道，要铺木板，这些木板又不能影响其他车辆的行驶，具体如何摆放，大车怎么拐弯，拐弯有多大角度，如何交叉作业，提高效率，都要事先设计好，组织好。因为时间非常紧凑，严丝合缝就几十个小时，临场出现差错，连改正的机会都没有。

120部车转运开幕式的舞台

“祥龙”为完成奥运会、残奥会开闭幕式的转场运输，共出动了400多人，138部运输车。这些车全部达到了国3的环保标准。由于公司原有车辆不够，他们又新购了70部新车。转场最重要的是抢时间，而之前，他们又不能进入现场。为保证临场的有序作业，他们把马驹桥的一个仓库，假设为“鸟巢”，进行了几次模拟演练。

按照计划，一般设备转场后，运到距“鸟巢”25公里多的顺义物流中心的仓库，大件结构运到大兴武警部队的训练基地，那里距“鸟巢”80多公里，小件设备更分散，放哪儿的都有。

魏振民说，这两个场地都是奥组委指定的，不能变，但这两个场地离“鸟巢”很远，要在50多个小时内，把这些设备都转出去，根本不可能完成。所以我们又选了两个备用场地。一个是祥龙公司下属的汽车修理一厂，地方在八达岭高速路的双泉堡，距“鸟巢”3公里。另一个是物流公司的一个停车场，在东五环五方桥，距“鸟巢”20公里。我们先把设备转到这两个地方，“鸟巢”的转场完成后，再从这两个地方转运到指定场地。因为时间太紧，后来东五环的那个中转场地没用，都放在了双泉堡。

魏振民说，到残奥会开闭幕式时，转场要求才十几个小时，时间更加紧了，我们的车都是大型板车，车长20米，宽2.5米，在奥组委交通运行中心的协调下，这些车都停在了林翠路下的公交停车场。开闭幕式一结束，马上集结，所有人员车辆都要争分夺秒。

为了让指挥中心了解车辆的运行情况，每辆车都安装了GPS系统。奥运会开幕式的“五洲乐台”，是6.7米宽，24米直径的钢架结构，残奥会开幕式的CK舞台，是直径70米的大圆盘，叫“白玉盘”，它由120块磨块组成，每块长5米，宽4.5米，最后拼接。

太原重型机械厂在通州台湖镇找了一个场地，进行组装、调试、排演，成功之后，又要拆成120块，所以我们要用120辆车运送。“白玉盘”看上去就是一个铁架子，里面有液压的设施。由于结构太软，太原重型机械厂在调试时都谨慎小心。在转运过程中，这些构件更不敢磕碰，运输的风险很大。为此，又设计了几个方案，做了一个铁架子，托着那些怕碰怕磕的模块，保证运输过程中，它们不至于变形。

制作爬梯巧运缶

精彩的击缶表演，在奥运会的开幕式上给人们留下了深刻印象。人们在现场和电视直播里，看到演员击缶的动作透着那么从容自如，以为这缶挺轻巧。其实，一个缶有1米5见方，几百公斤重，由于形状特殊，4个小伙子抬着都费劲。

开幕式上表演用的是2008个缶，但不能可丁可卯儿，还有一些备份儿，一共有2300个缶需要装运。

魏振民对笔者说，运这些缶，让我们费了脑子。一个缶，4个人抬着都费劲，2300个缶，要往车上装，那得费多大劲呢？愣抬肯定不行，为此，我们研制出了两个专门运缶的爬梯，8米多长，高度跟板车一样，为了防

滑，还在车上铺了皮子。通过这两个爬梯往上推，这就省劲多了，也缩短了装车的时间。

魏振民说，演员的服装道具的运输装车也颇费脑筋。您也许想象不到，演员的服装不能叠也不能压，都要挂在龙门架上。这种龙门架，跟我们在商场里看到的挂衣服的架子大同小异，有两米高，两米多长，上边挂满了各式服装，一共有600多个。

这些两米多的衣架，下边有4个活动小轮，能来回推着走，可是在地上推着走方便，往车上装就费劲了。衣服不能动，连架子带衣服一块装车，车开起来带小轮的架子就会动。如何在很短的时间内把600多个衣服架子装上车，他们又想出不少点子。

连续60多个小时司机没下车

转场运输最重要的是抢时间。开闭幕式的现场，指挥人员把主要精力都放在了演出的组织上，所有时间都以演出为主。演员的演出是老大，转场在时间上得服从演出，留给他们的时间是很短的。“鸟巢”的安检由中央警卫局的战士负责，他们的检查极为严格。130辆车，400多人进入“鸟巢”，如果一一安检，光安检就得半个多小时。

魏振民介绍，为了简化安检程序，我们前期对所有参与运输的人员都做了政审，保证人员的可靠。车辆也提前进行了安全检查，又与开闭幕式指挥中心签了安全自保协议，在进入现场之前，车辆和人员进行集中安检，这样赢得了一些时间。在“鸟巢”作业的车如果出来加油，又要进行一系列的安检，时间不允许。为了解决车辆加油问题，我们与交通运行指挥中心协调，特批了一辆壳牌加油车，这种车有地线防火、防静电，很安全。

6次大转场，最辛苦的是十多个指挥调度人员。每次转场，他们都连续工作七八十个小时。在开闭幕式前，就要进入现场，与相关部门进行协调。

50多岁的胡志刚，是经验丰富的老调度。他平时心脏有毛病。奥运会期间，他因为劳累过度，胸闷气短。医生担心他心肌梗死，强制让他休息，但他知道现场调度指挥一个萝卜一个坑，现换人已经来不及，为了

完成转场运输任务，他没有把病情告诉领导和同事，愣是靠吃速效救心丸连续工作了五六十个小时。

担任运输的汽车司机更是辛苦，为了争分夺秒，他们在车上吃车上喝，六七十个小时不离车，正是靠这种玩命精神和丰富的经验，周密的准备，他们出色地完成了奥运会和残奥会开闭幕式的6次大的转场运输任务。转场的2万多吨设备无一磕碰，奥组委的官员赞扬他们说，大件运输公司，不愧是北京交通战线上的一支“王牌军”。

一笔无形的“遗产”

在奥运会、残奥会期间，北京交通安全顺畅，公共交通和城市货运保障有力，赛事交通和社会交通和谐运转，全面兑现了申奥交通承诺。做到了奥运会、残奥会“两个奥运同样精彩”。受到国际社会、各国运动员和广大市民的高度称赞。实现了让国际社会满意、各国运动员满意、人民群众满意的“三个满意”目标。

奥运交通见证了北京交通取得的辉煌成就，印证了北京的交通组织管理能力，树立起新北京的形象。

刘小明对笔者说，2008年北京奥运会，给我们留下了许多“奥运遗产”。这些宝贵的“遗产”，将成为今后城市交通管理的经验。同时，通过北京成功地举办这次奥运会，也使北京的交通上了一个新的台阶，为北京交通事业未来的发展打下了基础。

第九章

谱写新篇：为新中国60周年庆典保障交通

阅兵和群众游行盛况空前

2009年，为庆祝中华人民共和国成立60周年，10月1日，首都各界在北京天安门广场举行了隆重的国庆60周年庆典。庆典除了有盛大的阅兵仪式以外， 10万多名各界群众和60辆彩车组成的36个方阵，进行6节行进式游行表演。在广场上还有8万多青少年用道具组成的巨型图案背景，数千名歌唱家在广场上为游行激情放歌。

人们也许还记得新中国成立50周年大庆时，也举行了盛大的阅兵和群众游行。10年后，中国的国防和军队建设实现了跨越式的发展，据国防大学军事后勤与装备研究所副所长崔向华介绍：2009年的国庆阅兵跟50年大庆的阅兵，除了体现科学训练、以人为本、科学管理、勤俭节约以外，还有4个方面的不同变化。

一是规模结构变化。这次阅兵减少了徒步方队，增加了装备方队；减少了陆军方队，增加了海军、空军、第二炮兵等军兵种方队；减少了参阅兵力总体规模，增加了高技术和特种兵方队。

二是武器装备变化。国庆50周年时，受阅大型装备是42型，90%以上是新型武器装备，其中大部分是我国自行生产研制。这次阅兵将展示的52型主要装备，全部是国产装备，近90%是首次参阅。

三是设计编排变化。这次阅兵，56个方（梯）队，寓意着我国56个民族团结和谐、万众一心，沿着中国特色社会主义道路阔步前进。国旗护卫队队员从人民英雄纪念碑出发，到达国旗杆基座的行进过程中将迈出正步169步，寓意从1840年至2009年这169年的不平凡历程，中华民族不畏艰难，满怀信心，走向未来。与国庆阅兵相呼应，在天安门广场布置非常有中国传统文化元素，象征民族大团结的56根民族团结柱和悬挂60个充气大红宫灯。这些设计编排的创新理念与我军发展同步，与时代发展合拍。

四是空中编队变化。

这次参阅飞机有12种15型，涵盖空军、海军和陆军航空兵现役主战机型。与上次阅兵相比，空中梯队在编队上有着明显的不同。第一是按功能编排，体现攻防兼备的空中作战体系。第二是多种机型混合编队，突出多机种协同配合。第三是编队间隔距离较小，展示高超的技术水平和良好的训练素质。第四是头尾编队拉烟通过，增加喜庆气氛。第五是所有作战飞机都将挂弹受阅，将成为国庆当天北京上空一道亮丽的风景。

60辆彩车走过天安门

在阅兵活动之后，举行了盛大的群众游行，10万各界群众、60辆彩车组成的36个方阵和6节行进式文艺表演，依次通过天安门广场中心区，与广场上8万青少年呈现的背景图案相呼应，在长安街上展现共和国流动的历史进程，在天安门广场形成节日的欢乐海洋，在金水桥畔体现人民与共产党的情感交融，在首都北京抒发海内外中华儿女心系祖国的赤子情怀。

群众游行以回顾中国共产党领导全国各族人民的奋斗史、创业史、改革开放史为主线，以“我与祖国共奋进”为主题，按照高举旗帜、展示成就和面向未来展开设计，分为“思想篇”、“成就篇”、“未来篇”三大篇章和七个部分。

一面国旗600平方米

在群众游行的队列前，1949名男青年高擎着面积近600平方米的五星红旗，健步走过天安门广场。这面国庆游行历史上最大的国旗，由北京市京工红旗厂有限公司制造。使用了高弹的国旗绸材料，同时还在旗子的四周，加上了8厘米宽的特质针织带，这样能方便举旗手抓握国旗，更有利于展示国旗在行进中的飘逸感。

庆典当天，8万多青少年在天安门广场展示41幅、49次变化的文字和图案背景，这是历次国庆庆典中最多的。表演者使用的道具包括：翻花支架、

■ 国庆受阅的导弹部队正准备通过天安门接受检阅

桃花、牡丹花、麦穗、道具包、七色光花环、彩旗、红旗和画布等，其中翻花支架、桃花、道具包、画布等属于首创。

当时，广场现场采用数字提示屏、倒计时读秒屏、信号灯等“两屏一灯”信号系统，进行背景表演的全局指挥，这套指挥系统也是首创，更利于翻花组字整齐划一。

在天安门广场拼出2万平方米的巨幅“国画”

群众游行的背景展示最大亮点是《江山如此多娇》巨幅国画。画布总面积近2万平方米，由2009名武警战士双手托举。用于展示的画布由制作降落伞的特殊材料制成，共有3000多块，总重量达3吨。

这幅巨画取自人民大会堂里的同名国画《江山如此多娇》，这幅画由著名山水画家关山月和傅抱石于1959年创作，由开国领袖毛泽东亲笔题字。画面的近景是江南青山绿水、苍松翠石；远景是白雪皑皑的北国风光；中景是连接南北的原野，而长江和黄河则贯穿整个画面。画中的东侧，一轮红日照耀祖国的锦绣大地，江山壮丽，气势磅礴，表现出伟大祖国的勃勃生机。

以往的国庆阅兵和群众游行只有军乐团演奏，2009年大庆的最大突破是采取了合唱团、联合军乐团、民族打击乐团相结合的形式，这在国庆群众游行中是首次采用。在世界上也是首创。

演唱演奏队伍的整体规模，也是

历次国庆之最，由1500人组成联合军乐团，2100人组成成人合唱团，还有300人的童声合唱团和130人的民族打击乐团。他们在广场站立演唱了3个多小时，童声合唱团年龄最小的仅有8岁。

除阅兵部分仍由军乐团演奏各类军队乐曲外，群众游行部分这支千人合唱团，在天安门广场上演了一场堪称世界最大规模的“广场音乐会”。

交通保障准备了7个月

如此盛大的庆典，刷新了新中国成立后北京举办的大型活动的几项“之最”。

众所周知，举办大型活动的两个至关重要的保障，一是安全，二是交通。当然60年大庆的庆典也是北京市政府2009年的一件大事。

根据中央的指示，2009年的春节刚过，便成立了首都国庆60周年群众游行指挥部，由中共中央政治局委员、北京市委书记刘淇亲自挂帅，指挥部下设的交通运输保障组，由北京市交通委主任刘小明担任组长。这个机构从2009年3月便开始运转。因为阅兵演练和群众游行队伍的演练以及大的彩排，需要在交通方面提供保障，要做到万无一失，必须做周密的安排和各方面的协调。

刘小明介绍：保障60年庆典活动的交通出行，是2008年奥运会后，北京交通的头等大事。从中央到北京市政府对北京的交通都提出了更高的要求。当然，因为有组织奥运会的经验，有这10多年北京交通设施的条件，我们在交通组织和保障方面，可能会考虑得更加周密，实施起来也会得心应手。

但是也面临着许多的新的问题，比如在国庆节正式阅兵和游行之前，要进行3次彩排，彩排当天要进行道路限行管制，如何保证社会车辆正常行驶，不影响货物运输和百姓出行，又要保证参加彩排的人员的及时运送和疏散，这就需要合理的组织。

因为每次彩排的人员都有10多万人，这样的聚集人数，要保证做到一丝不乱，一个人不能丢，没有周密的交通组织是不行的。

车接车送，一个人也没少

显然，这次国庆盛典，对北京交通又是一次大的考验。经过北京交通系统几十万职工的共同努力，他们圆满地完成了60年大庆游行的交通保障任务。

■ 8月28日东长安街停车场

■ 2009.9.6国庆演练交通运输保障

据北京市交通委提供的数据：这次国庆游行交通保障任务，共使用大客车3805辆（含旅游大客车568辆），3条地铁开行列车225列，分公路直达、公铁联运、地铁运输3种方式，运送群众游行方阵、背景组字人员17.5万人。

其中：公交集团出动大客车3237辆、机动车280辆、指挥保障车60辆，行驶总里程达到14.28万公里，运送133682人。

地铁开行集结、疏散列车225列，运送人员13.3万人。21家旅游客运企业出动旅游大客车568辆，运送人员3万人，行驶总里程4.8万公里，出动保障人员810人。

为做好应急的各项准备工作，北京公交集团组成了交通保障团队，组织驾驶员、志愿者安保员、各级指挥人员及保障人员10375人，各类救援保障车辆113部，分为30个组在各停车场对运营车辆进行检查。

上会车辆执行任务途中

2009.6.2京津塘高速大修和养护

北京市地铁运营公司组织站务员、乘务员、检修人员、值守人员、技术支持人员以及各级管理人员共计8101人在车站、列车、设备机房等重点部位值守，确保了游行交通运输保障任务的完成。

60年大庆的晚会规模空前，演出人员的运送任务也很繁重，经过周密安排和组织，北京出动旅游大客车288辆；北京交通运输圆满完成运送联欢晚会中心区演员、光立方演员、工作人员及志愿者共计10333人的任务。

此外，还出动鼓花车2台，使用集装箱车120辆、半挂车3辆、5吨板车1辆、5吨吊车1辆、3吨叉车1辆；9月29日、30日，分两批将4082棵发光树运抵国家博物馆西门、人民大会堂东门，晚会的布景和电光装置等，于10月2日7点撤场运输完毕。

为了保证运输途中的安全，组织道路养护管理单位，对晚会焰火车辆途经的31座桥梁，设置11个观测点，对焰火网幕运输沿途道路进行全程监护。为保障联欢晚会交通运输工作，共出动保障人员600人。

保证受阅军车安全通行

刘小明介绍：为国庆受阅部队装备车辆通行提供全程保障，也是这次国庆交通服务保障组的任务。由于部队装备的特殊性，为了使装备车辆安全运达指定地点，北京交通系统协调北京市首发公司、京通快速路公司安排3个保障小组，在受阅部队通行高速公路的10个收费站点，落实预留通道和交通疏导工作，组织30名保障人员，现场落实部队装备车辆231台、

2009.4.11长安街大修地面第二次荷载试验

■ 长安街大修

6729人快速通行高速路，并在4个履带装备装卸载点，备50吨和80吨吊车各2台，确保了军事交通服务保障工作顺利安全通行。

为受阅部队提供交通安全保障有特殊要求。为了保证军车安全通行，公路保障成员单位按照备勤方案要求，共设置了49处备勤点，1850名有经验的职工参与备勤。出动备勤车辆411辆，各种物资256吨。因为有些军事装备要用火车运送，交通委还组织了轨道设施保障组，设立了29个备勤点。1000多备勤人员轮流值守，并配备了应急抢险的机动车、轨道车、平板车27辆，在各有关部门的全力协作下，他们圆满地完成了保证军车安全通行的任务，受到受阅部队首长的好评。

市委书记亲临现场指挥

刘小明说，北京市委市政府对国庆庆典的交通运输保障工作非常重视。北京市市委书记刘淇、北京市市长郭金龙亲临现场，对公交集团和地铁公司制订的周密详细的国庆运输服务保障方案，以及所采取的各项安全工作措施给予了充分肯定。

刘淇对北京公交集团公司在北京奥运和其他重大活动服务保障中发挥的重要作用给予了赞扬。刘淇说，随

■ 2008年2月5日市委书记刘淇、市长郭金龙检查工作并慰问地铁员工

着各种先进设备的进一步完善，北京交通服务保障的效率有了很大提高。北京交通要结合科技手段的不断进步和服务方式的改变，充分发挥科技在交通组织和保障中的作用，做好交通服务。市委书记现场指挥，说明交通安全保障在60周年庆典中的重要作用。北京市交通委在交通细节上抓落实，认真排查交通行业的所有安全隐患，确保24小时信息通畅，防患于未然，确保了任务的完成。

为临时增加的游行方阵演练调整车辆

根据首都国庆60周年群众游行指挥部的安排，游行方阵临时增加了“奋斗创业”方阵，并且要求游行指挥部交通运输保障组，认真做好新增“奋斗创业”方阵长安街实地演练运输保障工作。

这一任务下达后，保障组马上与有关部门协调，调动车辆。9月28日凌晨，群众游行指挥部组织“奋斗创业”方阵与其相邻方阵共同前往天安门及长安街沿线进行适应性走场。交通运输保障组共组织119辆大客车，10辆运输车，地铁列车4列，运输人员5373人，圆满完成新增方阵适应性走场集结、疏散运输保障任务。

北京公交集团再立新功

北京公交集团在国庆期间，承担着游行队伍和晚会演员的接送任务。针对庆典游行排练的时间安排密集，人员众多的情况，他们制定了纵向指挥、横向衔接的一套指挥体系。在三次国庆游行预演的基础上，为确保国庆节当天运送任务的完成，他们又制订了严密的工作方案，细化了人员、组织、任务、责任，使接送任务有条不紊地安全运行，他们派出的几千辆车，运送了几十万人次，没有出现任

2009.9.6国庆演练交通运输保障

2009.9.18国庆演练

何失误，受到了北京市政府的表扬。

由于2009年国庆节和中秋节赶到了一起，“十一”黄金周的时间是历年最长的。北京市公交集团针对“十一”期间乘坐公交车人数增多的情况，在“十一”之前便周密安排人员和车辆，配备了充足的运力。节日期间，每日配车将达1.92万辆，比2008年同期日均1.88万辆，增加近4000辆车。每日计划安排车次17.1万次，比上年同期日均16.24万次，增加8600余次，增长5.3%。

此外，公交集团根据首都的安全维稳需要，加强了公交社会面的安全防控力度，确保了节日期间公交出行的和谐稳定。

京承高速路全线通车

60年国庆庆典的阅兵和群众游行既展示了军威国威，展现了新中国成立60周年各条战线取得的伟大成就，同时，北京交通也要在60年大庆时，展现自己取得的伟大成就。

为了向60周年大庆献礼，9月27日，京承高速路三期完工通车，实现京承高速公路全线贯通。京承高速公路是《国家高速公路网规划》中大广线（大庆—广州）的重要组成部分，全长209.1公里，其中北京段长132.4公里，承德段长76.7公里。北京段工程于2002年起分三期组织建设，本期工程（沙峪沟至市界）于2007年8月开工，全长62.7公里，概算投资62.47亿元，双向4车道，设计时速80～100公里／小时，设有互通立交8座，桥梁108座，隧道20座。

京承三期的建成通车，使北京与河北省、内蒙古自治区的联系更为密切，对区域经济发展起到积极的促进作用。同时，有利于北京的朝阳、顺义、怀柔、密云等区县工农业、旅游产业的快速发展，尤其对加快密云县新农村建设，提高农民生活水平，改善沿线环境质量将发挥重要作用。

地铁4号线开通

在2009年国庆节前，北京交通又传来了一个好消息，地铁4号线9月28日正式开通试运营。

地铁4号线南起丰台区公益西桥站，北至海淀区安河桥北站，共设24座车站，途经丰台区、宣武区、西城区、海淀区，分别在宣武门站、西单站、西直门站、海淀黄庄站与已经运营的2号线、1号线、13号线、10号线实现换乘。

4号线的线路全长28.165公里，是继5号线之后，第二条贯通城市南北的骨干交通线路。由于这条线的客流量较大，开通后的运行间隔便设定在3分钟。

日客运量达31853人次

2009年的中秋和国庆两节放在一起过，由于有“国庆、阅兵、奥运”三大主题，使2009年的北京“十一黄金周”成为全国旅游的热点城市。据北京市旅游局的国庆黄金周统计数据，国庆、中秋长假期间，北京共接待京内外旅游者1497万人次，同比增长58.9%，旅游总收入53.9亿元。

1500万外地人，加上北京的1600多万常住人口和近400万暂住人口，国庆期间，将近3500万人在北京游览观光购物，北京的交通承受的压力可想而知。

尤其是天安门广场、奥运公园等主要景区，游人可以用“如织”来形容，真是人挤人，人挨人。别的甭说，据报道奥林匹克公园一个景点，国庆长假期间就接待了256万人次，光走丢的游客就有上百人。

另据报道：由于在国庆阅兵和群众游行后，60辆彩车在天安门广场展示，对群众开放参观，加上早晚看升国旗和降国旗，晚上看灯，游人达到了几百万人。从10月2日到9日，8天时间，北京环卫工人在天安门广场收集

■ 在地铁工作人员的引导下参加国庆游行和背景组字人员乘坐地铁到达天安门广场集结

的垃圾就有220吨，出动了2592车次的作业车拉这些垃圾，比2008年同期的38.75吨多了4倍多。

您想想吧，这么大的人流都需要运送，交通有多紧张吧。

据北京市交通委运输管理局办公室的“运输信息”提供的统计资料，整个黄金周期间，日客流量都在1600万人次以上。仅10月6日一天，客运量就达到了1853.70万人次，是2008年同日的日客运量1671.94万人次的110.9%。其中公共电汽车的日客运量1300.87万人次，2008年同期的客运量是1187.50万人次，同比增加了109.5%，运营车次165444次，而2008年同期运营车次是163482次，同比增加了101.2%。

轨道交通的日客运量421.80万人次，2008年同期日客运量349.30万人次，运营列车次4259次，2008年为3658次，同比增加116.4%。

十多万人戴红箍上街为交通“维稳”

北京市交通委为确保国庆黄金周期间的交通顺利运行，从3月份开始便动员全系统职工开展“保安全、保稳定、保防控，迎接建国60周年”百日交通安全活动。

北京市交通委把“三保一迎”作为2009年的工作重点之一，将“平安北京”建设和“国庆平安行动”的各项工作任务，贯穿到百日交通安全行动中，由于各项安全维稳工作一一得到落实。又对国庆交通保障工作细化为16大项、40小项具体工作内容进行部署，使北京在国庆节期间营造出平安和谐、安全稳定的交通环境，实现了“大事不出、小事减少、管理严格、秩序良好”的目标。

为了营造安全平稳顺畅的交通环境，北京市交通委在国庆期间对交通应急抢险采取了一系列的措施，一是部署了5000余人，在公交、地铁、高速公路、道路桥梁、市区主要道路待命应急，主要负责抢险救援、突发事件的运输保障和疏散救援。

二是部署市区主要道路清障救援力量，组织公交集团、祥龙物流公司、高速公路管理单位93辆各种抢险

■ 首发集团到社区进行服务需求调查

车辆，设置58处待勤点，随时做好市区内各主要道路的突发事件现场的快速处理。

三是部署“红袖标”安全维稳力量10.5万人，负责地面公交、轨道交通、省际客运、旅游客运、道路巡查、铁路道口等部位的巡查、疏导服务工作。

四是以国庆阅兵、游行线路和2009年入汛以来新出现的积滞水点段为重点，组建了47支共7000多人的抢险队伍，各型车辆1300余辆，确保道路设施。

五是在17条高速公路，全部开辟了鲜活农产品专用通道，制定了《关于做好鲜活农产品运输车辆通行保障方案》，在收费口设置了运送鲜活农产品车辆专用通道指示牌，选调了值班人员24小时盯岗，并利用电子情报板随时提供各种咨询服务，确保绿色通道顺利畅通。

在北京站开设摆渡车线

根据国庆60周年庆典活动总体安排，北京站地区在9月30日至10月2日采取了交通管制措施，北京站街、北京站东、西街的北半幅禁止车辆行人通过，途经公交车停运。地铁2号线建国门、前门、和平门站封闭，列车通过不停车。地铁2号线北京站载客运营，地面4个出入口只开放路西南和东南两个出入口，一进一出。为方便国庆庆典活动期间北京站抵离旅客出行，公交开行3条摆渡车线，与地铁4号线通宵接驳。

为避免出现大量旅客滞留，确保北京站进出京旅客及时、安全疏散，北京市交通委确定以“地铁为主、公交摆渡、出租为辅”的原则，解决旅客进出北京站问题。地铁4号线在9月30

■ 2009.10.1国庆庆典交通保障

日至10月1日夜间通宵运营，夜间的发车间隔为15分钟。在北京站至北京南站、北京站至地铁双井站之间分时开通3条公交摆渡线，方便旅客抵离。

同时，为最大限度做好北京站地区旅客进出站工作，北京市交通委还安排15家出租汽车骨干企业，准备了1600辆出租车，保障北京站等“四站两场”用车，确保了国庆庆典期间，北京站出租车不断车，方便市民出行。

为“花博会”开通3条公交专线

国庆节期间，时逢在北京举办的世界花卉博览会开幕，前去参观的人每天都有几十万。北京市交通委为了做好花博会的交通运行保障，会同北京市公安局公安交通管理局、顺义区政府等17家相关单位，成立了花博会交通保障运行中心，统筹协调花博会场馆外围区域综合交通组织。建设完成花博会主场馆、鲜花港周边主要相关交通基础设施，包括11条道路、19处停车场站、4处交叉口改造、30余处增设公交港湾，以及配套的行人和机动车的引导标志标牌等。

北京市交通委还与交通管理局等部门制订了花博会交通运营组织方案，开通了3条市内至主场馆和鲜花港花博会公交专线，同时加强常规公交线路的运营组织。并通过新闻发布会、交通电台、电视台等媒体向市民进行宣传，引导百姓尽量乘坐公共交通出行。

国庆交通人民满意

60周年大庆的交通保障，是2008年北京奥运会和残奥会后，北京城市交通的又一次大考验。从车辆和人员的调配、道路的维修和建设来说，其力度不亚于奥运会和残奥会。由于有奥运交通打下的基础和积累的经验，相对于奥运会，在运行的组织和指挥上，更显得得心应手了。

刘小明介绍：从2009年3月，北京市交通委便开始进入筹备国庆交通安全保障工作了，交通系统按照北京市委、北京市政府关于国庆筹备的统一部署，以“高质量、有创新”的要求，全力以赴、积极筹备，使国庆60周年交通保障工作的每一项计划都得到了落实。由于各项工作准备得比较充分，我们出色地完成了各项交通保障任务。

在交通基础设施方面，注重落实“人文交通、科技交通、绿色交通”的理念，高质量、高标准完成了长安街大修主体工程。西六环、京承三期、地铁4号线、北京南站外部道路、一亩园枢纽、25个公路综合检查站等国庆重点工程顺利开通。完成了国庆阅兵装备和游行彩车途经道路、桥梁通道等基础设施的综合检测和改造。对受阅路线25座通道和5项轨道交通设施，进行了实装荷载测试，完成了阅兵村道路大修工程、进出口道路建设工程和国华热电厂装卸点开设

2009.8.8长安街修缮一新

出口等工程。

在运输保障方面，制订了周密的国庆期间庆祝活动和社会交通运输保障方案，提前做好车辆、驾驶员选调工作和地铁集结、疏散准备工作，合理安排运力，精心组织实施，为国庆阅兵、游行、晚会、游园等活动做好运输保障准备。特别是以国庆游行和晚会为重点，建立了对应的衔接机制，组建交通运行团队，实现游行分指与交通团队衔接、游行方阵与车队衔接、方阵组成单位与车组衔接、车长与驾驶员衔接的工作机制，经过多次演练、预演、彩排，形成了科学固化的实际保障方案。

在环境整治方面，对城市道路，尤其是阅兵、游行、晚会队伍途经路线，进行了细致全面的养护，对10个重点公园周边道路进行专项整治工作，完成了16条市管道路的步道遗留障碍物清除；北京市交通执法总队将174个重点地区进行分类，制定勤务安排，有针对性地实施管控，特别加强对首都机场、北京站、北京西站、北京南站、南苑机场等枢纽场站和轨道交通车站黑出租的治理。

由于准备充分、精心组织和通力协作，国庆庆典的交通保障做到了平安和谐，安全稳定，向党中央和北京市民交出了一份满意的答卷。

第十章

科技造化：智能谱写北京交通历史新篇章

北京交通进入智能化时代

21世纪是信息时代。当电脑取代人脑，算盘、账本、纸质车票走进历史博物馆的时候，智能化、网络化，开始谱写北京交通的历史新篇章。

您也许没留神，也许体会到了，现如今电视和网络已经成为交通管理的新平台。人们出行，不管在家里，还是在路上，随时可以看到听到交通路况信息，了解北京城区各主要路段的运行情况。

“路况信息”已成为当今北京的最新流行语。像每天的天气预报一样，“路况信息”也是北京人生活中不可缺少的内容之一。这实际上是“智能交通”的一种体现。

“智能交通”，是北京市的城市交通主管部门常用的一句话。

说到“智能交通”，北京市交通信息中心主任王刚，对笔者用简要的一句话加以概括：它是在相对成熟的基础设施之上，利用信息、通信、自动控制、传感等新技术，构建的效率更高、更便捷的现代化的交通体系。

敢情智能交通不单是某一个环节，或某一个方面被智能了，而是一个“体系”。对像我这样不太“智能”的人，听起来，有点儿绕脖子。

王刚解释道：说“体系”，一般人可能觉得有些深奥，其实所谓“体系”，就是一个系统。举个例子说吧，北京街面儿上十字路口的信号灯，原来是点控，也就是每个路口的灯是单独控制的，人可以用手操作调节。现在采用的是线控，几个路口，甚至十几个路口的灯联动。开车的司机走到这个路口是绿灯，在正常行驶的情况下，到下一个路口还是绿灯，其实这就是智能化了。再比如路口的摄像头，人称电子警察，也是交通智能化的体现。

这么一说，大伙儿就明白了什么叫智能化交通了。

公交的IC卡已达2800多万张

王刚40出头，年富力强，圆乎乎的脸上戴着眼镜，说话不紧不慢，

透着沉稳和有学问。他对笔者说，智能交通是“九五”期间进入中国的。1994年左右开始在北京交通领域应用，比如电子摄像头抓拍的技术，是20世纪90年代以后才有的，最早运用的是公共交通。公交的调度，采用GPS监控系统，是1996年的事。

据王刚介绍，北京引入智能交通在国内是较早的城市之一。目前引进智能交通管理的还有上海、广州、深圳等城市。

真正智能交通的大发展是在20世纪90年代末，北京的机动车越来越多，城市道路的基础设施大幅度增加，国家经济发展也进入了快行道，智能交通的应用，也变得越来越迫切了。尤其是2001年，北京申办奥运会成功之后，智能交通可以说进入全方位的应用时期。值得一说的是北京的智能交通，得到了国家科技部、交通部、公安部，以及北京市政府的财力支持。

科技手段让北京的公共交通面貌一新。北京市交通一卡通系统和地铁全路网AFC系统的建设，让北京交通全面进入网络化管理的时代。

如今北京的公交、地铁、出租汽车全部使用IC卡刷卡乘车，目前北京市发行IC卡已达2800万张，日均刷卡1500万笔，达到日均客运量的86%。

一个平台七个应用领域

北京市交通委为智能交通的发展提出了“一个共享平台，七个应用领域”的思路，全面推进北京“十五”智能交通系统的示范工程建设。

目前，北京除了现代化的公安交通指挥中心等道路交通安全管理系统外，还建成了公交运营组织与调度系统，公交车辆报修救援调度系统，轨道交通路网指挥中心，交通客服中心，出租汽车调度及信息采集系统，省际长途客运枢纽信息系统。

在公路交通管理方面，建成了北京市高速公路电子收费系统和高速公路监控系统。在综合交通管理方面，建成了北京市交通综合信息共享平台与综合信息服务系统，交通应急指挥系统等。

其实，交通本身就是高度开放的庞大的随机系统。人们什么时候出门上路，选择什么交通工具，往往不需要提前上网登记打招呼。这种随机性很大，所以给交通的管理带来不可预知性。

但智能化交通技术的应用，却能够很快地把人们的出行情况，收集到网络之中，因为有实时路况作为参考依据，各路网的电子探头会捕捉到人们的出行信息。

智能交通不但提高了交通现代化管理水平和交通运营效率，同时也面向公众出行，为交通行业管理和政府决策提供信息服务。比如，通过数据采集系

统搜集、处理、分析交通运行状况，可以随时用信息显示屏等方式发布实时交通信息，为公众出行提供服务。

一抬脑袋就知道车啥时到站

IC卡的应用，让北京的公交车售票员减少了售票的烦琐，也给乘客提供了方便。

现在北京的公共交通，地面公交一天的平均客运量1300万人次，高峰时能达到1500万人次，地铁的客运量一天在380万人次左右，高峰时能达到400多万人次。以前这些数据的收集要花几天的时间，甚至更长，现在有了IC卡，当天就可能统计出来，而且更为准确。

IC卡让北京老百姓感受到数字交通的优越性。试想假如北京交通没有进入智能化时代，就我们目前的路

T3机场线站台

况，交通管理也许难以想象。

在北京地铁的5号线、4号线、10号线等线路，人们在站台等车的时候，可以从显示屏上清楚地看到列车的运营情况，还有几分钟到达本站，时间明明白白。人们再也不会像过去那样，对等车的时间心里没底干着急了。这种显示屏将来不但要在地铁所有线路的车站安装，而且也会在不久的时间普及公交车站。公交智能化管理，将会让北京人更加感受到乘坐地铁和公交车的优越感。

3万科技大军给交通换“脑”

进入21世纪后，信息化、科技化、智能化在北京交通的应用日臻广泛，科技人才和科技队伍的建设也逐步壮大，创新成果逐渐突出。到2015年，北京将不断完善公众互动系统，整合已建成的交通信息网站和热线系统，建成统一的互动门户和交通服务呼叫中心，为社会公众提供高质量、个性化、丰富的交通信息服务。

根据北京市政府提出的“人文交通、科技交通、绿色交通”行动计划，未来4年内，北京将打造交通科技创新体系，用于科技方面的投入将不少于同期交通投资的1%，科技创新将成为交通行业发展的动力。

2003年以来，北京交通科技创新取得了令人瞩目的成就。获国家级奖4项，省部级奖16项，协会、学会奖12项，国家专利40余项，起草国家标准2项，制定地方标准40余项，指南10项，建设了2个国家级实验室。

目前，北京交通系统的科技人员总数达到近3万人，居全国各城市的领先地位。地面公交、轨道交通的

智能化运营管理处于国内领先水平，城市智能交通指挥控制系统成为国内外科学交通管理的成功典范，交通基础设施的节能环保的新材料、新工艺得到了广泛应用，列车运行控制系统（CBTC）、轨道交通B型车、动态导航等关键技术及设备研发取得突破。

九大地面公交运营服务应用系统

运营服务是北京交通的一项重要内容。当然这里说的运营范围比较广，通常是指公共交通的运营，包括公交电汽车、出租车等。近年来，由于轨道交通的发展，公共交通运营又分为地面公交和地下公交，地下，当然是指地铁。

■ 八达岭高速公路

■ 快速公交路

地面公交是一个庞大的系统，从20世纪90年代，北京公交运营开始智能化的引入，经过十多年的发展，目前，智能化和信息化技术在交通运输运营、管理和服务中得到了广泛应用。

目前，北京已建成地面公交运营管理和服务九大应用系统，基本形成了地面公交智能调度运营体系。这套体系在奥运交通保障和新中国成立60周年庆典活动中发挥了重要作用。

除了地面公交，在地下公交运营中，建成了轨道交通自动售检票、乘客信息服务等10多个应用系统，建设了智能化轨道交通指挥中心，实现了9条轨道交通线路的网络化运营与调度。通过地铁1、2号线信号和通信等改造工程，缩短了列车运行间隔，大大提高了安全和运输能力。市政交通一卡通已覆盖全市地面公交、轨道交通和部分出租车及停车场，发卡量超过2800万张。

建成了六里桥省际客运信息系统，实现了全市省际客运联网售票及费用结算。建成了金银建等5个出租汽车监控、调度中心，实现了出租汽车信息采集、调度、安防和管理。

1535个路口交通信号控制系统全覆盖

北京在道路交通管理智能化方面也取得了显著成效。建立了以现代化交通指挥中心为核心的三级指挥体系。由于北京已建成道路交通管理的一整套指挥调度集成系统，大幅提高了指挥效率和快速响应能力。

目前，在北京已建成覆盖全市1535处路口、多系统组成的统一交通信号控制系统，有效地保证了全市道路网的最大通行效率。

此外，在道路交通管理方面，北京还建立了由视频监控、事件检测等组成的交通综合监测系统，实现了对主干路和快速路网交通状况的实时监控和交通意外事件的自动发现。这套监测系统离我们的生活很近，平时我们在路上开车能看到的摄像探头，就属于这个监测系统。路上的摄像探头也被北京人称为“电子眼”。一些司机说，这个“电子眼”比马路上站俩交警都管用。因为不管是谁开车，只要违反交规，它都能给录下来，到时候您得到银行去交罚款。“电子眼”确实对人们开车遵守交规起到了重要作用。

智能化的北京交通指挥中心，在城市道路交通管理和首都的各种大型活动的交通保障中，越来越凸显它的功能。

28万条废轮胎“铺”在了高速公路上

在交通基础设施建设和养护领域，现在也开始采用各种先进技术了。

目前，北京交通基础设施建设及养护领域，先进技术得到广泛应用。开展节能环保、降噪、废旧材料再生利用等新材料、新工艺的研究与示范应用，如废胎胶粉改性沥青技术在机场南线高速公路、展西路等得到应用，已累计利用了28万条废旧轮胎。

2008年北京奥运场馆周边的道路，示范应用了低排放、低能耗的温拌沥青混合料技术，路面沥青冷热再生利用技术也应用于八达岭高速公路路面和长安街路面大修。此外还研究应用了交通基础设施预防养护、快速修复、桥梁安全监测和不中断交通加固技术，提高了交通基础设施的安全水平。

未来几年，北京交通将着力推进交通节能环保关键技术研究和推广应用，扩大轨道交通新型节能通风、空调和再生制动能量利用等技术应用。大力推进废胎胶粉改性沥青、温拌沥青、道路材料回收利用、机动车节能减排等技术在交通领域中的应用，路面沥青回收利用率力争达到100%，城市物流配送绿色车队规模将达到50000辆，纯电动和混合动力等新能源汽车规模化使用。形成资源节约型、环境友好型的交通行业发展模式。

■ 2009.4.7长安街大修现场

城区90%以上的道路实现了路况监控

为更好地为公众交通信息服务，北京市交通系统自主研发了基于浮动车的动态交通信息集成处理系统，

实时采集处理近2万辆浮动车数据，实现了对市区90%以上道路的路况监控。同时还建成了国内首个动态交通信息服务系统，通过网站提供城市道路实时路况、驾车路线、停车场等25项服务。

在现代化的信息时代，交通服务

的信息化非常重要，这种服务已经远远超过以前的电话查询。为了打造一个新的交通信息平台，北京开通了交通服务热线，实现了公交地铁换乘、市政交通一卡通等交通信息的查询。推出了国内首款自主知识产权的动态车载导航仪，实现了动态路径诱导服务。初步形成基于网站、交通服务热线、交通调频广播、路侧情报板、动态车载导航仪、手机短信等多模式、综合性的交通信息服务，这种信息服务在北京奥运会、新中国成立60周年庆典等大型活动中，得到实际应用，受到国内外交通专家的首肯。

到2015年，北京市交通系统将力争建设统一的公众信息服务平台及互动系统。加强郊区县信息服务系统建设，将信息服务范围延伸至整个市域。并且要研究新型交通信息发布技术，拓宽信息服务渠道，实现交通信息服务与数字电视、移动电视、3G等新媒体的结合。建设舆情信息服务系统，自动采集、分析舆情热点。

北京交通还将建设公众互动系统，整合已建成的交通信息网站和热线系统，建成统一的互动门户和交通服务呼叫中心；为社会公众提供高质量、个性化、丰富的交通信息服务；建立覆盖面广、统一的信息互动渠道，为政府、企业及时获得并有效处理公众意愿提供支持。

建成交通三大基础数据库

随着北京交通管理、服务和应急处置能力的稳步提升，北京交通部门构建了覆盖全交通系统和北京市属交通企业的交通专网，初步建设了交通专题电子地图以及全市道路、运输行业人车户、行政执法三大基础数据库。

与此同时，还建设了网上审批系统，百分之百地实现了行政许可和服务事项的同一个窗口受理，规范了审批流程，提高了服务水平。

此外，北京交通还建成了交通安全应急指挥中心，在全国率先开展了省（市）级路网管理，与应急处置系统的建设，提高了交通行业应急指挥和快速处置能力。研发了交通运行智能化分析系统，为制定每周一日高峰时段限行等重大交通政策措施提供决策支持。

动态导航终端将达100万台

为了实施优先发展公交的城市战略，北京交通将重点建设城市轨道交通车辆产业基地、轨道交通关键技术研究及产业化基地、交通基础设施科研设计基地、城市交通仿真与工程

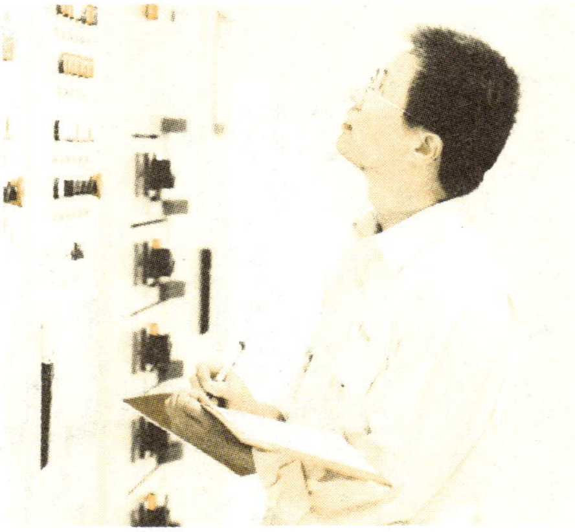

设计基地和动态交通信息服务产业化基地等。推动自主创新轨道交通B型车、具有自主知识产权的列车运行控制系统（CBTC）、轨道交通自动售检票系统（AFC）自主关键技术设备的产业化。促进自主创新的中低速磁悬浮列车的示范应用，扩大高速公路不停车收费系统（ETC）使用规模。

在此基础上，北京交通将推进动态交通信息服务产业化，形成产业链，到2015年，具有自主知识产权的动态导航终端应用数量达100万台以上。

开展交通安全与应急处置管理体系支撑技术研究，一直是北京交通智能化的重点，目前，已建设完成了北京交通行业图像信息系统、安全应急信息管理系统等。未来北京交通将进一步完善这两大系统，结合北京山区公路等级的提高和发展，提升山区公路新改建整体安全等级。加强乡村公路交通，公路、铁路平交道口安全技术与相应设施研究。实施对驾驶员疲

劳驾驶的监测、营运车辆安全性能监测等关键技术的研究，提升驾驶安全水平。

交通智能化，北京有优势

未来4年，北京交通用于科技方面的投入将不少于同期交通投资的1%，北京市交通委将设立行业科技创新专项经费，对重大科技专项、重点科研项目的研发应用给予重点支持，积极争取中央和地方资金支持，发挥公共资金的引导作用，鼓励和吸纳社会资金投入交通科技创新。

北京交通还将加强科技创新鼓励政策研究，力争在项目统筹推进、产业引导扶持及奖励考评等方面取得突破，在交通行业营造出“鼓励创新、引导创新、崇尚创新、勇于创新”的良好氛围。鼓励企业建立产业联盟，搭建“产、学、研、用”的产业链条。

智能化将使北京交通进入一个历史新时期。在我们生活的信息时代，智能也是生产力，站在这样一个高度来看北京交通未来的发展，科技与智能起着关键作用。

正因为如此，北京交通将进一步加强对行业科技创新的统筹力度、制定规划、编制指南、规范标准，指导引导企业进行科技创新活动，为科技成果的应用推广创造条件。

北京是首都，集中着全国顶尖的科研院所和大专院校，可谓人才济济，这些都将成为北京交通智能化的

莲花池西路沙窝桥

优势。北京交通要充分发挥首都的科技资源优势，发挥国内外科研机构和首都高等院校的作用，调动其参与科技交通的积极性，在技术研发、技术咨询、人才培养、工程技术应用中发挥智力支持作用。

九条线路的调度一起办公

智能交通是一个比较抽象的概念，但您如果想有机会到北京地铁运营指挥中心参观，便会对“智能”两个字感到震撼。在指挥中心的大屏幕上，您会看到地铁的所有运营线路的即时运营情况，比如您想了解1号线公主坟车站的情况，只需摁一下按钮，

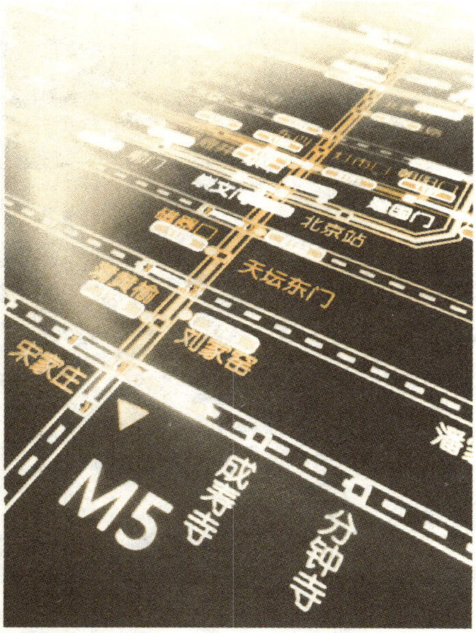

屏幕马上就会切换到现场，您别忘了这可是在地下呀！

王刚对笔者介绍，地铁运营的9条线路调度员全都在一个现场调度，这样不但大大提高了运营效率，而且减少了很多人员，原来10个人办的事，现在1个人就解决了。特别是处理突发事件，可以在区域之间进行调度，所有线路每辆车到哪儿了，大屏幕上都能即时反映出来，如果苹果园坏了车，可以马上采取措施，与地面交通衔接。

王刚说，由过去的人工交通进入智能交通，这个转变过程非常复杂。比如，地铁的信号系统，现在是“七国八制”，大都采用国外的系统，有西门子的、阿尔斯通的，还有日本的，因为在地铁修建时，是每条线路单独招标。我们正在研究国产智能化的交通信号系统，采取集成化的方式，把所有信号系统整合起来，建立中国化的信号系统。

进出高速路收费站不用停车

王刚对笔者说，当然有些智能交通，还要与机动车司机互动相配合。比如，目前北京的一些高速路收费站堵车严重，我们从2005年开始研究试验ETC电子不停车收费系统，司机只要花钱买了ETC卡，放在机动车的风挡上，到了高速路的收费口，会自动识别，车与卡是对应的，放到别的车上没用。

从2008年12月开始在全路网开通。先期发了3万多张试用，ETC的单车道通行能力明显提高，入口的通行能力是普通人工收费车道的2倍，出口的通行能力是普通人工收费车道的6倍。

但是ETC电子卡的发放还要机动车驾驶员配合，有些人觉得麻烦，不愿掏这笔钱。尽管我们在发放ETC卡时作了一些优惠，但从目前来看，购卡的司机还缺少应有的积极性。

这说明，智能交通有些服务是双向的，需要交通管理部门和老百姓互动。当然，这需要有一个认识过程。

GPS装置帮出租车司机逃生

据王刚介绍，目前北京出租车的智能化已经普及，取得了显著效果。2005年，利用更新出租车的机会，在出租车上加上了GPS装置，成立了两个大的出租车调度中心：“金银建”和“齐华”。

这种装置安装在出租车的隐蔽部位，只要出现紧急情况，如遇到抢劫、交通事故、汽车偷盗等，只要司机一摁按钮，几秒钟之内就会与调度指挥中心接通。调度指挥中心一旦确认突然情况，马上与“110”联动，很快报警，只要在北京市范围内，都能做到几秒钟之内，就在控制中心的报警显示屏上显示，准确地知道在什么地方发生的事。同时还会启动电子录音装置，全程录音，为以后案件的侦破提供线索和依据。

北京交通信息中心的杜勇对笔者讲了两个故事：

一个女出租汽车司机，夜里出车，在海淀的一个地方上来一个顾客。此人上车后，一会儿说去颐和园，一会儿说去西北旺，车开到了一个偏僻处，他用皮带把女司机的脖子给勒住了，要劫持她。

女司机马上摁动了报警装置，但她没让犯罪嫌疑人看见，说了一些暗号，巧与犯罪嫌疑人周旋，拖延了大约15分钟。犯罪嫌疑人正要对她下手，警察便赶到了现场。

犯罪嫌疑人面对警察打马虎眼说，我们是两口子正在吵架。女司机借机说，老公我给你打开后备厢吧。她下了车，警察一下把犯罪嫌疑人给摁住。犯罪嫌疑人还想抵赖，但是车上的装置把他作案的过程都录音了，在审案时，犯罪嫌疑人听了录音，一下便瘫倒在地。

还有一个司机在冬天夜里出车时，被歹徒劫了。歹徒抢了钱之后，便把他给塞到汽车后备厢里，开到郊外偏僻的一小河沟边上，弃车跑了。

调度指挥中心值班人员跟司机联系，没有回音。经验告诉他们司机有可能发生了意外，他们通过系统知道了这辆车停放的地理位置，派人找到了这辆车，把司机从后备厢里解救了出来。

当时气温正是零下七八摄氏度，如果不是救援人员及时赶到，这个司机恐怕得活活冻死。

王刚说，最初安装GPS系统有些出租车司机也不愿意安，怕麻烦。现在都明白它的好处，不给他安装，他不干了。

“交通流”的信息收集

笔者最初以为在出租车上安装GPS，只是为了保证出租车司机的行车安全。后来到北京交通信息中心采访后，才知道敢情安装这种装置，还有一个更重要的用途，那就是采集路面交通信息。用他们的行话说，就是利用浮动车技术，监测和收集交通流信息。

您且记住这个词：交通流。

因为出租车的特点是数量多，北京有出租车6.6万辆，在国内首屈一

这种公共出行的网络信息，北京在全国是第一个。利用的是车载导航仪，即车载终端，由北京交通信息中心和北航一起研发。这个技术基本上达到国际同类产品的先进水平。

王刚说，2007年10月，在北京召开的智能交通大会期间，交通部的一位副部长到会。散会后，副部长回部里，坐了我们装了动态系统导航仪的车，从会场到交通部有10公里左右，导航仪自动设计线路，选择最不拥堵的路，还设计出到达的时间。他的司机道儿熟，开着车单走，结果我们的车按导航仪指示的线路走，跟部长司机开的车几乎是同步到达，一分不差。这位副部长对我们设计的导航仪给予了很高评价。

指。此外出租车的流动性大，流动的范围广。24小时，它哪儿都去，而且一般司机认道儿，到什么地方走哪条路最近，哪儿会堵车，他都门儿清。

所以在出租车上安装GPS系统，能定时传递流动的位置信息。这些信息可以马上传到信息中心，再加上交管局搞的固定监测的交通流信息，就构成了动态的路况信息。

动态信息5分钟刷新一次

王刚对笔者介绍，这种动态的路况信息，每隔5分钟刷新一次，包括所有的停车场、修理厂、加油站、交通收费站、汽车租赁网点、长途客运线路等，都能及时地反映出来。然后由信息中心利用互联网发布。

智能交通前景广阔

当然，这种车载导航仪只是智能化交通的一种体现。但就是这小小的导航仪，它所产生的信息效果却是惊人的。王刚对笔者说，他算了一笔账，北京有400多万辆机动车，按每天出行300万辆计算，每辆车把限行的时间错开，出行250天，如果每辆车节约10分钟，一天北京的机动车所节省的时间相当于70年。

当然对能源的节约，车速的提升，减少尾气的排放，效果也是非常明显的。据国际研究机构测算可以减少20%的碳氧化物的排放。

智能交通，对未来北京交通的发展，将起到至关重要的作用。

我们总说为实现现代化而奋斗，什么叫现代化的交通？其实所谓现代化的交通就是交通智能化。

进入21世纪，北京人已经实实在在感受到智能交通带给我们的出行便利和舒适。当然，我们看到的，感觉到的，还只是智能交通的开始。它的前景更加宏伟，也更加实实在在。

第 十一 章

展望未来：
公交城市成为现实

新的城市总体规划

从1949年到2009年，新中国走过了60年的不同寻常的历程。

60年间，中国发生了天翻地覆的巨大变化，北京也发生了令世界瞩目的变化。当然北京的交通作为城市的大动脉，也向世人展示着它的魂魄。

2009年7月，北京市政府颁布了《北京市建设人文交通、科技交通、绿色交通行动计划（2009—2015年）》，按照这个计划，6年后的北京公交出行率将达到45%，并且将形成“1—1—2”小时的交通圈。

未来是美好的，未来让北京人看到了一路畅通的希望。

按照北京“两轴—两带—多中心”的新规划布局和4000亿元的投资，北京将改变城区“摊大饼”的格

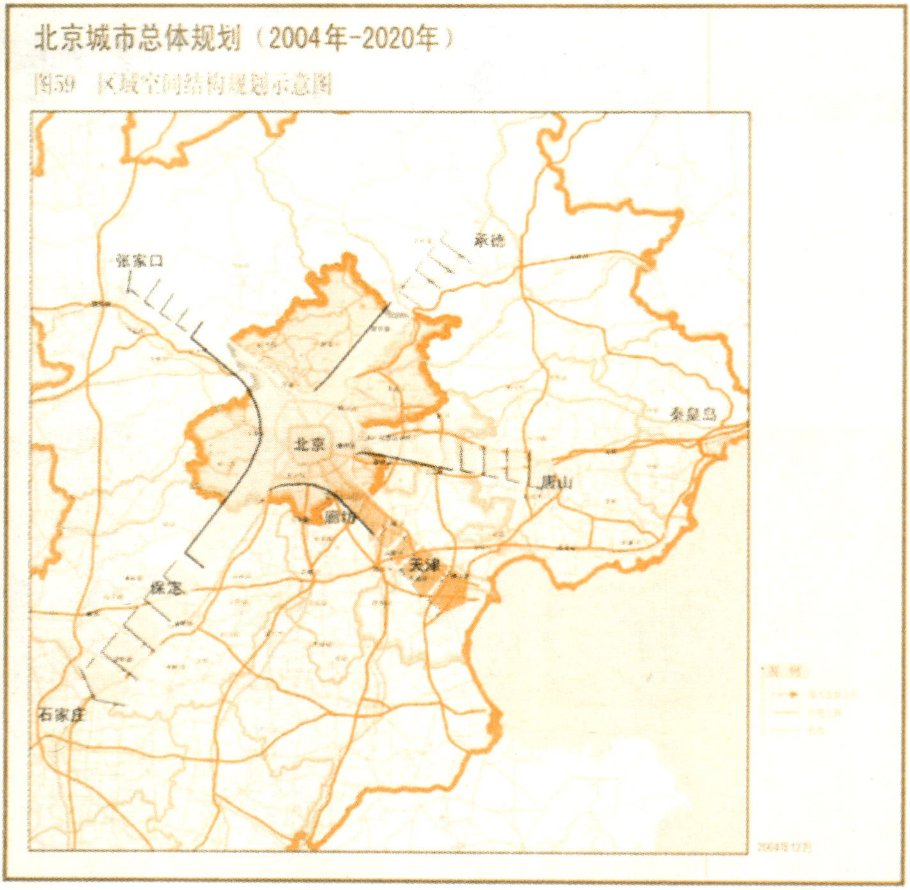

局，使北京逐步成为多核心、功能分散的国际都市。

“两轴—两带—多中心”是《北京市城市总体规划》（2004—2020年）的形象概括。它是北京城未来发展方向的蓝图。城市格局的变迁、奥运场馆的林立、轨道交通的日益完善、城市管理和社会服务体系的建设，60年来，北京更新了总共6个版本的城市总体规划。

从最初“摊大饼”式的规划格局，逐渐向“两轴—两带—多中心”发展。这其中有诸多的成就，也有诸多的反思。

当然城市的变迁是有目共睹的。随着北京经济进入快行道的发展速度，最初设计的一些东西便有些跟不上趟儿了。真应了那句老话，计划赶不上变化。

新的《城市总体规划》，就是在总结前边几次规划的基础上，考虑到未来的城市发展格局重新修订的。

北京的六次城市总体规划

新中国成立60年来，北京市的城市总体规划共有6次：第一次是1950—1957年，此后在1958年、1973年、

1983年、1993年又进行了4次大的城市总体规划编制工作。1993年，国务院批准了北京市的第五次（1991—2010年）总体规划。

在这一版的规划中，提出了两个战略转移的方针，强调市区不再扩大规模，而是在市区外围建设卫星城，以疏散中心城市过密的人口和产业。由于意识到古建筑的历史价值，这次规划还首次将历史文化名城的保护与发展作为独立的章节提出，从整体上保护北京旧城、传统城市中轴线、保护胡同格局等。

但是经过了近10年的迅猛发展，这一规划确定的2010年完成的大部分发展目标，都已经提前实现，规划空间容量趋于饱和，难以再容纳更多新的城市功能，而新的问题却不断涌现。人口增速快、城市中心区过度聚集、交通拥堵日趋严重、环境污染严重、历史文化名城保护压力巨大……北京与巴黎、伦敦、纽约等很多城市一样，在快速城市化的发展背景下，难以避免地患上了“大城市病”。

两个规划方案被否决

2001年，北京申奥成功，新版规划开始筹划酝酿。

2002年12月，北京市规划委开始组织中国城市规划设计研究院、北京市城市规划设计研究院和清华大学3家编制单位，开展《北京城市空间发展战略研究》的编制工作。研究工作在北京大学、北京市社科院、中国科学院生态环境中心，以及几十位国内外知名专家学者的技术支持下，紧锣密鼓地进行。历时将近1年的时间，3家编制单位最终分别提交了3个方案和几十万字的基础研究报告。

“最初的意见并不统一。光是各式各样的研究论证会，就开了整整一年。”对于当年的规划形成初期的情景，一直参与其中的北京市规划委副总规划师王飞依然历历在目。

“就在市规划委18层的会议室里，有关城市文化方面的专家研讨会，1年里就组织了10次，来的全是专业领域里最顶尖的国内专家，甚至还有一些国外专家。”

在提交的3个方案中，有的方案看起来很类似如今上海老城区与浦东新区并立的模式。方案提出想要在保留北京老城区的同时，在城市的东部另行选址重新建设一个并立的新城，让北京上演“双城记”。

但是经过讨论，很快这一方案就被否决了。毕竟与隔江而立的上海相比，北京不存在这么大的一个空白空间地块，来建一个全新的新城。

有的方案则提出，沿着京津塘高速的方向，整个城市向东南方向延伸发展。或者在北京的东南部地区建设一环状的发展带。但是这类方案仍然没有摆脱单中心“摊大饼”式的发展格局，并且有可能拉大西北部地区与东南部地区的发展差距，不利于整个城市的均衡发展。因此，经过反复讨论，这一类方案也落选了。

新规划首次提出“宜居城市”的概念

经过一年多的论证，最终，“两轴—两带—多中心”这一概念开始在2002年到2003年底的反复研究讨论中渐渐浮出水面。在修编动员大会上，“两轴—两带—多中心”这一构想，被正式确定为此次修编布局的基础和依据。

2005年，国务院正式批复《北京市城市总体规划》（2004—2020年）。此次总体规划提出北京的城市目标明确为“国家首都、国际城市、文化名城、宜居城市”。在这份期限为16年的城市远景规划里面，首次提到了建设宜居城市的目标。

新规划对北京空间布局进行了重大调整，将过去“单中心”的发展格局，变成“两轴—两带—多中心”的城市空间结构。

什么叫“两轴两带多中心”

“两轴—两带—多中心”中的“两轴”，是指北京传统中轴线和长安街沿线构成的十字轴，是北京城市的精髓。“两带”是指北起密云，包括怀柔、平谷，重点是顺义、通州、亦庄的“东部发展带”，以及包括延庆、昌平、门头沟、房山、大兴等在内的“西部生态带”。“多中心”指的是，在北京市的区域范围内，建设多个服务全国，面向世界的城市职能中心，包括中关村科技园区核心区、奥林匹克中心区、中央商务区（CBD）等。

建设11个“新城”

早在20世纪80年代，现代化的脚步便昂然地踏进了六朝古都的北京。悠然自得的北京，宁静的北京，在改革开放的春风中，展开了经济起飞的“翅膀”。随着经济的发展，到了20世纪90年代，中心城区的人口、产业、职能过度聚集的弊端便显现出来，难以避免的交通拥堵，住房紧

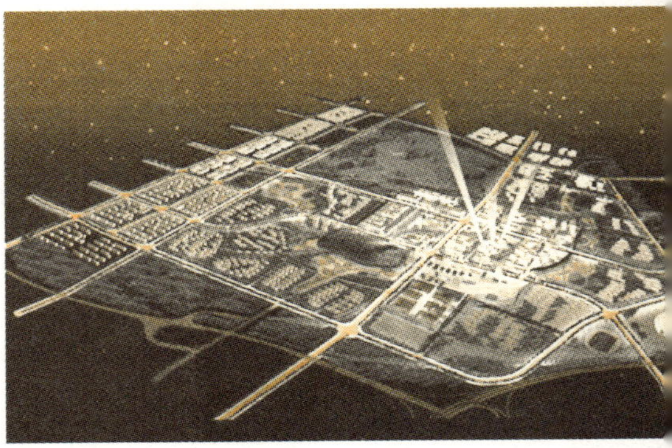

张，环境污染等“大城市病”，要求北京必须进行战略转移。为此，北京借鉴国际大城市的经验，在1993年提出了建设14个卫星城的理念。这些“卫星城”如大兴、昌平、通州、顺义等已在规划中开始兴建。

而10年后出现的新版规划中，“卫星城”一词却已经不见了踪影，由11个“新城”取而代之。

对此，王飞解释说，“新城”这一概念，其实是对过去所谓的“子母城”、“卫星城”提法的继承和延

伸。相对于“母城”而言，“卫星城”无法独立存在，还必须要依附“母城”，职能比较单一。而“新城”则是与老城和旧城相对，职能和功能都更加独立和多元化，完全能够独立存在。一个个新城构成了整个城市群，以此来打破单中心和无序扩张的局面。

经过合并和撤销，14个“卫星城”最终变成了如今11个“新城”的格局。其中，过去曾经定位为“卫星城”的房山良乡和房山燕化，就合并成了一个新城。位于昌平的沙河与昌平镇，也合并为一个新城。而随着中心城市范围的扩张和发展，原本的“卫星城”丰台长辛店，如今已经被归入中心城区的范围内，不再适用于卫星城的概念，因此就取消了卫星城的称号。

各村都有规划蓝图

在《北京市城市总体规划》(2004—2020年)制定完成后，北京市又针对教育、医学、生态环境、轨道交通以及特定区域等，制定了一系列的具体规划。比如，目前北京市规划委正在着手制定首钢地区规划、永定河绿色生态发展带规划、南城发展规划、殡葬服务业规划等。

■ 各村都有自己的交通规划

王飞表示，到2009年为止，整个北京城市规划体系，已经全部构建完毕，实现了北京市区域全覆盖。70%的小城镇规划已经获得了正式批复，预计到2009年年底，北京市所有乡镇都将总体规划全覆盖。而在村庄规划方面，2009年已经完成了11个区县的村庄体系规划，基本实现了一村一图。到2010年，北京市所有的村庄都将有属于自己的规划，村子里的道路、基础设施等都将有详细的规定。

“两带”与“两轴”连接要靠交通

由于历史的地理位置的原因，规划中的“两带”地域，相对于“两轴”发展是滞后的，正因为它发展得缓慢，所以才给北京这座城市的可持续发展保留了空间。“两带”要发展，必须要跟“两轴”相连接，靠什么连接，自然是交通。

王飞介绍：为了带动“两带”的发展，“东部发展带”计划建设一条连续的交通联络线，以连接顺义、通州和亦庄这3个重点新城。随着“东部发展带快速联络线”的建设，将更好地促进三个重点新城以及区域之间的分工合作，提高重点新城发展建设水平。

按照新城建设规划布局，2010年，将初步形成新城外部有绿化带，每个新城有一个万亩滨河森林公园，每个新城与中心城区之间有一条生态走廊，内部有一条景观大道，有一个休闲公园，避免中心城与新城连成一片。将中心城功能调整与新城高水平建设同步进行，使新城成为承担中心城功能调整和人口疏散的主要区域。

这一规划，将改变许多上班族每天到城中心区来往奔波之苦。自然也将缓解城市交通压力。

■ 交通专家在研究《北京城市总体规划》与交通的关系

五环内通勤出行不超过一小时

当然，中心城与新城的联系，是交通建设的重中之重。北京的一系列关于轨道交通、城间公路联络线等重大项目，主要集中在亦庄线、昌平线、顺义线、大兴线、良乡线等7条轨道交通线。

到2015年，北京将形成“1—1—2”小时交通圈，即：住在五环内的市民通勤出行时间，平均不超过1小时，最远的新城到中心城（五环）出行时间平均不超过1小时。从北京到环渤海经济圈中心城市，包括承德、张家口、唐山、保定等地在内，出行时间平均不超过2小时。

这一行动计划，充分体现了北京将建成国家首都、国际城市、文化名城、宜居城市的发展目标。

毫无疑问，提高交通管理水平，提高运营效率也将是未来北京交通的重点。按《行动计划》，到2015年，中心城公共交通出行比例将达到45%。

高峰时段通勤出行中，公交分担比例达50%以上，轨道交通承担公共交通总客运量的50%左右。五环路内，平均步行1000米即可到达轨道交通站点。

此外，今后新投入运营的轨道交通骨干线路开通时，最小发车间隔3～4分钟。骨干线路高峰时段最小发车间隔2分钟。届时，中心城90%的乘客，步行到最近车站距离将不超过500米。公交运营在高峰时段主要干线候车时间，控制在3～5分钟。

如此方便快捷的公共交通，必然会让“有车族”在上下班高峰时，选择公交车。这自然会改善北京目前的路况，缓解交通拥堵现象。

优先发展公交成效显著

当50%的北京市民在上下班高峰时段通勤出行中，选择乘坐公交时，北京将会成为名副其实的“公交城市”。

北京市交通委员会党组书记、主任刘小明说，近年来，北京市认真贯彻落实国务院总理温家宝关于优先发展城市公共交通的重要批示和《国务院办公厅转发建设部等部门关于优先发展城市公共交通意见的通知》（国办46号文）精神，优先发展公共交通，取得了显著的成效。

特别是在奥运筹办、举办和奥运后，我们大力实践“绿色、科技、人文”三大理念，将大力发展公共交通作为缓解交通拥堵、推进节能减排的重要手段，在交通领域大力推进绿色交通体系建设，构建良好的交通环境，使广大北京市民享受到安全、便捷、舒适、经济、环保的交通服务。

通过几年努力，北京市交通结构明显改善，2007—2008年两年内，公共交通出行比例提高6.6个百分点，2008年公共交通出行比例达到36.8%，比2003年提高8.6个百分点。有效遏制了市区交通拥堵。在机动车比2003年净增156.6万辆，达到400万辆和出行量增加25.6%的情况下，早晚高峰路网平均速度，2009年较2008年同期分别提高3.3公里／小时和2.8

公里/小时，路网早晚高峰严重拥堵里程比例，分别下降4.6和5.2个百分点，路网运行由“中度拥堵”等级，转为“轻度拥堵”等级。北京市区交通拥堵状况总体上看没有恶化，局部路段和区域的拥堵也有所缓解。

虽然北京市优先发展公共交通取得了明显成效，北京市民普遍得到了实惠，但是，与国内外具有成功经验的大城市相比，还存在差距，也面临着新的机遇和挑战。

未来几年，是北京城市交通结构关键的调整期，能否有效引导交通参与者消费观念的转变和出行方式的调整，进一步巩固和发展公共交通，在全市日常出行中的主导地位，将是倡导“绿色出行”、打造北京“公交城市”的关键。

轨道交通将达到561公里

“是选择地铁车厢内的拥挤，还是选择路面上的拥挤？”对于这个问题，不管是东京人、伦敦人、莫斯科人，还是北京人，甚至世界各大城市的上班族都会毫不犹豫地选择前者。

在城市交通中，有着140多年历史的地铁与汽车相比，运量更大、速度更快、污染更少。因此，很少听说世界上有哪个需要解决交通拥堵问题的城市，市政府会反对修建地铁。

历任伦敦市长以及英国交通部官员们常说：“地铁是一个现代化城市的交通生命线。”

地铁在过去很长一段时间，都是发达国家炫耀其现代化的产物。但眼下，地铁似乎也成了发展中国家的香饽饽，很多人口不多、面积不大的城市正悄悄掀起修建地铁的浪潮。甚至一些城市的居民会认为“没有地铁是很丢面子的事”。

莫斯科人常常说：“要是莫斯科地铁停运，那绝对是一场噩梦！”北京人现在也认为离开地铁，生活是无法想象的。

有报道说，莫斯科地铁是世界上最繁忙的，每天都承担着这个常住人口近千万的城市57%的客运量。莫斯科地铁全长292.2公里，12条线，177个站，目前仅地铁的员工就近4万人。英国伦敦12条地铁路线每日载客量平均高达

267万人，年总载客量超过10亿人次。英国利物浦人口在60万左右，但作为一个商业发达城市，也修建了地铁。

但是比起北京地铁，这些城市要逊色了。北京地铁目前运营的9条线路，2010年平均每天的客运量在500万人次左右，最高时一天载客量达到了650万人次。成为世界上最繁忙的城市地铁。数据显示，地铁一日运营客流量呈明显的“M”形特征。周一至周五工作日早高峰7点至9点的两个小时，运送乘客量约占全日的26%；尤其是7点30分至8点30分，地铁客流量达到40万人次顶峰，而8点30分之后，客流呈直线下降，半小时内减少10万人次左右。17点至19点的晚高峰两个小时，为全日客流量的第二峰值，运送乘客量约占全日的22%。而9点半至16点半之间的客流非常平稳，基本稳定在10万至15万人次之间。

“这是市民出行正常规律所带来的情况，也是全世界大城市轨道交通所面临的共同问题。”北京市轨道交

通指挥中心主任战明辉表示，5年来北京地铁里程数由114公里增加到228公里，增加1倍，客运量却从186万人次增加到560万人次，增加3倍。

美国纽约的官方旅游网站说，“乘坐地铁是唯一省时的交通方式”，“特别是在天气恶劣、交通繁忙以及总统进城的时候”。纽约人口数超过827万，可以说是全美最大城市，但是跟北京比人口少了一半多。尽管如此，纽约的交通也承受着不小的压力。

一位在纽约生活过的中国人说：“我觉得，纽约的地铁站比火车站还要大。”美国跑得最快的是旧金山的地铁，运行时速高达128公里，这也算得上是世界上奔跑最快的地铁了。

从地铁的发展史来看，英法美等工业技术发达的欧美国家率先掀起了修建地铁的浪潮。世界上第一条地铁于1863年诞生在英国首都伦敦。到了20世纪初，世界各国完成了修建地铁的第二波浪潮，柏林、纽约、东京和莫斯科等12座城市也先后修建了地铁。莫斯科地铁博物馆馆长切尔卡斯

基自豪地和《环球时报》记者讲起莫斯科地铁的辉煌历史："1935年3月15日，苏联第一条地铁在莫斯科开通，全长11.2公里，此后每年都在扩建，无论是二战期间还是苏联解体后，莫斯科地铁每年都有新站通车典礼……"

"二战"结束时，全世界只有20座城市有地铁。但很快，新的地铁建设潮在全球出现。日本是亚洲最早拥有地铁的国家，从1927年东京"银座线"算起，已经有82年的历史。但在"二战"期间，东京地铁一度每年平均才延伸1公里。日本东京、大阪等大城市大规模建设地铁还是在"二战"结束后。东京人口有1300万左右，占日本总人口的10%。目前东京市内的地铁线路共有14条，总运营里程约为310公里，基本覆盖了东京东部的23个行政区。这个区域不仅人口密集，还是日本国内商业、金融业、政府部门以及国际机构最集中的地区。

按照日本的规划，在东京，每平方公里范围内，地铁线路长度要有0.5公里左右，也就是说，要做到"步行10分钟的路就可以找到一座地铁站"。

20世纪60年代到80年代，中国、朝鲜、韩国、埃及等国的首都纷纷开通了地铁。从20世纪90年代至今，一些新兴国家开始了修建地铁的浪潮。现在全世界有地铁的城市已增加到100多个，线路长度接近6000公里。

2004年4月，泰国政府特意选择在传统新年宋干节（泼水节）期间，试运行曼谷第一条地铁。一些首都城市人口密度大的发展中国家都有地铁，如印度、伊朗、土耳其、墨西哥、阿根廷等。因为举办大型社会活动或城市交通的需要，有的还在扩建地铁。印度政府为迎接2010年在新德里举办的英联邦运动会，正在加紧扩建地铁。

未来15～20年，世界将迎来又

一个修地铁的高潮。在一些人口较少的国家，地铁项目也纷纷上马。人口250万的约旦首都安曼市，2008年也开始考虑建设该国的第一条地铁。中亚小国吉尔吉斯斯坦首都比什凯克目前有80万人口，但根据该市总体发展规划，拟于2025年前修建总长度为14.8公里的地铁，而届时人口预计有100万。去年11月，仍处战乱中的伊拉克政府也决定拨款30亿美元，在巴格达修建两条地铁。

在地铁建造业上，德国是技术强国。目前，越南胡志明市、泰国曼谷等地都在与德国企业进行合作。曼谷地质复杂，全市平均海拔仅约1米，并面临陆沉问题，使地铁的建造工程异常艰巨，地铁的地下深度都在20米至30米之间。

在欧洲，地铁扩建也在悄悄地继续。伦敦为了举办2012年奥运会，计划新建两条地铁线路，贯穿伦敦西部的希思罗机场和东部的奥运村。别看瑞士的国土面积小，在其旅游城市洛桑也有了第一条地铁，并在去年夏天投入运营，但全长只有6公里。

2006年，中国只有10条地铁线，到2015年全国的地铁线将达到86条，目前北京、上海、天津、广州、沈阳、杭州、南京、无锡、青岛、成都等20多个城市在开展地铁建设项目。北京在建的轨道交通项目最多。

2009年7月3日，北京市政府颁发了《北京市建设人文交通科技交通绿色交通行动计划（2009—2015年）》（以下简称《行动计划》），明确了今后一个时期交通发展的指导思想、工作目标、重大行动、重点工程和保障措施，将实施6大行动、25项工程，全面推进交通发展。特别提出要着力推进“公交城市”建设。

到2015年，北京轨道将达到561公里，形成“三环、四横、五纵、八放射”的轨道交通网。届时，五环路内平均步行1000米就能到达轨道交通站点。北京中心城（五环路）公共交

太平湖车辆段早期

通的出行比例将达45%。北京市公交车专用道总里程达到450公里以上，并连续成网。

北京，这座具有3000年建城史，800年建都史的现代之城，将在绿色的“公交城市”中畅行。

刘小明说：“公交城市”是以社会化公共运输方式为主体、多种交通方式协调运转、路网交通负荷最大限度减少、交通与城市发展相适应，并支持和引导城市可持续发展的绿色出行系统。“公交城市”建设不仅包括提高公共交通设施水平，还包含了建设便捷的换乘系统、改善步行自行车出行环境、建设无障碍出行系统、实现传统道路货运业向现代物流业转变等内容。

■ 出碴45T门吊

将解决公共出行效率偏低的问题

近年来，北京市优先发展公共交通，虽然取得了明显成效，成为每天千万人次客运量的城市，公共交通出行比例2009年上半年已经达到

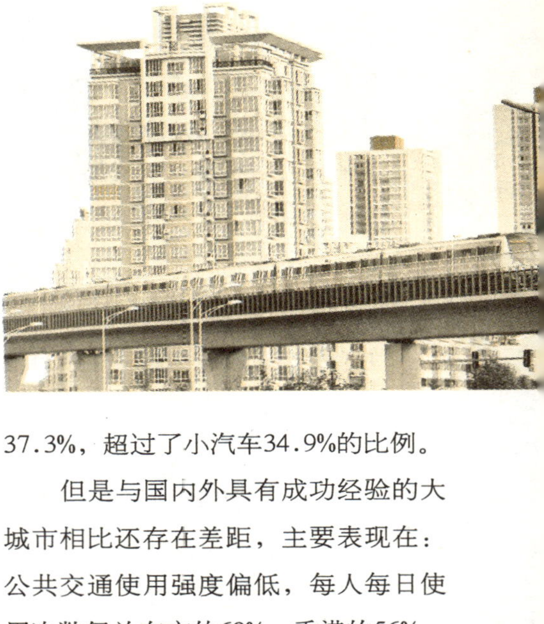

37.3%，超过了小汽车34.9%的比例。

但是与国内外具有成功经验的大城市相比还存在差距，主要表现在：公共交通使用强度偏低，每人每日使用次数仅为东京的68%，香港的56%，伦敦的78%，新加坡的79%。公共交通出行效率仍然偏低，通勤公交出行平均消耗约69分钟，与纽约、东京、伦敦等国际大城市相比多出20～30分钟。

另外，机动车占用步行道、自行车道、无障碍设施不足、道路货运

“多”、“散”、“小”等，也是建设“公交城市”要着重解决的问题。

轨道交通日客流量将达到1000万人次以上

在未来几年，打造“公交城市”将成为北京交通的主题。为此，北京交通把工作重点放在实施轨道交通网络化上。确立轨道交通在城市公共客运系统中的骨干地位，发挥其引导与支撑城市空间结构优化调整的作用。

在未来几年，北京交通将按照安全、质量、功能、成本、效率“五统一”原则，加快轨道交通新线建设，扩大线网规模，增加中心城线网密度。

2010年地铁运营里程达300公里，2012年达420公里，2015年达561公里。形成“三环、四横、五纵、八

■ 设计新颖的北京地铁站

放射”的网络体系。

五环路内线网密度达0.51公里/平方公里，平均步行1000米即可到达地铁站。形成城市轨道交通网、市郊铁路网及国家铁路网相衔接的北京市域轨道交通网络运营系统。

按照安全、高效、服务相统一和骨干线网集中运营的原则，运营主体提前介入轨道新线建设，依托轨道交通指挥中心，实现轨道交通运营主体间的协调运营和统一指挥。

新投入运营的骨干线路开通时最小发车间隔3～4分钟。更新运营线路老旧车辆，缩短发车间隔，提高运输能力，骨干线路高峰时段最小发车间隔达2分钟。日均客运量达1000万人次以上。轨道交通运营管理达到国际先进水平。

出门500米能坐上公交车

在大力发展轨道交通路网建设的同时，北京交通将继续完善地面公交网

络化。充分发挥地面公交的主体作用，构建以快线网为骨架、普线网为基础、支线网为补充，覆盖中心城、新城、乡镇的公共（电）汽车服务网络。

为此，北京交通将优化调整中心城地面公交线网，与轨道交通车站衔接，完善线网功能结构，适度增加支线网密度。

与此同时，将重点建设地面公交快速通勤系统，在主要客流线路上，继续增辟公交专用道，总里程达450公里以上并连续成网。

中心城区争取90%乘客步行到最近车站距离不超过500米，高峰时段主要干线候车时间3～5分钟，高峰时段平均满载率控制在70%左右，地面公交日均客运量达1500万人次以上。

依托旅游集散中心、主要客流走廊、旅游景区，调整规范旅游客运线路。加快农村公交场站建设，逐步落实农村公交布点，提高“村村通公交”的有效通达里程，促进郊区客运网络与城区公交网络有机衔接。

要建13个大型公交枢纽

为了使居民换乘公交车和地铁方便，将重点实施交通出行便捷换乘服务工程。轨道交通、地面交通等多种方式换乘设施同步规划、建设、运行。

未来几年，北京将建成13个综合客运枢纽。优化公交场站布局，建设改造50个以上换乘中心站，随轨道新线同步建设驻车换乘停车场。

与此同时，北京交通将在现有的道路上，增加方便市民步行和自行车出行的专用道。规划建设完善步行与自行车出行系统，使自行车专用道和行人步道形成网络，加强路权管理。

在客流集中地区增设自行车停车场，加强防盗管理。鼓励和支持依托地铁站、公交枢纽等重点地区的自行车租赁业发展。设置1000个左右自行车租赁点，形成5万辆以上租赁自行车规模。

在中关村西区等重点地区、重点大街和历史文化保护区，规划建设一批步行、自行车交通示范街区。

打造无障碍交通出行网络

公交无障碍是交通人性化的具体体现，通过在北京举办的残奥会，北京交通更加明确了实施交通出行无障碍服务是城市服务功能的重要组成部分。为此着力推进无障碍交通设施与服务体系的建设，力争在未来几年，在中心城区基本建成无障碍交通出行网络。

新改建道路将全部随路建设无

障碍设施，现有道路逐步实施无障碍改造。在公交、地铁等行业，继续推进车站和站台、车辆等无障碍建设改造，强化对侵占、损害无障碍设施行为的管理和执法。

与此同时，还将实施城市货运物流配送服务工程。适应现代化物流业发展和北京、天津作为华北物流中心功能的需要，实现传统道路货运业向现代物流业的转变。组建5万辆规模的“绿色车队”，重点建设邻近六环路的10个货运场站，带动城乡物流配送业发展。

新能源车达到5000辆

2009年，在丹麦首都哥本哈根召开的世界气候大会上，温家宝总理代表中国政府向世界宣读了未来5年中国实施的“减排”、“低碳”目标。“减排”、“低碳”与“绿色出行”已成为各国交通面对课题和发展的方向。

北京交通将在节能“减排”方面加大力度，除了优先发展公交之外，还要在道路建设和维修中，大力促进节能环保材料和再生资源利用，推广矿山废弃物、废旧轮胎胶粉沥青、建筑垃圾的再生利用，推广温拌沥青、蓄能自发光涂料、透水步道砖等新材料的应用。

与此同时，要扩大轨道交通新型节能通风、空调和再生制动能量利用等技术应用。扩大调整公路不停车收费系统（ETC）使用规模。

同时，要推广应用纯电动和混合动力等新能源汽车，完善配套设施建设，公交和环卫等行业新能源车辆规模达到5000辆。

让一半的北京人上班坐公交车和地铁

北京将在市民中倡导绿色出行。作为文明城市建设的一项内容，开展“公交周”、“无车日”、“少开车”等多种活动，引导市民选择公共交通、自行车和步行出行。倡导使用清洁能源汽车和低排放、低能耗汽车。

倡导“绿色出行”，打造北京

"公交城市"，是北京市建设以"人文交通、科技交通、绿色交通"为特征的新北京交通体系的重要内容。实施上述举措，到2015年，公共交通吸引力明显增强，交通出行效率不断提升，道路交通安全水平进一步提高，交通节能减排效果显著，实现传统道路货运业向现代物流业的转变。

要让北京公共交通吸引力明显增强。中心城公共交通出行比例达45%。其中，高峰时段通勤出行中，公共交通分担比例达50%以上，轨道交通承担公共交通总客运量力争达50%左右。自行车出行比例占20%。

与此同时，要完善城市物流配送体系并形成规模。形成与铁路、海运、空运接驳的道路货物运输网络，使中心城区内物流配送系统，承担城市正常运行的货运量70%左右。

形成1—1—2小时交通圈儿

为了使交通出行效率不断提升，北京交通将努力打造"1—1—2"小时交通圈，即中心城内通勤出行时间，平均不超过1小时，最远新城到中心城（五环路）的出行时间，平均不超过1小时，北京到环渤海经济圈中心城市出行时间，平均不超过2小时。中心城交通拥堵指数控制在6左右。

与此同时，要使道路交通安全水平进一步提高。交通参与者遵守交通法律意识和交通安全意识明显提高。全市万车交通事故死亡率控制在2以下。

通过经济技术手段降低机动车能源消耗。提高机动车尾气排放标准，机动车主要污染物排放总量低于2008年水平。北京将从规划与用地保障、资金与政策保障、体制与机制保障、法制与标准保障方面，推进"公交城市"建设。坚持土地利用与交通协调发展，实现新城产业布局、公共服务功能设施布局的同步调整，有效疏解中心城功能。

坚持交通投入向公共交通倾斜，加大政府用于公共交通服务的支出。研究制定交通需求管理长效措施。研

究制定与能耗、排放相关的小汽车使用政策。促进科研成果在公共交通领域的产业化。

建立与公共交通公益性定位相适应的企业运营成本与绩效考核机制，完善公共交通票制票价。制定和修订公共交通、轨道交通安全运营等地方性法规规章以及公共交通行业标准规范。

刘小明主任说，我们将加快构建以“人文交通、科技交通、绿色交通”为特征的新北京交通体系，营造安全、畅通、文明、和谐的交通环境，为建设更加繁荣、文明、和谐、宜居的首善之区提供有力的交通保障。

拥堵变通途，人们期待的城脉

从步行、马车、驴车，到自行车王国，从三轮车、蹦蹦车（摩托车）到私人轿车，从私人轿车到公交车、地铁，北京交通60年的历史，见证了北京人从贫穷到温饱，从温饱到小康，从黄色（黄土）到黑色（柏油），从黑色到灰色（水泥），从灰色到绿色，从梦想到理想，从理想到现实的心路历程。

北京正在向现代化的国际大都市发展，当人们享受现代化交通工具带来的便利的同时，自然也为环境污染、道路拥堵等“城市病”付出了相当沉重的代价。这是每一个发展中的国家、发展中的城市必然要走的路。尽管有识之士早在20年前就已经预见到私人轿车的膨胀，必然要以“牺牲”交通为代价，并且开出了“良方”，但历史的发展不以人的意志为转移，北京没有绕开伦敦、纽约、东京等大城市走过的路。

当历史走到了一个十字路口，前面是红灯时，人们需要冷静地反思，交通是城市的动脉，我们每个人是动脉里流动的一个细胞，为了大动脉的畅通，我们该作出新的选择，这个选择便是公共交通。

北京市政府沿用北京奥运理念，提出“人文交通、科技交通、绿色交通”的行动计划，并且着力打造公共交通，力争把北京建成一个“公交城市”，无疑为北京交通的发展，找到了一条通途大道。

绿色出行，公交城市，“三环、四横、五纵、八放射”，“1—1—2”，这些美好的规划蓝图，并不是纸上谈兵，不是坐而论道，它们正在一步一步地实施，而且在今后两年、三年、五年，就要变为现实。

放眼未来，前景光明，城市交通大动脉，一路畅通不只是美好的愿望，也不是一句空洞的口号，随着“绿色出行”、“公交城市”的实现，人们将不会再为路上堵车而焦虑，不会再为挤公交车而苦恼，不会再为没地方停车而抱怨，不会再为城市的交通而困惑。到那时，也许人们才会体会到一路畅通的感觉，并且由衷地说一句：这才是我们期待的“城脉”！

第 十二 章

面对现实：
城市交通任重道远

前景光明，现实严峻

中国人一向以乐观豁达闻名于世，北京人更是在乐观中掺和着洒脱，在洒脱中糅着幽默。当北京人看到市政府颁布的《绿色交通行动计划》时，没得说，自然是欢欣鼓舞。“三环、四横、五纵、八放射”也好，“1—1—2”也好，人们对这些眼下时髦的数字概念，会觉得绕脖子，但出门能一路畅通却是实实在在的渴望。

规划和计划总是纸上的东西，人们更相信能看到的现实。眼面前碰到的是出门上路交通的拥堵。您的规划和计划再好，在北京人的心里也只是梦想。尤其是那些开着私家车上下班的“白领”们，尽管每天一早一晚都伴随着北京交通电台“一路畅通”节目行驶在路上，但是却很难找到一路畅通的感觉。

2010年8月24日新华社的一篇报道中说得直截了当，机动车的高增长直接造成了城市中心区交通拥堵状况的加剧，使北京市缓解拥堵的各种努力和效果化为乌有。

是呀，当人们在路上，面对一眼望不到头的滚滚车流，深受堵车煎熬的时候，当堵车让人们堵心的时候，人们对那些鼓舞人心的计划和规划，似乎一下子会感觉离现实生活是那么遥远。

当然，谁心里都明白，饭要一口一口吃，路要一步一步走。规划也好，计划也好，变成现实不可能一蹴而就。但是希望和梦想，有时常常会

被残酷的现实所击碎。

还是那句话，“衣食住行”这四样跟老百姓生活息息相关的事儿，很难用美丽的统计数字来掩饰。说到这儿，让我想起2010年年终岁尾的食品蔬菜大涨价。尽管有些媒体想遮掩，一个劲儿地报喜不报忧，说老百姓的生活水平提高了多少，人均收入达到2000美元，接近发达国家水平，等等，但老百姓看到的是烧饼从年初的8毛钱一个，涨到了1块5，大白菜从年初的2毛钱涨到了8毛钱，鸡蛋从年初的2块8毛钱涨到了4块5毛钱，连糖炒栗子都从7块一斤涨到了13块钱一斤，相反人们的工资可是按兵不动。这时候，您再说老百姓的生活水平提高了多少倍，谁信呀？

交通也如此，您再说修了多少路，架了多少桥，采取了哪些措施，可是一出门就堵车，而堵车又是有目共睹、无法遮掩的现实。您说得再好，人们也会觉得这是远景，不是近象。远水解不了近渴。是呀，在“衣食住行”上，老百姓看到的就是眼面前如何，夏天热，得有空调，冬天冷，得有暖气。以后怎么样，那是以后的事儿。这一点儿都不能含糊。

毫无疑问，对于城市管理者来说，没有远虑必有近忧。当规划一座城市时，您不把交通摆在重要的位置上，作为先决条件来考虑，等到出现全城大拥堵的时候再考虑如何治堵，似乎为时已晚。当然从政府来说，下决心，没有解决不了的难题，交通问题也如是。

堵车引起“迁都”危言

从2010年8月开始，北京市“十二五”规划（国民经济第十二个五年发展规划）编制工作领导小组办公室，向广大市民征集建言（建设性意见）。市民反响强烈，在不到一个月的时间里，通过“首都之窗”网上留言、电子邮件、短信、热线、信件、传真等方式，提出了近万条意见和建议，其中与交通相关的建言几乎占到了一半。由此可知交通问题多么让老百姓关注。

正当人们为“十二五”规划中的交通问题献计献策之际，9月17日傍晚的一场小雨，造成的全城大堵车，犹如在人们头上泼了一盆凉水。首都成了“首堵”。它再一次让人感到交通

问题，对城市管理带来的压力。

9月30日，《南方周末》发表的一篇长文说："一次被媒体称为交通史上最严重的堵车，再次唤醒了人们对迁都的议论和记忆。"文章把9月17日那天晚上的堵车称为"惊天大堵"，并引述一些专家、学者曾经提出过的"一国三都"的构想，即选择理想的城市建一个全新的国家行政首都，同时把上海作为国家经济首都，北京则只留文化职能，作为文化科技首都。

另一篇发表在2010年10月10日《北京晚报》的薛涌写的文章《向北京交通下战书》，也针对北京日均增机动车1900辆，如不限制，2015年将达到700万辆，届时高峰时段机动车行驶平均时速将低于15公里的说法，提出弃车出行，跑步上班的"战书"。

这两篇文章都有点儿跟北京交通现状叫板的意思。不过，显然是被一次天降小雨，带有一定偶然性的全城堵车现状给惊着了。"惊天大堵"本身就说得有点儿吓人。9月17日晚上出现全城几百个路段堵车是事实，一点儿没错，但还不至于到惊天动地的地步。

当然，由于一次大堵车，就废掉有3000多年建城史、800多年建都史、世界闻名的首都北京，考虑到迁都，更带有危言耸听的意味。

且不说目前解决北京交通拥堵的问题，并没有到山穷水尽的地步，也不论眼下北京政府正在集中各路专家学者研究治堵方案。单说迁都，您以为迁了都，就可以解决交通拥堵的问题了吗？这可就显得有点儿幼稚了。换句话说，有点儿天真烂漫，说话不着调，不靠谱了。

事实上，现如今，交通拥堵，已经成为全世界各大城市的通病。您还别往远了说纽约、巴黎、伦敦、东京、莫斯科这些大城市堵车。说近便点儿的，咱们国内的大城市：上海、广州、南京、武汉、郑州、兰州、西宁、哈尔滨……从南到北，从东到西，您说吧，哪个大城市不堵车？现实是，漫说这些大城市堵车，连一些二线三线城市也开始出现堵车现象了。

为什么？

您琢磨呀，2010年，全国一年就卖出去1800万辆汽车。这1800万辆汽车可不都是让北京人买去了。现如今，一辆小汽车三万四万就能买到手，新鲜吗？

毫无疑问，汽车市场的销售量暴增，在拉动内需上建功立业的同时，也会带来交通管理、道路安全、环境污染等一系列的问题。在汽车销量迅速增长的同时，也在中国催生出越来越多的"堵城"。

当然，咱们光说交通拥堵了，另一个问题还没涉及，那就是交通事故。

您别看眼下，中国汽车年销售量是世界第一，但中国的汽车保有量却跟美国、英国、日本这些发达国家没

法比。我们目前汽车的保有量只占世界汽车总量的3%左右。尽管如此，中国的交通事故死亡人数每年都在几十万，占世界交通事故死亡总数的16%，连续多年居世界第一位。

所以说，一次因小雨造成的全城大拥堵，没有必要惊慌失措。当然，要看到交通问题的严峻性是必要的，也是必需的，但是还没到一点儿没招儿说迁都的地步。

迁都可不是张嘴那么一说的

迁都。我这儿得啰嗦两句。迁都？是张嘴一说的事儿吗？当年皇上选择在北京建都，那是经过方方面面的专家和大师按《周易》八卦考察了全中国的地形地貌、地理位置，周密考虑，最后才作出决定的。

北京是什么地界？“虎踞龙盘，形势雄伟，左环沧海，右拥太行，北枕居庸，南襟河济，形胜甲于天下，诚天府之国也。”用老百姓的话说，从周文王封召公于燕起，自古以来，北京这地方就带着江山永固的“皇气”。

为什么中华人民共和国的缔造者会放弃南京，选择北京作为首都，这还用说吗？

因为交通拥堵，就琢磨着迁都，您想可能吗？还别说交通拥堵，就是这些年，北京已成为严重缺水的城市，共和国的决策层也没有迁都的动

议。因为北京无论是古代，还是现代，作为首都，再难找这么合适的城市了。

话又说回来了，北京的交通拥堵真是无可救药，政府一点儿招儿都没有了吗？说这话也太小看我们的人民政府了。共产党把压在中国人民头上的三座大山都给推翻了，别说交通拥堵了！这里套用一句北京老百姓的话：政府是没出狠招儿，只要政府下决心治理北京的交通，还甭多喽，一个政令就能把交通问题给解决了。

这话倒是一点儿不虚，北京开奥运会的时候，怎么条条道路都畅通呀！

当然，说这话也有点儿“偏激”。因为北京的交通拥堵，毕竟还没到老百姓出门走不动道儿的地步。何况治理交通拥堵，作为城市管理的一个重要方面，得讲科学化，讲人性化，讲理性，也要讲通情达理。所以，什么事儿都不能急躁。

造成现在交通拥堵的现象，不是一天两天就形成的，自然，治理交通拥堵也不能单靠政府颁布一个政令，突然来个刚性的冷处理，比如路面车多，下一道单双号限行令，私家车多，下一道限制私人购车的政令，就能解决问题。

还是那句话，得科学管理，综合治理，对症下药，一步一步来。就如同北京市现在实行的机动车限行轮号13周一换，五环主路不受限的柔性措施一样，如果一下子来个所有机动车都实行单双号限行，恐怕许多人会难以接受。

没车位不给新车上牌照的争议

其实，对于如何解决城市交通拥堵问题，我估计一百个人，会有一百种见解。如果让一百个人给政府支招儿，也许会出一百个主意。

因为每个人的生活和工作状况不同，社会地位、知识和见识不同，思维方式不同，所以看问题的角度也就不同。比如说，有私家车的和买不起私家车的，上班离家近的和上班离家远的，上岁数退了休的和每天“朝九晚五”一族的，骑自行车的和开汽车的，等等，他们对交通拥堵的看法肯定不一样。当然，当政府为了缓解交

建成后的丰北路

通压力，出台一些相应治堵的措施，也会引来各方面的意见。

2010年11月，浙江省宁波市为治理交通拥堵，缓解城市交通压力，政府向宁波市人大常委会提交了一个“新购车辆未配停车场所，拟不发牌证”的议案。换句话说，就是没有停车位，交管部门不给新车发牌照。再说白一点儿，就是限制老百姓买汽车。

这个方案还在人大审议阶段，被媒体披露后，立即引起轩然大波，争议此起彼伏。当然，类似这样的提议，在北京也有人大代表和政协委员提出过，但有关部门慎重考虑后，没有轻易形成议案。

用这种方法限制老百姓购车并非独出心裁，因为眼下许多发达国家就是这么办的。但是针对宁波尚未出台的这一措施，有人为之叫好，认为这是缓解交通拥堵和停车难的明智举措，城市交通管理的目的之一是规范机动车安全行车和停车的新秩序，既然您想开车，买车的时候必须要有地方停，就跟您买彩电冰箱一样，您不能买了汽车以后满大街随便停，占用公共空间，去影响其他人的生活秩序和利益。

有人认为，没有停车位新车不许上牌的举措，虽然不是最佳选择，却是针对目前大中城市无限制地发展机动车可选择的行之有效的措施。

但是，有些人持坚决反对意见。有人认为：没有车位不许上牌，是一种不平等的措施，甚至是霸道的做法。首先，在现实生活中，不可能实现汽车与车位的数量对等，因为车是流动的，车位是固定的。其次，真按这样的规定来做，那些已经买了车，却没车位的车主怎么办？最后，政府如果把公民买车和车位“绑架”在一起，强调的是车主的责任，而把政府的责任有意给隐藏了。这是一种霸道的推卸责任的表现。

有人认为：没车位不许上牌，没有法律依据，侵犯了公民的权利。这样的规定如果出台，没有任何道理可言。

有人认为：这个政策会牵涉方方面面的利益纠葛。这个政策如果出台，对交通拥堵来说，也只能是隔靴搔痒，根本起不到任何作用。

有人认为：国家发展的大政方针是拉动内需，没有车位不给上牌，实际上是限制人们购车，限制人们购车，就是限制人们消费，阻碍内需的拉动。

甚至有人认为：这个政策如果出台，那计生委也可以考虑出台“生孩子必须先考虑落实一套房”的政策，国土部也可以出台“要走路必须先买一块地”的政策，显然没有车位不许上牌还是很荒唐的。

您看就是这么一个交通治堵的举措，就引来如此多的议论，而且“正方”与“反方”立场鲜明，论点迥然不同。由此可见，作为城市的管理者，在交通管理方面的难度。

别一着急就下“战书”

也许是响鼓得用重槌的缘故，那位一直为城市居民出行少开车而大声疾呼的薛涌先生，给北京交通下了“战书”。少开汽车，“绿色出行”的建议没错儿，但是用下“战书”的形式来说事儿，则有点儿动气儿和夸张。

当然，现实生活中的有些事儿，并不像“给北京交通下战书”的薛涌先生想得那么简单。不过，薛涌的所谓“战书”，也不是拿机动车每天增长1900辆这样的现实，非要跟政府过不去。他的想法是号召北京人不开车，上下班干脆“腿儿着”。

让老百姓买了车，不开车行吗？恐怕远在美国纽约郊区生活的薛涌先生想问题过于天真了。你让老百姓买了车，不开车，在家里当摆设，他干吗？

再者说，车是死的，人是活的。哪个国家也没有这样的法律条文，家里有车，不许上路。提倡可以，引导也可以，但这种事儿不能强制。如同吸烟一样，人们可以宣传吸烟有害，政府也可以规定在公共场所不能吸烟，但是任何人都无权不让人们买烟，也无权不许人们吸烟。道理很简单，香烟不是大烟，国家还允许烟厂生产香烟，也还要靠它来征税。烟草的税收历来是纳税大户，除了石油、酒，恐怕就得数它了。所以，我们只能做到在特定的场合控制吸烟，不能灭烟。

汽车也如是。车多固然是造成城市交通拥堵的一个方面，但是绝不能把交通拥堵的罪过都归结到车多上，更不能归结到老百姓买车上。因为造成交通拥堵，还有交通的管理，道路的设计，人们的文明程度等多种因素。

还是那句话，车是死的，人是活的，只要采取有效的措施，强化交通的管理，提倡绿色出行，大力发展公共交通，我想交通拥堵的问题总是可以解决的。

德黑兰的教训

2010年11月24日，伊朗首都德黑兰的市民接到市政府的公告，因为城市空气污染十分严重，人们在这种空气状态下出门，会污染上许多疾病，所以全城的老百姓放假一天，学生可以不用去上学，各行各业的人们可以不用去上班，一律在家歇着。

由于空气污染而放假，在世界各大城市还不多见。尽管这一决定从某种意义上，体现了政府的人性关怀，但是，我想这是每一个德黑兰的市民都不愿意看到的事儿。自然，也是每一个在地球上生活的人们所不愿听到的消息。

因为人类生活在一个共同的地球上，当我们生活的地球某个城市，大气污染到不能出门上班上学的地步，我们该做如何感想呢？

八成有一多半的人会由彼及此，想到了自己所生活的城市，是不是也会有一天如此出不了门。

中国和伊朗同属亚洲国家，而且也都是发展中国家，由德黑兰市民的命运，联想到自己所在城市人的命运，这是很正常的。

德黑兰是伊朗的第一大城市，也是西亚最大的城市，现有居民1600万人，伊朗的全国人口大约7000万，也就是说，大概齐有40%的伊朗人，住在德黑兰。

德黑兰的大气污染为什么如此严重？据新华社的相关报道，一是地理位置属大陆气候，冬冷夏热，干燥少雨；二是炼油厂多，伊朗的石油储量居世界第五位，天燃气储量居世界第二位；三是人多，汽车多。炼油厂排出的气体和汽车排出的尾气，自然会成为大气重要的污染源，加上德黑兰地处盆地，现代化发展使德黑兰高楼大厦林立。冬季干燥少雨，在无风的情况下，空气中的污染物排不出去，自然会飘浮在城市上空。说了归齐，这又是汽车惹的祸。

城市化发展快得惊人

人口膨胀，交通拥堵，环境污染，资源短缺，生态恶化等，已经被

■ 机场南线高速公路

世界公认为是大城市的“城市病”。

据2010年中国社科院发布的“中国城市蓝皮书”显示，近几年，中国城市化速度不断加快，到2010年底，中国城镇人口比例已达45.7%。这个数字意味着什么？那就是将近一半的中国人生活在城镇。

当然，另一半生活在乡村的中国人，也并非像过去那样脸朝黄土背朝天，被地里的庄稼“拴”着。您如果到农村这个“广阔天地”去转转，不难发现真正在地里干活的，大多是老人或妇女，青壮劳力都奔了城里打工。

“蓝皮书”的数字45.7%，并没包括数亿进城打工的所谓“农民工”。而庞大的“农民工”队伍是难以得出准确数字的。保守点儿说，现在60%的中国人在城市里“喘气”，这也许并不为过。

中国社科院的统计数字还显示：1978年，中国城镇人口比重只有18%，1996年，这一比重上升到30.5%，到2006年，上升到44%。10年间，城镇人口比重平均每年提升1.34%，比1978年到1996年间平均每年提升0.7%快了近一倍。到2008年底，全国城镇人口数量就达到了6亿。现在仍处于增长高位。这些数字说明，中国的城市化速度发展之快，是许多人始料不及的。

北京的“十一五”规划确定2008年常住人口总量要控制在1625万人。但是截止到2009年底，实际常住人口总数已达到1972万人。上海市2009年公布的常住人口数是1921万人，广州市公布的常住人口也已超过1400多万。此外，超过千万人口的大城市至少还有10个。而且这些大城市的人口，每年还在以40万～80万人口的速度在增长。

当然，这只说的是常住人口，并不包括暂住人口和流动人口，其实如果算上这两部分人口，北京、上海、广州等大城市的人口早已超过2000万。

2000多万人口是个什么概念呢？英国的全国人口5882万，伦敦的人口大约是700多万。法国的全国人口是5800万，巴黎的人口大约是217万。荷兰的全国人口是1556万。瑞士的全国人口是708万。我们总说日本东京的人口多，但东京的人口只有1300万。美国的纽约是全美人口最多的城市，也才有827万人。

“城市病”是城市人自己找的

2000多万大活人，共同生活在一个城市，您想这座城市的环境、能源、生态以及交通的压力有多大吧。

中国城市管理协会会长罗亚蒙认为：当前像北京、上海、广州等大型城市人口过度聚集，人类活动强度均超过了环境、交通、能源等承载能力，从而导致资源短缺、生态恶化、交通拥堵等诸多“城市病”，离“宜居”越来越远。

说句题外话，在2000多万人口的超大型城市，谈得上“宜居”吗？我想每天面对灰蒙蒙的大气层，面对马路上滚滚车流，耳朵边是轰轰隆隆的汽车噪声，每个人都会对“宜居”俩字得出结论。

但是现实生活中，有些事真是令人费解。既然2000多万人口的大城市房价越来越高，交通越来越堵，生活成本越来越高，已经谈不上“宜居”了，干吗人们还玩命似的非要往这样的大城市拥呢？其实出了这些超大城市几十公里的一些小县城，没有高房价之忧，没有交通拥堵之虑，也没有生活成本太高之苦，生活是很舒服的，当然也是“宜居”的。

也许中国人喜欢热闹，是不是嫌那些小县城太寂寞，生活太枯燥，挣钱、发财的机会少，所以想住在大城市寻求发展，并且以一种大无畏的精神，

来感受一下都市的喧嚣，热闹的氛围，呼吸一下大城市并不干净的空气，此外，再为大城市的交通添点堵。也许六朝古都的北京城“皇气儿”的诱惑力太大，文化底蕴太厚，全国人民的首都忒吸引人了，谁来了就不想走了。当然，这纯属笔者闲聊。

其实人们之所以在这种超大城市生存，每个人都有自己的理由。当然我们也要尊重每个人的选择。

按照人类的生存法则，你得到一些东西的同时，也必然会失掉一些东西。甘蔗没有两头甜的。享受到大城市的繁华，同时也就会失去田园风光的宁静。正如那些在上下班高峰期，堵在路上开车的人，享受到了驾私家车的乐趣、便利以及虚荣，自然也要忍受堵车的烦恼、焦躁和无奈。在这一点上，谁都不能说自己是无辜的。难怪有人戏言：“城市病”是城市人

自找的。

当“城市病”处于发病初期，如果及时就诊，对症下药，还是有救的。人们也不必为此神经紧张。

罗亚蒙先生认为：城市有点“病”是正常的，只要不是“病入膏肓”，导致城市“偏瘫”，就可以治理。只是特大城市的“城市病”更严重一些，治理的需求更迫切一些。

从这个意义上说，德黑兰的教训是深刻的，它实际上给世界上所有超过千万人口的特大城市敲响了警钟，千万别等到城市污染到了市民无法出门，城市交通拥堵到了市民无法出行的时候再想辙。真到了那一步，可就积重难返，治理起来就难了。

在东京感受堵车

大城市的交通拥堵并不仅限于中国的北京、上海、广州等特大城市，世界上的其他大城市同样也面临着交通拥堵之苦。笔者出国的机会虽然不多，但是也到过几个国家。几年前，在日本东京就遭遇过在路上堵车的烦恼。

东京的机动车有450多万辆。我那年去东京访问时，北京的机动车才200多万辆。尽管那会儿北京的路面上也经常堵车，但我的感觉比起东京来要“逊色”得多。

那次，我是从横滨坐大巴到东京市区。在进入东京市区的时候，正赶上傍晚下班高峰时段，路面上的汽车排成了长蛇阵，赶上红灯，一堵也是半个多小时。

坐在大巴车上，望着一眼看不到头的汽车红色尾灯在夜幕下闪烁，我暗自庆幸北京没有这么多的机动车。

谁能想到这种庆幸只保留了几年，北京的机动车就迅猛发展到了近500万辆。500万辆机动车已经超过了东京。跟当年在东京遭遇的堵车相比，现在北京个别路段的交通拥堵是真堵，或者说是“死堵”，如同“肠梗阻”。

因为在北京的各个环路以及京石、京沈、京藏等高速车流量比较大的路上，一旦出现事故便瞎菜，没有半个小时到一个小时，您的车绝对开不起来。而东京的堵车，应该叫“活堵”，它只是由于车多，碰上了十字路口的红灯出现的堵车，用交管部门的常用语，叫行驶缓慢。

为什么呢？因为东京拥有比较完善的立体化道路交通体系。在硬件方面避免了“死堵”问题。

大概去过日本的人都会有这样的体会，日本人惜土如金。日本的旅馆也许是世界上空间最小的。我在东京住过一个三星级的宾馆，卫生间小到转不开身。

同样，日本的大城市也好，小城镇也好，马路都很窄，跟北京道路的宽度简直没法比。北京的长安街是世界上最宽的马路。四环、五环也都是上下4个车道。难怪有的日本人在北京遇到堵车时，感到纳闷：这么宽的路，为什么车就开不起来呢？

怎么立交桥会成了堵点

聊到这儿，我想对北京的路和立交桥的设计，说两句有些人不爱听的话。地球人都知道，改革开放以来，尤其是奥运会之前，北京修的路，建的立交桥，不但速度快，线路也长，咱们在

前文也多有描述。但是从交通学的角度说，修的公路和立交桥多，不见得就能使交通顺畅，道理很简单，如果设计得不合理，照样会堵车。

我们在分析北京交通拥堵问题时，更多的是强调北京人多车多，往往忽略了道路和立交桥的设计与建设这个“硬件”。当然有时也忽略了交通管理和行人与开车人的文明素质等“软件”。

不知您注意没有，眼下，北京交通的很多拥堵点，不是在路面上，而是在若干立交桥的进口和出口。按说建立交桥是为了解决交通拥堵的，可是现如今却成了拥堵点。

老爷子与立交桥的故事

七八年前，我曾采访过一个姓吴的老爷子。当时老爷子有70来岁了，汽车的驾龄却有近50年。他不到20岁就在老北京的汽车行开车，后来被挑选到外交部开车，先后给3位外交部的副部长当专职司机。由于车技好，人也可靠，以后又被部里派到几个国家的驻外大使馆开车。因为工作需要，直到退休前，先后去过40多个国家，可谓见多识广。

也许是因为每天都开车上路的原因，老爷子从20世纪70年代开始，就琢磨路面的交通问题，尤其是立交桥。他发觉在国外，只要有立交桥，汽车行驶都很顺，不会堵车，而回到北京，有些立交桥却经常堵车。他为这事动了脑子。退休以后，他骑着自行车把北京的立交桥都认认真真地实地考察了一番。

当年北京的立交桥有120多座。他家住东单附近。骑车要把这些桥转遍，而且还要琢磨，他整整花了七八个月的时间，最后他得出了结论，除了有十几座大的立交桥如国贸桥、三元桥等设计比较合理之外，其他近百座立交桥的设计都不合理。所谓不合理，就是没有使桥真正立体交叉起来。

老爷子并没有停留在给立交桥挑毛病上，出于对北京交通热爱和对北京的关心，他花了半年多的时间，自己设计了一个三层立体交叉桥，画出了草图，并用木头做了一个模型。

老爷子不是搞桥梁设计的工程

师，也没有很高的学历，但他有丰富的行车驾驶经验，他跑过的路、见过的桥也许比那些立交桥的设计者要多得多。

我当时在《北京晚报》主持“京味报道”专版，每周写一篇有关北京风情的大稿。老爷子是我的忠实读者，到晚报找我说桥的事儿。我看了他的立交桥模型，又听他讲述了自己的构想。

老爷子说，他这样耗时费力地琢磨北京的立交桥，并不是想出名，也不是为了赚钱，完全是出于对北京交通的关心和对北京的热爱。他希望自己的想法能得到有关设计部门的认可，并且能把他的设想作为今后城市立交桥设计的参考。

我被他的这种热心所感动，在我主持的“京味报道”专版上，用了一个整版的篇幅，对老爷子的事作了报道，以求引起有关方面的关注。但是事与愿违，这篇报道没有引起有关设计部门和设计人员的注意，反倒引起广大读者的关心。报社接到了不少来信和电话，为老爷子的这种精神叫好，同时也对北京立交桥的设计提出了许多批评和建设性的意见。

老爷子呢，本以为这篇报道见报以后，会有设计人员找他切磋或上门听取意见，但是等了数月不见动静。他问我怎么办？我说你干脆主动上门吧。

他听了我的意见，还真拿着报纸和模型，找到某设计院。设计院的两位头儿和专家对他倒是挺热情，可是看了他设计的模型，摇了脑袋，说出一堆专业术语，不置可否地让他走了。老爷子灰溜溜地出了设计院的大门，心里冒出丝丝寒意。热脸贴在了冷肚脐眼上，搁谁心里也不会痛快。

事后，我为老爷子的“冷遇”心里很不是滋味儿，不管怎么说，一个老北京人，出于对北京交通的关心，花了那么多心血，琢磨出改造北京立交桥的设想，并且自己动手做出了模型，找到有关部门，无论如何不应受此冷落。

几个月后，我利用采访的机会，跟某设计院的一个高工说起这事儿。

这位高工笑着对我说：“老爷子的热情是好的，但是他一个开车的，怎么会懂立交桥的设计呢？他拿来的模型像个玩具，如果立交桥的设计这么简单，那人人都可以当设计工程师了。我们不能把问题看得太简单了。”

我听了以后，无言以对。

是啊，老爷子没上过大学，像这位高工说的不懂立交桥设计，但是他开了几十年车，见过无数座立交桥，而且他花了几年的心血认真琢磨过立交桥。没吃过猪肉，还没见过猪跑吗？他知道现在立交桥出现堵车的病根在哪儿。在桥梁设计上，他是外行。他设计的立交桥也许在这位高级工程师眼里，确实是个玩具，但毕竟是这位老人心血的结晶，多少有些参考价值吧。

话又说回来，您认为老爷子的设计不行，您倒是设计出不堵车的立交桥来呀！但毕竟这位退休的老司机人微言轻，在专家面前，他的意见，包括他的模型，人家不会当回事。

不过，当我静下心来细想，这事儿用北京话说，老爷子有点儿一根筋，我也有点儿气迷心，不知深浅，自讨没趣。您想老爷子此举，不是意味着要砸人家的饭碗吗？如果一个退休老头儿都能设计出立交桥来，那些吃着国家俸禄的设计师们的面子往哪儿放？人家岂不是成了“废物”？

当然这事后来也就不了了之啦。据说老爷子后来又找了几个部门，都吃了闭门羹。我也再没跟他联系，可叹这位老爷子白花了几个月心血。

立交桥的设计要有前瞻性

在聊到城市立交桥设计不合理，造成交通拥堵时，让我想起这位老爷子，未免会生发出一些感慨。为什么城市道路和立交桥的设计者们不能深入现场，多搞一些调查研究，多听取一些开车司机们的意见，把立交桥设计得更合理一些呢？

我曾问过一位立交桥设计专家，现在城市立交桥为什么立体交叉不起来？比如把双层改为三层。他说主要是考虑到占地面积、建设成本和桥梁的美观。

我认为，桥梁的美观固然重要，但作为桥本身，它的价值就是实用。

桥再好看，但是不实用，又有什么意义呢？

说到成本和占地问题，笔者认为立交桥的设计者，应该具有城市未来发展的前瞻性，起码要考虑到20年以后或更远，您设计出来的桥还能用。比如京城著名的西直门立交桥，当初建二环路时，也许设计者没想到北京交通的发展速度，没过10年，这里便堵得一塌糊涂，所以不得不重新改造。我记得当时采访建桥现场的指挥。他说改造西直门立交桥投了4个亿，而当时建这座桥不到1个亿。

但是让设计者大跌眼镜的是改造后的西直门立交桥依然是堵点，所以几年后，又对这座桥进行了改造。据说投资也在几个亿。现在这座立交桥的设计依然不尽如人意，高峰时段照样是堵点。

当然，由于西直门处于二环及3条放射线的交汇处，车流量巨大，这也有一定客观原因，但当初设计者如果让这座桥真正立交起来，肯定不会有后来的问题。

2010年11月，笔者从北京市交通委官网上了解到，建国门立交桥由于早晚高峰时拥堵严重，也要进行改造，并开始向社会公开征集改造工程方案。这也许是一个信号，北京开始对那些拥堵严重的立交桥动手术了。不过，与以前不同的是，现在对桥动手术开始倾听民意了。不知那位“一根筋”的老吴知道这个消息不？他要是得知此信，保不齐会从床底下把那个模型找出来，去应征。

当然，在立交桥的设计方面，笔者纯是外行，不懂这里头的学问，包括城市交通本身，笔者也不是专家，其中的门道，也许只知其然，不知其所以然。但严峻的现实摆在那儿，桥建起来了，路也修了不少，为什么还会堵车呢？

我琢磨着，其中肯定有设计上的原因，也有交通管理上的原因，包括路口和线路设计得合理不合理，行进线和变道线、禁行线、人行横道、应急车道、公交专用线等画得合适不合适，红绿灯的时间设计得合理不合理，等等。所以，说到城市交通拥堵，我们不能只看到了人多车多，还应该琢磨一下道路和桥梁的设计，还有城市交通的管理。

交通事故是造成拥堵的一个原因

跟一些开车的朋友聊天，常常会说到车技问题，有人说，在北京、上海、广州这样的大城市开车，一要有车技，二要有脑子。

开车这活儿，本是熟练工种，但是不知您注意没有，职业司机和业余司机还是有很大区别的。笔者经常打“的”和搭乘别人的车，发现职业司机除了开车技术好之外，在遵守交通规则方面，极为重视，不管路口有没有人，有没有警察，有没有探头，红灯亮时，绝对不敢往前开。当然，最大的区别是道儿熟。

为什么说在北京开车要有脑子呢？因为北京的路况比较复杂，限制也比较多，尽管路面上设有许多提示牌，但是生手开车，稍不留意，就会开过头。再往回开，则至少要绕几公里。尤其是立交桥，让有些外地司机犯懵。所以在北京开车一定要注意力集中，不能分神。

当然，现在一般好点的车都安了车载GPS，有卫星定位指路和提示，可以省点脑子，但路上的车流量大，赶上前头是生手或“面瓜”，还有那些胆儿大的来回变线，稍不留神就会剐蹭或追尾。

原北京市副市长黄卫在2010年北京“两会”上，分析交通拥堵的原因时说：“交通事故也是造成城市交通拥堵的原因之一，北京每天都要有几万起剐蹭，很多堵点是因为交通事故造成的。”

据北京市交管部门的专家介绍，在机动车事故中，驾龄在3年以内的新手占了4成左右。新手被很多人视为“马路杀手”，同时也是交通拥堵的一个不可忽视的因素。

谁是“马路杀手”

截止到2010年10月30日，北京的驾驶员已经达到616.6万人，连续数月每周净增超过1.1万，增长速度已处于历史高位。尽管如此，驾校的学员还在与日俱增。

新手发生事故最多的是在冰雪天，其次是雨天和雾天。目前，北京只有极个别驾校购置了能够一定程度上模拟恶劣天气环境的模拟机供学员练习，但绝大多数新司机在上路之前完全没有类似的学习机会。

据北京市驾管中心民警介绍，新手违章和事故高发的重要原因，是驾校对学员自觉守法、文明驾驶的教育不足，实际道路的适应性训练更是远远不够。现在的实际道路训练，路段都是固定的，哪个位置会出现什么情

况几乎也是固定的，路段上能够涵盖的情况还不够多。

一位驾校教练坦言：和真正北京道路环境相比，现多数驾校实际道路训练其实毫不实际，只能用来混个驾照，对日后上路的帮助不大。北京的驾校都在市区外围，实际训练道路都是一些车流量很小的支路路段，有的驾校的训练路甚至干脆没车，这样对学员的所谓训练没什么用。其实不论是科目二还是科目三，现在驾校的教学方法基本是应试性的，和真正让学员掌握能正常上路的驾驶技能有很多不同。

业界人士认为，要想让新手们不再成为“马路杀手”，最直接的办法就是立即调整各个驾校的实际训练和考试路段，选择车流量更大，情况更复杂的地段，同时大幅度增加实际道路训练时间，提高考试难度，降低驾照考试的一次通过率。如果调整难度太大，也应该强制性要求新手取得驾照后“回炉”6～8个小时，在教练帮助下真正在城区道路上训练，然后才能正式上路。

当然，把交通拥堵的祸根这个“黑锅”都扣在驾车新手头上，是不公平的。从另一个角度说，新手再过几年，自然会成为老手。

“在北京的路面开车，是多么能训练开车高手呀！”这是一个老外对我说的话，我一直记着。

在拥挤的路面上，当那些老手对新手投去鄙夷的目光时，我心里常为这些新手鸣不平。因为毕竟在交通事故中，占6成左右的是那些老手。您忘了那句老话：淹死的都是会水的。事实上，那些酒后驾车、疲劳驾驶、违反交规的老手才是真正的“马路杀手”。

莫斯科新市长一上任就治堵

2010年10月21日，俄罗斯总理普京的助理索比亚宁当选为莫斯科市长。新上任的索比亚宁在市长的位子上还没坐热，就被莫斯科的交通拥堵问题搞得睡不踏实了。10月份，莫斯

■ 索比亚宁

科连续数日出现了类似北京"9 · 17"的全城大堵车。

这位上任伊始、心气儿颇高的索比亚宁十分恼火，立即着手解决莫斯科的交通问题，他的这一做法，也得到俄罗斯总统梅德韦杰夫的大力支持。10月28日，俄总统梅德韦杰夫亲自主持了莫斯科市交通工作会议。

如今的莫斯科，堵车也是一个怨声载道的老大难问题。对此，索比亚宁在就职讲话中直言不讳地说："莫斯科人已经受够了交通拥堵。我在莫斯科生活了多年，十分了解这个城市的问题。"

为此，索比亚宁提出了改善莫斯科道路交通的3个最优先方向，即依靠建造新停车场增加车位、发展公共交通和进一步的道路建设。

索比亚宁强调，要想解决莫斯科交通问题，必须认真着手解决公共交通问题，集中财力进行大规模交通设施建设。索比亚宁认为，采取行政干预措施，不会带来任何有效结果，因为无论罚款多少，人们除了把车停在路边以外，仍然没有任何其他的办法。

面对莫斯科市与日俱增的机动车数量，这位市长大人十分果断地提出，汽车进入市区要缴纳拥堵费的建议，并且把这个建议提交市议会讨论。

新官上任三把火，索比亚宁的开征市区拥堵费建议，有点大刀阔斧的劲头儿。要知道任何一座城市，开征市区交通拥堵费，都会引起私人汽车主们的强烈反对。缴纳拥堵费等于在向私人汽车主动刀子，但是谁都心里明白，这是治理市区堵车的狠招儿，尽管这也是城市管理者的无奈之举。

开车进城得交钱

话又说回来，当私人轿车成为车灾、车患，同时为了保护消费者的购车需求，无法限制人们买车的情况下，只能举起拥堵费这根大棒了。

您有车对吧？本来有便捷的地铁、公交可以到达市区，可是您为开车更舒适、更方便，还是愿意开着自己的车进入市区，那么，对不起，您只能付出比别人更高的代价，缴纳拥堵费。

尽管从某种意义上说这也不公平，因为在有钱的人眼里，这笔拥堵费并不算什么，可是对并不宽裕的人却是额外的一笔支出。但是从另外一个角度说，又是平等的，因为不管是谁，由于您的车开到市区，自然而然就成为拥堵的一个“元素”，那么您只好付出代价，既然您非要开车，那么只能挨“刀”。因为如果没有“钱”来管着，都若无其事地开着车往市区跑，最后大伙儿都开不了啦。

这事让我想到了北京的京藏高速，从德胜门到回龙观这一段路。回龙观是北京的一个大社区，规划居住人口60万，现在大约有40万人左右。从市区通往回龙观的路最便捷的只有一条，就是京藏高速路。这段路大约有13公里左右，收费5元。从20世纪90年代末开通到现在，早已过了取消收费的期限，而且在北京的人大和政协会上，多次有代表和委员提出这段路取消收费。据说投资开发这条路的集团根据人大代表和政协委员的意见，也考虑取消收费。

但回龙观的有车族们，听说取消这段高速路的收费反倒不干了。

为什么呢？因为这段路是最方便的路，尽管高峰时段也经常堵车，高速路成了低速路，但是跟与这条路并行的辅路比起来，还是快多了。如果取消了收费，那么原来走辅路的车，肯定会拥到这条路上来，这样一来，岂不是更堵了吗？所以他们宁愿每天多缴10块钱（往返）高速路费，也愿意走这条路。

赶上路面通畅，他们驾着车从车窗外看到辅路上车拥堵得一塌糊涂时，也许更会觉得这5块钱花得值。

当然，从另外一个角度看，京藏

高速路正因为收费，才有效地控制了车流量，如果从这个角度看市区收取拥堵费，似乎是顺理成章的事了。

政府奖励市民少开车

2010年，在北京发生“9 · 17”全城大堵车，引起人们对城市交通的忧患之后，中共北京市委在10月13日，专门就城市交通问题召开了常委会，会议对北京交通的现状和发展进行分析研究，认为现阶段北京的交通拥堵是经济发展、人民生活水平迅速提高的反映，但也暴露出交通管理理念、管理手段、管理水平与机动车保有量过快增长的势头不相适应的问题，需要下大力气、采取综合措施加以解决。要通过加大优先发展公共交通力度，鼓励市民绿色出行；通过加强管理，引导小客车合理使用；通过加大交通疏堵工程和交通基础设施建设投资力度，提高路网承载能力；通过建设新一代智能交通系统，提高交通科技管理和运营服务水平。

笔者认为采取综合措施的提法和做法比较实际。所谓“综合”，就是多管齐下，不是只管车，还要管路、管人。

在见报的新闻稿上，人们看到这次会议提出：“要制定奖励政策，鼓励市民少开车，实现绿色出行，并把绿色出行作为首都精神文明建设的重要内容，使绿色出行，绿色生活成为时代新风尚。”

市民少开车给奖励，这条消息挺有诱惑力，只是不知给什么奖，怎么奖励？

这次北京市委常委会提出，要把缓解交通拥堵措施与城市规划、城市管理等结合起来，统筹考虑。要从市民的需要出发，采取切实有效的措施，努力缓解交通拥堵，要分清轻重缓急，尽早解决首都交通当前急需解决的问题。同时未雨绸缪，及早制订交通应急预案，避免出现严重交通拥堵事件。

人们从这次会议的报道透露的精神，可以看到一个重要信息，北京市政府将要就缓解交通拥堵采取切实有效的措施，同时要制订应急预案，避免严重拥堵事件。这些切实有效的措施不是限制人们买车，而是制定奖励

政策，鼓励人们少开车。当然，光奖励还不足以体现“切实有效”。

什么是“切实有效”？毫无疑问，对机动车限行和在城市核心区收取拥堵费，提高停车费等，才是最能体现“切实有效”的措施。

国务院支持北京治堵方案

面对北京城市道路目前拥堵的现状，中共北京市委、市政府紧急召集各路专家商讨对策，如果说以前关于城市交通治堵还只是务虚的话，“9·17”的全城大堵车，给北京的交通上了一课。这次不能再坐而论道，把草拟的方案处于研究之中了，严峻的现实使城市的管理者必须要动真格的了。10月底，北京经过专家论证，初拟了治堵方案，并报国务院审批。

2010年11月30日，在中共北京市委十届八次会议上，市委书记刘淇在部署2011年的工作时说，国务院原则同意北京的治堵方案，北京要着力加强城市管理。要尽快按照国务院的要求修改完善这些治堵方案后，抓紧向社会各界征求意见，平稳地使北京的治堵方案早日出台，使治理措施尽快见效。

2010年12月13日，北京交通网发布了《北京市关于进一步推进首都交通科学发展加大力度缓解交通拥堵工作的意见（征求意见稿）》公开征求意见的公告，向社会各界广泛征求意见和建议。

缓解交通拥堵综合措施主要包括六个方面：完善规划、疏解中心城功能和人口；加快道路交通基础设施建设；加大优先发展公共交通力度；改善自行车步行交通系统和驻车换乘条件；进一步加强机动车管理；提高交通管理和运输服务水平等。

看来，北京这回要下决心治理城市交通拥堵了。北京是首都，北京交通的治堵成功与否直接影响到全国其他大城市，继北京之后，其他大城市也将会出台一些相应的治堵措施。

年末北京车市最后的疯狂

《北京市关于进一步推进首都交通科学发展加大力度缓解交通拥堵

工作的意见征求意见稿》（以下简称“征求意见稿”），2010年12月13日在北京的各大媒体和北京交通网上公开征求后，引起了市民的热议。据北京市政府有关部门介绍，在一周时间内，网上收到意见建议2929件，信函和传真425件，其中94.2%提出了建设性意见，反对的占5.8%。

可见广大市民已经意识到北京的交通再不想招儿治堵，很可能就会成为真正的“堵城”了。而且很多人从“征求意见稿”中的“加大力度”这四个字里感觉到，这次北京市政府治堵要动真格的了。

在老百姓的眼里，政府治堵动真格的是指什么呢？毫无疑问，首先想到的是限车。换句话说，北京也要像上海似的新车车牌得拍卖。此外就是车行驶实行单双号和重点地区收取拥堵费。这三招儿可谓治堵“猛药”。

京城的老百姓历来政治嗅觉敏感，每逢有新的政策出台，之前，总会有一些小道消息。这次《治堵方案》出台之前也不例外。就在北京市政府向市民征求意见的时候，许多人已经敏锐地预见到北京市的治堵新政肯定会“限车”。“限车”以后，您要再想买新车，上车牌可就困难了。这种“小道消息”越传越广，于是从12月初开始，京城的车市骤然火爆。到12月23日下午北京市政府召开新闻发布会，正式向社会公布北京市《治堵方案》，车市的火爆场面已达高潮。

由于新闻发布会的消息，早上市民便通过网络和电视、广播、报纸的新闻已经得知。所以，12月23日一大早，很多市民便涌向京城的各大车市和4S店，买车的疯狂场面让人吃惊。

“您见过当年北京人连夜排队买冬储大白菜的情景吗？今儿到我们这儿买车的人真有点当年买大白菜的劲头。我们一个店今天就订出500多辆车了。人们不问车型、不问价钱优惠不优惠，简直说吧，什么车都要，只要能上车牌子就行。”北四环一家4S店的销售人员对笔者说。

12月23日，一股来自新疆地区的寒流挟着五级大风，使京城气温骤降，但车市的火爆让人们忘记了冬天的寒冷。买车的欲望，让人们头脑发热。车！车！车！好像空气里都回荡着这个字。销售人员看着人头攒动的场面和手里的一摞订单，兴奋得忘了

吃午饭，甚至连晚饭也顾不上吃了。

一个4S店的小伙子对笔者说，他简直像做梦一样，从开门的那一刻，便被买车的人所包围，话说得口干舌燥，写订单的手都有些麻木了。人们买车就像不要钱似的，到中午时分，京城的4S店几乎已经没有现车了。

城脉

cheng mai

23日当天，在京宝行宝马4S店，30多位销售人员每人平均售出了8辆车，如此算下来，单是23日一天，这个4S店就销出200多辆宝马车。您也许知道宝马车是什么价，40万元也拿不下来。宝马车如此，其他车型如宝来、捷达、高尔夫等，加价一万两万都订不上。

车市的这种火爆场面前所未有。到了12月23日下午3点北京市政府的新闻发布会结束，北京的《治堵方案》正式对外公布，人们买车的欲望简直达到了疯狂的地步。

23日下午开始一直到夜里两三点钟，京城的车市和许多4S店依然人头

攒动，有的4S店一夜未眠，许多4S店连样车都被订了出去。一家大众4S店甚至连店里的发票都开完了。

许多人新车买不上，便奔了旧车市场，去买二手车。位于花乡的北京旧车交易市场，12月23日，一天就卖出4000多辆车，过户大厅被挤得满满的，人们排着长队等着拓号、拆牌、照相。过户大厅的代理公司摊位前，都挤得水泄不通，一位过户经理对笔者说，他头天凌晨2点才下班，今天早晨不到6点半就又来到大厅等着事先约好的客户，昨天他接了10单生意，今天又接了8单，两天的时间比他一年接的活都多。

一位急于买车的女士说，她本想买一辆新车，但是她中意的车型在4S店没买到，得知限车的新政下来以后，她管不了那么多了，先买辆旧车再说，免得今后再去排队摇号。她早晨5点钟就出家门了，赶到这儿已经早晨7点，一进大厅才知道自己晚来了一步，大厅的号已叫到2300多了，不知先占一车牌号再说的愿望能否实现。

也许众多的急于想买车的主儿，都是她这种心态，限车新政高悬，谁知今后摇号上牌，会遇到什么麻烦，不管是新是旧，抢先一步买辆车，心里更踏实。

京城的各个检测场也成了“热窑”，12月23日，几乎每个检测场和

车管分所门前都形成了严重堵点，堵在路上的车一眼望不到头，俨然成了巨大的停车场。堵在路上的是一水儿的新车，而且车头一律朝检测场的方向，对面的车根本插不进来。那些急于上牌的车主们只能眼巴巴地苦等。

朝阳车管分所盛华检测场的办证大厅人头攒动，一位工作人员的身后跟着一群4S店的人在跑来跑去，一位工作人员用沙哑的嗓子告诉笔者，他忙得连中午饭都顾不上吃，已经连续工作8个小时了，望着门外等着检验上牌的车辆，他说恐怕连晚饭也吃不上了。

笔者看着他疲惫不堪的样子，生怕他被累趴下。但是没容笔者说出安慰的话来，他已被一群人所包围。他只好无奈地冲笔者摆摆手说，你瞧见没有，连喘口气的工夫都没了，有什么话明儿再说吧。

12月23日下午3点到午夜12点，被有关媒体称为京城车市最后冲刺的9小时。市民购车的疯狂持续到凌晨2点以后。据报道23日夜京城订出新车至少2万辆，相当于未来北京一个月的购车指标。

到12月24日早晨，人声鼎沸的喧闹车市才归于平静。人去车空，车市陷入空前的冷清。

12月24日是西方的圣诞节。尽管近些年北京的年轻人热衷于把西方的平安夜，当成一个“节”来过，当天京城的路况明显紧张，堵车的现象超过平时。但与街上热闹的场面相比，京城的车市却透着冷清，一些4S店可以用门可罗雀来形容。

一位4S店的经理对媒体的记者坦言，“车市的疯狂已经不可能重现了，新政出台以后，买车就得摇号上牌。新政后首次摇号要等到2011年1月26日，这会儿不可能有人来买车。未来两周，不少4S店都会给忙了四五个星期的销售人员放大假。”

业内人士分析，为争夺市场，估计2011年第二季度开始，激烈的汽车价格大战将全面显现。受到限车新政的影响，一些4S店有可能倒闭。

北京人历来有一种从众心理和追风走的毛病，听说什么东西要涨价了，马上闻风而动，争先恐后，生怕买不上会吃亏。其实有些东西并不见得生活中真正需要，只是看别人买了，自己不买，心里痒痒。而且在涨价之前赶紧买，能省下点钱。记忆当中，类似的现象有不少，比如20世纪80年代初的市场抢购风，当时风传物价要上涨，一时间人们把手头的那点钱都投入了市场，见什么买什么，到后来，一些大商场的货架子都空了。

笔者记忆犹新，当时所在单位的一个老职工一气儿买了两件呢子大衣。其实他平时根本穿不着这东西，只是看别人买了，自己也得买两件。十多年过去，笔者见到他，提起了这档子事，还引为笑谈。他说那两件呢子大衣压根儿没穿，后来看着大衣的样子已经过时，让他捐给灾区了。

20世纪90年代初，人们听说盐要涨钱，又疯狂抢购食盐。有的人家里一下存了上百斤。您说您一下买那么多盐干吗？可是他有这种凑热闹心理，不买觉得亏得慌。

这次疯狂抢购小汽车，也有点儿当年抢购呢子大衣的劲头。其实有些人买车并非是真需要，只是看中了那块车牌子。

北京实行摇号购车上牌以后，车牌子的身价自然会变得金贵起来，可是您光看到这块车牌子长了身价，殊不知买了车您可得花钱“养”着它。现如今养一辆私人小轿车，一年的挑费（开销）至少得万儿八千的。到2010年底，93号汽油已经涨到了7块多钱1公升了，而且保不齐今后还得接茬儿涨，弄不好一年以后会涨到8块钱。停车费更是一笔巨大的开销，车轱辘一转就是钱。

也许今后即便是不摇号就可以上车牌，您买车都得掂量掂量了，那么何苦非要去凑这热闹呢？

但是有些人不这么想，看别人买车，自己不买，心里痒痒，买了车，才知道派不上多大用场，到这时才吃后悔药。

2010年底的疯狂购车潮已经偃旗息鼓，但它留给人们许多思考和回味。

北京交通治堵新政出台

2010年12月23日，北京市的治堵措施出台并且开始实施，新政以“建、管、限”并举，可谓“三管齐下”，并不是像之前人们所预料的那样，只强调限车，当然老百姓最关心的是限牌、限行、提高停车费。

北京没有像上海采取私家车牌照拍卖的方式，而是用摇号的形式来控制私人轿车的发展，有点出人意料。

北京摇号上牌，是以政府令的形式发布的，即《北京市小客车数量调控暂行规定》。根据《规定》，北京从2010年12月23日起将按照公开、公平、公正的原则，单位和个人需要先通过摇号方式无偿取得北京市小客车指标，才能购车上牌，指标配额将每年制定一次。2011年小客车的总量额度指标为24万个，其中个人占88%，运营小客车占2%，其他单位占10%。

根据《北京市小客车数量调控暂行规定》及实施细则，住所地在本市的个人，名下没有本市登记的小客车，持有效的机动车驾驶证，可以办理摇号登记。其中包括北京市户籍人员；驻京部队现役军人和现役武警；持有效身份证件并在京居住1年以上的港澳台居民、华侨和外籍人员；持有效北京市工作居住证的非本市户籍人员；持本市有效暂住证且连续5年（含）以上在本市缴纳社会保险和个人所得税的非本市户籍人员。

截至2010年12月，在京以单位名义登记的机动车，包括中央机关、国企、私企、社会团体等，共计80.4万辆，其中在京登记的公务用车为4.5万辆。2010年后5年内，北京市公务用车将不再获取新的车牌指标，只能自然更新。

企业上一年度缴纳入库增值税、营业税总额合计在5万元(含)以上的每年可以申请1个编码，每增加50万元可以增加1个编码，但年度申请编码总数不得超过8个。非全额拨款事业单位、社会团体和其他组织每年可以申请1个编码。

据了解，市民个人和单位，可以到指定网站和各区县对外办公窗口提出指标申请，每月8日为当月申请指标的截止日，每月26日组织公开摇号，摇号过程和最终结果都会面向社会公开。单位和个人经摇号取得指标的，应自取得指标之日起6个月内办理完成车辆登记手续，逾期未办理完成的视为自动放弃；单位和个人经摇号未取得指标的，自动转入下一次摇号基数。一旦发现申请人有提供虚假信息等行为，收回已取得的指标，并且在三年内不再受理申请。

另外，已取得号牌的车辆所有人

在报废或出售车辆后，将不再保留号牌而是直接获得一个新指标，即不需要再参加摇号便可直接为新车上牌，指标的有效期也是半年。这也就意味着，以后的二手车买卖中，原车主将只卖车、不卖牌。

自2011年4月1日起，北京市非居住区停车场白天早7点至晚9点的停车收费标准全面进行调整，而停车收费计时单位也从过去的半小时调整为15分钟。

北京市发改委将本市非居住区停车场划分为三类区域。其中，一类地区为三环路（含）以内区域及中央商务区（CBD）、燕莎地区、中关村西区、翠微商业区等4个重点区域。二类地区为五环路（含）以内除一类地区以外的其他区域。而三类地区则为五环路以外区域。在2010年12月23日公布的《北京市非居住区停车价格调整方案》中，二类地区占道收费为6元/小时，三类地区为2元/小时。停车收费计时单位由半小时调整为15分钟，不足15分钟的按15分钟计算。这样不仅减少了市民支出，还提高了停车位的利用率。

2011年1月1日起，禁止非北京载客汽车工作日7时至9时、17时至20时进入五环路（含）以内行驶。工作日9时至17时也要按照北京市高峰限行措施，即限行的尾号和区域与本市车辆相同。

北京的治堵方案“三管齐下”

2010年12月23日，北京市政府推出交通治堵新政。所谓“新政”，是民间笼统的说法，正式颁布的行政公文是“北京市人民政府《关于进一步推进首都交通科学发展，加大力度缓解交通拥堵工作的意见》”（以下简称《意见》）。政府的文稿用词当然非常严谨和全面，不能像老百姓大白话说得那么直截了当。

您且注意，这里用的是“缓解交通拥堵”，而没用“治理”，用的是“意见”，而没用“条例”、“规定”这样带有行政法规性质的词儿。因为“条例”、“规定”要经过北京市人大常委会讨论通过之后，才能颁布，用“意见”则是带有商量口吻，带有试行的意味。由此看来，政府这

次推出的“治堵新政”还是态度比较温和，充分尊重民意的。并非像之前人们所想象的那样，政府对交通治堵要动真格的，对私家车的限制和开车上路的限制“咔嚓”来个一刀切。毕竟城市交通是个综合学科，牵一发而动全身，涉及方方面面的利益，所以“治理”也好，“缓解”也罢，得全面综合考虑，多管齐下。

笔者认真解读了一下《意见》，缓解北京交通拥堵的措施有六项28条，分别是：1.进一步优化调整城市功能布局。2.充分发挥交通引导和服务作用。3.全面落实配套交通基础设施规划。4.全面推进中心城干道路网系统建设。5.加快建设中心城道路微循环系统。6.建设中心城5万个以上公共停车位。7.因地制宜建设20万个以上基本停车位。8.全面建成国家高速公路网和市级干道公路网。9.加快中心城轨道交通建设。10.改造既有轨道交通线路安全运营服务设施。11.构建公交快速通勤网络。12.进一步优化调整地面公交线网。13.加快综合客运交通枢纽和公交场站建设。14.建成1000个站点、5万辆以上规模的公共自行车服务系统。15.积极发展中小学校车服务系统和鼓励单位开行班车。16.建成3万个以上车位的驻车换乘停车场。17.大力倡导现代交通理念和开展文明交通活动。18.倡导召开电视电话会议和实行弹性工作制。19.实行小客车保有量增量调控，缓解机动车过快增长势头。20.继续实施和完善高峰时段区域限行交通管理措施。21.机动车拥有者合理承担使用成本，削减中心城交通流量。22.继续实施疏堵工程，提高既有道路通行能力。23.建设新一代智能交通管理系统。24.加强交通秩序管理。25.加强停车秩序和经营管理。26.建立交通信息发布和预警、预报系统，加强应急管理。27.进一步完善交通管理体制，落实责任。28.将缓解交通拥堵工作纳入督察和绩效考核内容。

机动车轮号限行是权宜之计

北京市交通“治堵新政”，即《意见》的第20条，明确了北京继续实施机动车在工作日高峰时段区域限行措施，同时，提出了遇有恶劣天气，重大活动，重要节日等可能引发严重交通拥堵情况，适时采取重点交通拥堵路段高峰时段机动车单双号行驶措施。

这一条与之前人们猜想的有很大不同，在《意见》发布前，人们理解的机动车实行“单双号”，像2008年北京举办奥运会时那样，“咔嚓”一下，画出一道杠。《意见》中对实行

"单双号"给出了一些前提条件：恶劣天气，重大活动，重要节日，多出了几个限制词：重点交通拥堵路段，高峰时段和适时采取。如此说来，北京的机动车实行"单双号"不会马上实施。但是将来有可能会实施，因为《意见》中已写明。

为什么《意见》对机动车行驶实行"单双号"的措施采取如此谨慎的态度？笔者认为有两个因素：一是政府如果强行采取"单双号"限行措施，有损机动车主的利益，这里会涉及路权法的问题。车主买了私家车，缴了各种税费，包括养路费，凭什么要限制我出行？但如果这种措施带有临时性，而且又是因为特殊的客观原因，所以车主为了公共利益，也为了自身的利益，车都堵在路上谁也走不了，还是能接受这种措施的，所以"单双号"措施，不到万不得已不会实施。

二是因为现行的工作日高峰时段，五环以内轮号限行措施对控制车流量多少还管点事，所以对实行"单双号"还可以缓一闸。因为《意见》中实行购车上牌摇号和每年24万辆的配额指标，会制约机动车的快速增长，控制路面车流量的效果究竟如何还可以再看一看。

许多北京人怀念在北京举办奥运会的那段日子。那两个月，北京的交通真可以说是条条大路都畅通，本书有专章描述，原因是什么，这里不再啰唆了。但有一样儿谁心里都明白，因为那会儿，北京对机动车是"单双号"限行。这一"单双号"，等于路面上跑的机动车少了一半。当然，2008年，北京的机动车也没有现在这么多，加上对外地机动车进京的限制，等于能在路面上跑的车只有100多万辆。

2008年奥运会后，为了缓解交通压力，保持举办奥运会时的交通顺畅的状态，北京继续对机动车采取了限行措施，但不是"单双号"，而是轮号限行，这一限行措施截止到2009年4月11日，有点"试试看"的意思。

这种轮号限行措施，到2010年4月1日，将近一年，确实起到了一定效果，所以从2010年4月1日起，北京市继续实行轮号限行，13周一换，五环主路不受限行的措施，即社会车辆（含已办理长期市区通行证的外省、区、市进京机动车），试行按车牌尾号每周一日高峰时段停驶（法定节假日和公休日除外），停驶时间为早7点到晚8点，范围为五环路以内道路（不含五环路），警车、消防车、救护车、工程抢险车、公共电汽车、省际长途客运车及大型客车、出租汽车、小公共汽车、出租车（不含租赁车辆）、邮政专用车、持有市运输管理部门核发的旅游客车营运证件的车辆，经市公安交通管理部门核定的单位班车和学校校车，车身喷涂统一标志并执行任务的行政执法车辆和清障专用车辆，环卫、园林、道路养护的专项车辆，殡仪馆的殡葬车辆，悬挂“使”字头号牌车辆及经批准临时入境的车辆，不受新交通管理措施的限制。

为配合按车牌号每周一天高峰时段停驶的交通管理措施，北京市优化调整了公交线网，减少了重复线路，

增设了安立路快速公交3号线支线至天通苑北，减少了重复线路和减少重叠设站。到2009年底，新开、调整市域公交线路50条，延长线路运营时间50条，并优化、调整郊区道路客运线路30条；新增20公里公交专用道，使公交专用道达到278.5公里。

在轨道交通方面，在2009年3月实现地铁1号线、2号线最小发车间隔缩短15秒的基础上，地铁运营公司不断提升现有线路的运输能力，形成轨道交通网络化规模运营效应。地铁的发车间隔短了，速度快了，运营能力提高了，自然就比地面开车显得方便和快捷了，所以使很多上班族，在不限号的时候，也放弃开车，选择地铁了。

交通运输部公路局副局长成平介绍，根据测算，机动车每周限行一天的措施，相当于减少道路上20%左右的车辆行驶。这是理论上的说法，但是出租车和一些特殊公务车等不限行。所以，实际上减少的车辆不到20%。随着北京机动车平均每天以1900辆的速度在增长，这限行后控制的不到20%的车流量，用不了两年就会被抵消。

当然，从交通学的理论来说，每净增100万辆小汽车，需要增加282万辆车公里的路网容量，换句话说，增加100万辆小汽车，同时要修282万公里的道路，才能保证畅通，显然任何一座城市也做不到这一点。现阶段正

是中国各大中小城市机动车，包括私人轿车发展的高峰期，所以路修得再多，速度再快，也赶不上机动车的发展速度。

正因为如此，北京交通大学教授、博士生导师欧国立认为，想治理交通拥堵，只能从两个渠道上想办法，就是疏导和控制。北京在疏导上已经做得非常好了，比如增加公共交通、增加基础道路供给以及一些技术手段等。要想更好地缓解交通拥堵，必须加强对交通需求的控制，而这恰恰是北京交通管理中的薄弱环节。

欧国立说，多年前，北京曾经对购车是有控制的，就是必须有停车位才能购车，虽然后来在执行过程中，因为种种原因而被取消，但这个想法其实非常好，是可以做的。只不过需要有比较好的实施手段就是了。现在购车上牌实行摇号，并且有配额，一年不能超过24万辆，同时实行的按车牌轮号限行的措施，应该说也是一种有效的调控限行之举。

当然，轮号限行也是无奈之举，原北京市副市长黄卫认为，这种轮号限行措施不会永久化，等到大家乘坐公共交通更方便，成为出行的首选时，可能就不需要限行了。但城市交通是动态的，不是静态的数字。目前北京的交通拥堵问题确实比较严重，原因之一是汽车保有量的增长过快，如果不采取必要的限行措施，鼓励人们改变出行方式，选择公共交通工具，可能无法从根本上解决城市的拥堵问题。这一点，在世界发达国家也是有先例的。

进城收取拥堵费势在必行

2010年10月25日，全国人大常委会首次审议了车船税法草案 ，车船税法草案强调的是排气量大（超过1.6公升）、价值量大的汽车多缴税。有关专家认为，收取拥堵费、排污费、环境税等手段，会大大提高机动车使用成本，从而限制机动车增长过快，选择绿色出行。

一些专家认为，为缓解城市的交通拥堵，对机动车采取限行的措施，不仅仅限于机动车“单双号”行驶，或机动车轮号行驶，机动车进入市

区，收取“拥堵费”，也是一种限行的手段。

2010年8月28日，在北京市举行的第四场“十二五规划市民建言会”上，北京市环境保护科学研究院总工程师潘涛提出，在“十二五”期间，北京应该尝试用收取“拥堵费”的措施，限制机动车上路，以此来治理交通拥堵。

他提出两个方案：一是根据车辆走的区域不同，收取一定的费用，把这个费用反过来用在公共交通设施的建设上。二是制定政策鼓励拼车出行，比如说一个人开车出行就要收“拥堵费”，车上的人多就不收这笔钱或者少收这笔钱。

潘工的提议，再次引发了人们对北京城市中心区收取“拥堵费”的关注和争论。

其实，早在几年前，就有专家提出城市中心区收取“拥堵费”的建议了。2010年1月，在北京召开的“两会”上，北京市政协委员、北京市环保局副总工程师李昕博士就提出市政府应该制定政策，按机动车排放水平，收取进入中心城区的费用的建议。

当然，李昕博士是从环保的角度来看待这个问题的。他提出收取“进城费”，是为了限制机动车的流量，同时也是为了限制高污染排放机动车的使用率。他认为这也是世界大城市普遍采用的做法。

李昕拿意大利的米兰举例说，米兰是欧洲人口密度最大的城市，人口将近1000万，拥有570余万辆机动车。米兰市政府除大力发展公共交通外，还采取了提高中心城区停车费用、收取机动车进城费用、免费租用自行车、优惠乘坐公共交通等一系列经济政策。

米兰按照机动车生产的年限和尾气排放所达到的环保标准，分成了五级收费标准，对于如电动车、混合动力等低排放车免征进城费用；对于从欧0到欧V排放水平的汽、柴油车每日分等级征收进城费用，最高会收到10欧元。这些措施减少了20%～30%的机动车流量，缓解了中心城区的交通压力，也改善了城市空气污染问题。北京完全可以采取或借鉴这种方法。

北京市政府采纳了这些专家的意见，这次《意见》中已明确要择机对重点拥堵路段或区域实施收取交通拥

堵费，不过机动车收拥堵费实行起来也不是那么简单。不但要划定一定的区域建设收费站，配备收费人员，而且对收取的拥堵费如何管理和使用等等，都需要统一协调。可以看出《意见》采取的是慎重态度，也就是不到万不得已，不会实行这种办法，有关城市交通收取拥堵费的问题，我们可以看看世界上的其他城市是怎么做的，也许他山之石，可以攻玉。

收取拥堵费各国都有各国的高招

其实，收取交通拥堵费的做法，不仅限于米兰，英国首都伦敦是最先收取交通拥堵费的城市之一。

对许多伦敦居民来说，开车时要留神注意前方是否有标注字母C的警示牌，这个警示牌就是收费区，一旦越过界线，您就得缴纳“交通拥堵费”。

收费区是伦敦市中心交通最繁忙的地方，也是过去拥堵最严重的地方。现行收费标准是周一至周五从上午7时至晚上6时，只要进入这一地区，便要往外掏银子，每次8英镑，交费当天可以无限次进出收费区。一些特殊车辆可以减免收费。

芬兰的首都赫尔辛基也有收费区，他们收费的方式很有意思。芬兰的交管部门和移动通信运营商，共同建立了一套交通流量监测系统。该系统不是统计汽车数量，而是统计司机和乘客的手机数量，路上每隔4.5公里就要设置一个跟踪手机移动情况的传感器。该系统根据传感器提供的数据，来确定交通工具的平均时速和交通流量。同时，也计算车辆进入收费区的时间。

美国加州圣迭戈市，在普通公路旁修建了快速通道供公共汽车使用，但也允许小汽车付费进入。动态道路收费系统，利用微波雷达时刻监视路面交通量并相应调整收费。收费根据交通状况每6分钟就改变一次，大约在50美分到8美元之间。司机如果想开快车，对不起，您就外往掏钱，这叫花钱买时间。

新加坡政府早在1975年，就开始实施市区道路收费了。安装在汽车前端的短波无线电发射器可与电子收费

系统进行信息交换，然后在车主的信用卡里直接扣款。根据不同的车型和时段，收费大概在0.5～3新元(约1美元)之间。

另外，为限制汽车数量的增长，在新加坡个人在购买新车时，必须首先向政府提出申请，投标购买一张有效期为10年的“拥车证”。10年期满后，驾车者无论是继续用车还是另购新车，都必须支付另外一笔费用。

韩国每周少开一天车，减免汽车税

1996年底，韩国首都首尔将汽油税提高了一倍，并征收道路使用费。一是征收“交通拥挤费”，每辆车收2000韩元；二是对乘员3人以上的车辆进行免费。这一规定出台后，汽车通行量减少了9%，其中小轿车减少了53%，通行速度提高了一倍。

此外，2009年首尔试行私车每周停运一天的自律性群众运动，参加者可享受减免汽车税的优待。目前，首尔市210多万辆私车，已有180多万辆主动与政府签订了自律公约。据测算，这一运动每年可节约燃料费2.52万亿韩元，节省改善环境费用3463亿韩元。

在日本坐公交车比开车方便快捷

日本东京是著名的国际大都市，集中了日本全国十分之一以上的人口，拥有各类机动车约450多万辆。东京拥有完善的立体化道路交通体系，在硬件方面缓解了拥堵问题。此外，比较完善的法律体系，则从软件方面化解东京可能出现的交通拥堵问题。

日本政府推广绿色出行时，把一部分注意力投向了环保型汽车普及，其措施之一便是降低了环保车的税金。根据新减税政策，新车购入时，如车辆符合政府规定的环保车性质和指标，购买时必须缴纳的汽车购置税和质量税，可依车型不同享受全免、75%减免或50%减免的优惠。

至2010年9月底前，日本政府还对以旧换新购买环保车的车主，补给

城脉

cheng mai

相应金额的“环保车补助金”。为提高驾驶速度，舒缓高速公路拥堵，日本近年广泛推广ETC(不停车电子收费)系统。在ETC金额表中，环保车型的高速公路费要比普通车辆便宜很多。

据统计，包括公共汽车在内的公共交通工具，即使在交通高峰期也大多能保证准时运行，并且运行速度快于普通车辆。这对于早高峰分秒必争的日本上班族而言无疑是不二之选。

在从市郊进入市区的枢纽地区，日本大多地方都有地铁站、铁路站或公共汽车站以及宽敞的停车场，方便自驾车车主换乘。市区内，即使是铁路交通不发达的地方城市，也有公共汽车系统进行补充。

日本市区没有路边停车场

此外，停车位难找也是“阻止”日本人开车进市区的重要原因之一。日本街道大多细窄，路边停车点已被公认为会严重影响通行速度，因此，日本政府近几年几乎完全取消了各地市区内的路边停车站和停车场。即使是公共汽车，除特定观光巴士之外，设立停车站时都必须选择稍微远离黄金地段行驶要塞的地方。取代路边停车的是各式各样的室内停车场。根据规定，建筑面积超过1500平方米的设施，必须要有供普通车辆使用的室内停车场；建筑面积超过2000平方米时，则需有相应的卸货车停车场。

一般的日本公司，通常不会为开车上班的员工提供专门停车场。如果开车上班，每小时600日元到1500日元(约合人民币40元～100元)的停车费将由车主自行负担。而一旦被发现违章停车，除扣分、缴纳高额罚款之外，6个月内两次违章停车的司机，还将被吊销驾照3个月。此外，部分企业还会给予使用自行车、公共交通工具“绿色通勤”的员工高于自驾车员工一倍的交通补助。权衡之下，更多的日本人“自动放弃”了开车上班。

纽约曼哈顿的市民平时不开车

我们再来看看美国。美国号称是“车轮上的国家”，平均每一户城市家庭都有一辆汽车。可在纽约曼哈顿，尽管这里的人平均收入是全美最高的，但他们平时却几乎不开车。

为什么？首先因为纽约房价高昂，很多人都是在市区周围买房租房，开车进城要过河过桥过涵洞，每天所缴纳的费用十分可观；其次路上耗时长，会让人感到疲惫不堪；而一路上涨的油价和市区停车费更是一笔不小的开销，更不要说找个停车位是那么的困难。

纽约市政府设立了拼车专用车道，鼓励私家车主上下班拼车。这种车道只允许车内乘坐3人或3人以上的汽车行驶，否则将被处以100美元以上的罚款。

为鼓励市民搭车出行，减少车流量，进出曼哈顿的繁忙通道，仅供有两名或两名以上乘员的车辆使用，高峰时段禁止单人驾驶的车辆使用进岛的某些桥梁和隧道。

纽约曼哈顿的上班族通常要从家里开车到市郊地铁站或火车站，再换乘地铁或火车进入市区，爱车只能“委屈”地停在郊外。因为曼哈顿的许多街道，只有持特殊牌照的车辆才能停车上下货和上下客，否则即遭罚款。纽约还在市内繁华路段设立“拖车区”，某些地点明确规定任何时候都不得停车，一旦违反即遭重罚。

从经济角度上说，市内一个固定车位每个月租金至少600美元，有的停车场甚至每15分钟收10美元。养一辆私家车，停车费加上保险、油费、汽车折旧，每个月要两三千美元，而一张公共交通的月票只有几十美元。

纽约的许多街道狭窄，停车场地不足。面对这一现实，纽约市交管当局设置了通行有效的单行线，相邻的两条单行线一般方向不同，隔上十几条街道一般会在主要街道上设置双行线。纽约市的金融、商业、娱乐中心以及市政府的有关部门均集中在曼哈顿岛上，纽约交管当局为疏导早上高峰期间大批进岛的车辆，将连接曼哈顿和周围几个区的桥梁和隧道的上下行车道都改为进岛通道。

美国的弹性工作时间是治堵良策

美国实施弹性工作时间历史悠久，除了一些非要守时和在岗的工作，相当多的企业以至政府部门都允许员工自行安排上班时间，以完成正常工作为准。

这一政策是切实实行的，如果一个职工早上5点半到岗，下午2点半就离开，一点不奇怪，他是很有效地避

开了高峰拥堵时段，利己利人。

美国带薪休假也在节假日有效防堵。很多人利用这些可以自由使用的休息日，在需要远行的假期里，早出发一天，晚回来半日，无须在进城出城的“瓶颈”路上耗费宝贵的时间。

德、法两国用税限制车流

从以上城市对机动车的管理中，您可以看到限行措施多是用钱“说话”，比如缴纳拥堵费等。即便是没钱“说话”，方式也是多种多样的，比如德国从2009年开始，推出了新的汽车税征收标准，即对新型汽车按照二氧化碳排放量的多少征收——达到欧5或欧6排放标准的新车都将豁免两年的汽车税；而符合欧4排放标准的新车则可以获得1年的免税优惠。

对于2008年底准入的汽车，仍然按照老的方式征税。也就是说，目前德国征收汽车税的标准是双管齐下。然而从2013年开始，所有汽车都会按照二氧化碳排放量的多少征税，通过此举进一步保护环境。

在法国，与汽车相关的税种大致有增值税、登记注册税、燃油税等几类。其中，增值税和登记注册税是在买车时缴纳的税费。而汽车保有阶段，则体现在燃油税内。

根据目前的规定，凡购买二氧化碳排放量小于120克的新车，车主可获得不同额度的环保奖励，排放量越小，奖励越高。与此同时，二氧化碳排放量大于155克的新车，车主每年需缴纳环保税，以示“惩罚”。这种递进式多排放多纳税的最高征税额达2600元人民币。

在日本开车没有车船税和养路费，这些税费都被包含在汽油价格里了。据估算，日本油价的将近一半是各种税费，这也体现了多开车、开好车，就多花钱的管理理念。日本购车也有购置税，这个金额是根据车辆排气量以及车身质量等标准收取的，大排量车自然征收的金额也就多。

缴交通拥堵费冤不冤

不管是车船税，还是“拥堵费”，只要一沾这个“钱”字，肯定

会很敏感。当然对于私家车主来说，也是很不情愿的事，因为眼下“养”一辆车的费用已经很高。这个费那个税使私家车车主感到不堪税负之重。如果再要缴纳车船使用税和“拥堵费”，等于又要增加两项负担。自然车主们得“哎哟”。

有网友在网上念秧儿：假如开收拥堵费，私家车就会成为老百姓家里最奢侈的消费品。公车不怕，因为有公款报销，私家车主如果不堪税负，很可能会让自己的车趴窝。到时候北京倒是一路畅通了，可是这岂不是成了私车替公车花钱买路？

还有的网友说，作为纳税人每年缴纳的各种税费，其中已经包含了购买交通服务的费用，纳税人花了钱，开车上路堵车，没有享受到便利快捷的服务，政府应该给纳税人一定的补偿才对，怎么反过来还找纳税人收“拥堵费”？

私家车主对车船税和拥堵费说“不”，心情是可以理解的。在全球通货膨胀的压力面前，本来食品和农副产品连年涨价，已经让老百姓过日子得精打细算了，现在好不容易家里买了辆车，汽油价逐年看涨，停车费也逐年增加，每年又要交保险和各种税费，现在又要缴纳车船税和拥堵费，您想谁又情愿呢？

但是，话又说回来，车船税也好，拥堵费也好，政府也是采纳专家的意见，借鉴国外的经验，使出的限制机动车上路，缓解交通的“切实有效”之举。如果私家车不受任何限制，全北京500万辆车由着性儿地往城区开，那将会是什么情景，还用说吗？

从另外一个角度说，尽管油价在不断上涨，尽管买了车以后每年要缴纳这个税那个费，尽管缴纳车船税和拥堵费的呼声很高，而且这回要动真格的，相关政策和措施就要出台。尽管私家车主们对“养车”一个劲儿地叫苦，但是这些并没有拦住人们买车的冲动和热潮。您没见刚公布的数字：2010年10月以来，北京的机动车日均增长1900辆吗？

买了车，当然不会让它成为摆设，眼见得京城的大马路上车流滚滚，堵车成了家常便饭，而且一天比一天堵。眼见得京城的机动车一年比

一年多，多得都快没地方停了，连社区的马路上都成了停车场。您说政府再不想辙，是不是不作为？是不是失职？

说老实话，也许您往外掏钱的时候，有怨气，但是您在堵车的时候，这种怨气就没了。很显然，既然城市的交通已经这么拥堵了，为了治堵缴纳拥堵费就成了顺理成章的事儿。

其实，您完全可以省了这笔钱，北京的地铁四通八达，公交车的线路好几百条，而且票价极低，您完全可以坐地铁乘公交嘛。既然心疼这笔额外的支出，您干吗非要在上下班拥堵的时候开车呢？这不是周瑜打黄盖，愿打愿挨吗？

当然，您会觉得买了车不开，在那儿摆着，这不是冤吗？再说谁不知道开着自己的车，比挤公交车和地铁舒坦和方便。但是您别忘了，只有与人方便了，才能自己方便。都图自己方便，自己舒坦了，自然别人也就不方便，到头来谁都不方便了。

所以说，您既然为了图个舒坦方便，那么，按规矩缴纳拥堵费并不冤。前文说了，这并不是中国特色，世界上各大城市也是这个规矩。还是那句话，甘蔗没有两头甜。您既然往容易堵车的地方开，就得付出点儿代价。

这个理是从私人车主的角度说的。从那些在马路上骑自行车的和行人的角度说，私家车主不但应该缴拥堵费，还应该缴污染费。正是由于马路上私家车越来越多，才造成了城市的大气污染。您开着车舒舒服服的，可您的汽车排出的尾气却跑到别人肺里了，从某种意义上说，给那些骑自行车的人和行人带来了伤害。这笔账该怎么算呀？

因此，您也不必为缴纳拥堵费有怨言。当汽车不足以对城市构成威胁时，也许您买车比养车划算。但是一旦汽车成了“城市病”的一个“病因”，养车的成本自然要加大，这是自然规律。

城市中心区收取拥堵费是早晚的事儿，没辙。您要想不缴这笔钱，只有一条路，上下班放弃开私家车，坐地铁或公交车，咱“绿色出行”。

世界各大城市都在打发展公交这张牌

说了归齐，缴纳车船税也好，拥堵费也罢，无非都是缓解城市交通压力，治理道路拥堵的一种手段。北京市委、市政府在研究交通拥堵症结时，权衡利弊，综合考虑，最后也把解决交通拥堵的出路放在优先发展城市公共交通，鼓励市民少开车，选择坐地铁和公交车，实行绿色出行上。

对于优先发展公共交通，引导市

民绿色出行这个话题，本书前几章已经大量的论述，为了让您进一步加深印象，笔者这里向您介绍一下国际上其他大城市的一些做法。

美国经济学家、芝加哥都市领袖联盟高级顾问约瑟夫·科特赖特指出，建立完备的公共交通网络是治理城市拥堵、发展低碳经济的关键。

他认为："发展替代性交通工具，建立高密度的公交网络，让人们有了更多选择，所以不用非得开车到达目的地。"

其实，为了有效地对付城市交通拥堵现象日趋严重的大城市通病，世界上许多国家的政府，除了采取一些特殊措施之外，都十分重视城市公共交通的发展，力求建立以城市轨道交通为骨架，以公共汽车、电车为主体，以出租车等运力为辅的城市公共交通体系。而且，在不断的实践中，许多城市已经摸索出了一些行之有效的办法。

日本把发展公交当国策

日本的公共交通在世界大城市中是比较发达的。笔者几年前在日本访问时，在首都东京乘坐过公交车，真正体会到公交车的快捷。

日本东京各公交车站的清晨，成为这个城市的独特一景：西装革履的上班族从沙丁鱼罐头般的车厢中涌出；穿梭于车站内进行换乘，再有序地挤进另一节车厢；默不作声地直抵目的地。

据统计，世界日均流量最高车站的第一位、第二位，分别被日本东京的新宿站和池袋站包揽。其中，新宿站的日均流量为360余万人次。据称以前地铁站台还设有专人推乘客上车，拥挤程度可见一斑。即便如此，工作日进入东京的上班族仍有86%的人选择乘坐公共交通，早高峰时段这一比例达到91%。

日本上一次国情普查结果显示，在上学和上班交通手段选择上，东京市区内67%的居民会选择铁路交通；选择自驾车的仅有6%。尽管早晚高峰的电车、地铁也像北京、上海似的，车站和车厢拥挤不堪，但许多东京市民却早已习惯了乘坐公共交通工具上下班的生活。

日本人在日常生活中喜欢精打细算，一位东京市民曾经对笔者说："一个月往返车费约3万日元，比东京市区内的停车费便宜很多，时间也有保障。"除了公司管理层，周围同事上下班的交通工具大多为公共交通，而且公司提供高额的公共交通补助。

"想去的地方，就在出口旁边。"这是日本东京地铁公司的一句广告语。公共交通无可比拟的便利性，吸引着越来越多的客流。

在东京，99%的地铁线路换乘都不需要走上地面，另外寻找入口，均可在三四分钟内到达。按照日本东京的轨道交通设计图规划，东京山手线内约85%的地区都在地铁、JR铁路车站的500米半径范围之内，完全可以做到不需要机动车即可完成移动的都市生活。而在山手线环线外，也有以山手线地铁站为始发站的公共汽车密集运行。

高峰时间每2分钟一趟；非高峰期3分钟一趟，每天精确到分运行的轨道交通线，使得大多数居住于东京的日本人养成了出门前必先查阅地铁、JR运行时刻表的习惯。

据日本学者研究，日本铁路交通精准运行的历史，可以追溯至20世纪初，这不仅在世界范围内属于罕见，也养成了现代日本人守时的良好习惯。此外，日本大部分城市的地铁还会在每天高峰时段开设有女性儿童专用车厢，并照顾视力及身体不便的客人，将看板、指示牌和路面进行特殊处理。在非高峰时段，地铁票价也有所下调，或可使用无限次乘坐的优惠车票，吸引更多客流。

伦敦的公交线路有700多条

英国伦敦的公交系统是世界上最庞大的城市交通系统之一，全市共有1.7万个公共汽车站，每个工作日有6800多辆巴士在700多条线路上通行，载客量为600万人左右。

据测算，一辆双层巴士的载客量相当于55辆小轿车。伦敦巴士公司每年要对五分之一的公交车重新进行招投标，淘汰不合格的公交公司，并且对大约一半的路线进行评估。

英国公交系统将道路、驾驶员和车辆有机地结合在一起。一方面，英国交通管理部门，可以通过道路监控设施将道路交通及车辆行驶状况，及时反馈给公交车驾驶员，保证驾驶员及时获悉交通运行状况；另一方面，车站电子显示屏上，详细标有不同线路的公交车目前所在位置、预计到达车站时间，乘客可以做到心中有数，避免盲目等车。

在住宅区与市中心之间运行的公交车，最后一班发车时间通常在午夜24时。此外还有个别车次在晚间运行，站牌上会在夜车的线路数字前加一个字母“N”(晚间)。这样，公交车基本实现了全天24小时运行。

伦敦市内的有轨电车和公交车对18岁以下青少年实行免票制；伦敦地铁对11岁以下儿童实行免票制，从而鼓励市民乘坐公共交通工具。英国所有地方政府向领取抚恤金者和残疾人提供半价车票，60岁以上的老年人也都可以享受半价车票。

目前，部分线路的公交车尾部安装有摄像头，如果有司机在规定的公交车道运行时间段内占用公交车道，公交车的摄像头会自动拍下违章车辆的车牌，违章司机日后会收到交通管理部门寄来的罚单。此外，大部分公交车尾部现在都挂有“勿占公交车道，否则罚款100英镑(1英镑约合14元人民币)”的警示牌。

一些出国的人，在国内生活时，觉得每天挤公交去上班是件很辛苦的事，对公交系统自然也没什么好感。但是一些在英国留学的中国学生来到英国读书以后，还是要每天乘公交车去学校。一位留英的北京学生说：“在英国乘公交车却是非常难忘而愉悦的经历。在英国的公交车上，可以充分感受到发达的公交系统，细腻的公交文化与流动的公交文明。”

英国的每个公交站都有海报，上面标明各路线的巴士到达此站的时间，每个巴士的电子屏上都显示下一次车的预计到来时间。英国人上公交自觉排队，等下车的乘客走完后，上车的乘客依次从容上车。

英国的车道比较狭窄，但司机的

驾车技术绝对是一流的。他们按顺序行车，不抢行，如果看到车前面有行人，或对面有车驶过来，司机通常先减速，再停下来，摆手让行人或对面的车先行。他们不会按喇叭或大喊。

加拿大的公交网与公交专用道

20世纪70年代，加拿大渥太华开始修建公共汽车专用通道。其理由，一是建设费用较低，当时轻轨铁路的预算为3亿加元，而公交通道则能节省不少开支；二是辐射面广，乘客不需太多次转车；三是有利于逐步补充发展。

在公交专用道的建设步骤上，他们采取的是城市外围地区先行建设，城市中间的密集地区有计划地拆迁和预留，这样就避免了一些不必要的重复建设和浪费。他们还借用了城郊部分路段的高速公路路肩，作为公交专用道，取得了很好的效果。为了鼓励和方便那些住在郊区的人换乘公共汽车，他们在郊区几个终点站建了4个停车场，拥有2000多个车位。

公交优先的原则在非专用路上也得到充分体现。其他车辆都会自动为公交让行，红绿灯处一般设有一装置，告诉控制中心，保证公共汽车优先通行。

作为海港城市，温哥华的公交工具包括公共汽车、城铁和海上巴士(轮渡船)。城铁快速列车和海上巴士都是无人驾驶，由调度室内的电脑设备遥控。车流与客流很适当，很少发生乘客拥挤现象。三种交通工具售票互相联网，购票后在规定时间内可以通用，中途转乘无需再购票。

温哥华公交车票价的高低由两个因素决定：交通时段和路程远近。时段分为：工作日内从上班到18时30分；工作日18时30分之后以及周六、日及假日全天。路程则以跨几个区域衡量。大温哥华公交网覆盖的地区被依次划分为：一区，主要包括温哥华市；二区，主要包括北温、西温、伯纳比和里士满及机场；三区，指大温哥华其余地区。有点像中国人所说的市中心、近郊和远郊。

温哥华的公交上班族也可根据自己的需要选择购套票、日票和月票卡，不同的区票价也不同。

坐公交和地铁省钱省时省心

其实，看了以上这些城市的公共交通发展状况，老北京人也许觉得并不新鲜。想当年，北京人不是每天都坐公交车上下班吗？当时连辆自行车都买不起，除了坐公交车，您还能坐得起什么车呢？

但是时代变了，社会变了，生活变了，北京人也变了。当北京人变得买辆小汽车跟当年买辆自行车那么容易时，当然会喜欢4个轮子的汽车了。这个时候，再让北京人去坐公交车，好像有点时光倒流的感觉。

是的，世界上的事，确有“风水轮流转”这一说。当您看到那些穿着旗袍，脚踩高跟鞋，梳着打卷儿的大波浪，前面还留着刘海的发型的女士们，挺胸提臀走在大街上招摇过市时，也许会觉得这是时尚。当然她们自己也有这种感觉。殊不知这是“返祖”现象，她们实际上是在重复20世纪二三十年代摩登女郎的服饰和发型。不信您可以拿几张老照片去对比。类似的“风水轮流”社会现象比比皆是，交通也如是。

我们不能说有了小汽车不坐公交车是“忘本”，但是当公交车重新“受宠”之后，很多人也会身不由己地重新

选择公交。因为在上下班高峰时，坐地铁或公交车确实方便，也比开私家车快。当然最主要的是省钱、省心。

尽管现如今坐公交车被打上“低碳”了、“绿色”了这些貌似新潮的概念，但是甭管是“低碳”还是“高碳”，甭管是“绿色”还是“灰色”，实用和实惠才是真的。因为一个简单道理是：甭管是开自己的车，还是坐地铁和公交车，能把您拉到地方不就得了吗？

公车改革大势所趋

2010年10月，国内媒体相继报道了政府机关公车改革即将拉开序幕的消息。有关政府机关和事业单位的公车改革，早在10年前，在全国“两会”上就有人大代表和政协委员提出过建议，但是因为涉及方方面面的利益，难以平衡，一直是雷声大、雨点小。

也许是北京、上海、广州等大城市的交通拥堵，公车和特权车的使用

强度大，成为拥堵的一个原因，使公车改革的呼声变得更加迫切了。从见报的消息中，可以看出这次是要动真格的了。改革已进入实质性政策研究阶段。

由于公车姓“公”，自然在现实生活中容易滋生种种“腐败”的因素。因为车是公家的，开着公车办私事很难受到制约，有些单位的头儿开着公车上下班，办私事，跟“私车”几乎没有什么区别。公车的一切花费都可以报销，所以政府出台什么车船税、拥堵费等等措施，对开公车的人来说是无所谓的事儿。如果把收取市区拥堵费作为限制机动车进城的一个措施的话，那么对于公车来讲，是根本起不到任何作用的。

长期以来，人们对公务车辆和特权车的使用，以及它们在路面上不受制约等早就心存不满，颇有微词。尽管北京市从2008年起，开始实行机动车轮号限行的同时，各级党政机关封存了30%公务用车，在市行政区域内的中央国家机关、北京市各级党政机关、中央和北京市所属的社会团体、事业单位和国有企业的公务用车，也按车牌尾号每周停驶一天，停驶范围是北京的行政区域内的道路，停驶时间为0时到24时，在轮号限行的措施上，公车和私家车没有什么区别，但是公车的数量很多，即便封存了30%和每周轮号限行，每天在北京路面上跑的公车仍然有几十万辆。

所以，人们认为以公车改革为突破口，不但可以有效地缓解大城市的拥堵问题，还有利于促进政府部门的职能转变和作风的转变。在大城市机动车日益增多，治理交通拥堵采取必要的种种限行措施时，如果公车改革不与私家车一视同仁的话，肯定会失去社会的公平，引起老百姓的不满。

目前，北京正在倡导百姓公交出行、低碳出行、绿色出行，作为公务员，更有责任在公交出行上率先垂范。长期限行又不影响办公效率的公务车，应按规定拍卖减负。公务车维修保养费用过高的，应当包干定额。总的原则是在有限的道路面积上，不但要降低公务车的数量，还要严格控制、监管其使用频率、效率和成本。力争让各级公务员乘公交出行、骑自行车出行成为一种风气，成为公交出行比例中最先提高上去的部分。

美国的公务车管理极为严格

有关公车的使用问题，世界上许多国家是非常重视的，而且都有非常严格的规定。

在美国联邦总务局的网站上，都有每个财年联邦政府的机动车使用情况报告，长达数十页的报告里面，详细地列出了美联邦政府的用车情况，每个部门有多少辆车，每种车型又分别有多少，每辆车每公里的开销，等等。

2007年有194721辆，2008年这个数字是197229辆，通过这些数字的比较很容易看到联邦政府每年的用车情况变化，政府采购了多少辆车，又处理了多少辆车。而美国联邦总务局旗下的政府机动车队管理部门，正是美联邦政府的机动车管理机构。

从联邦政府到地方政府，公务用车管理部门每年向公众出具政府机动车情况报告。以得州为例，得州机动车管理办公室（简称OVFM）必须要制定一年的公务车队情况预算，对于车队的数量、规模、各种车的类型、新增车的计划，都要以报告的形式列出。2007年OVFM的报告长达31页，关于车队的状况甚至是油耗花费情况都有资料显示，另外政府将会处理的车也有明确的资料。

当然，对于购车款项的来源，也是必须要说明的。还有专门的章节阐述省油情况和环境考量。美国联邦政府官员不得驾车出入华盛顿。官员们大多不住在华盛顿市内，而是住在与华盛顿特区相邻的三个州的小镇上。如果他们每天开几十公里车到华盛顿上班，通向华盛顿的几十条公路都会堵车。

为此，联邦政府拟订用公交工具接送代替个人开车的计划，使部分人放弃自己开车，改由公交车接送。为了使官员们接受这种做法，政府答应在非上下班时间，谁要是有急事回家可由公交系统提供免费出租车乘坐。

与很多国家完全购买公车不同的是，美国的联邦总务管理局掌握了很多辆只属于本局的公车，而不属于具体某个部门。这些车辆可通过租赁的方式，交给没有买车或者临时用车的各联邦部门在需要时使用。

在美国联邦总务管理局的网站上，每辆联邦总务管理局用于给公务员租赁的汽车，都有专用的银行卡用于加油、日常维修等业务。该署以低于市场租赁价的价格，向用车机构和公务员提供公车租赁服务，租车部门向其支付租金。租金统一上缴联邦财政。

日本局级干部的公车只管接送到地铁站

日本对公务车的管理更为严格。骑自行车出行的市长不足为奇。一方面，这些市长可以借此与市民保持亲近；另一方面，日本政府确实在公务车上“钱袋子抓得够紧”。

日本政府各部门内部严格限制公务车数量，内部用车主要分为两类：一类是领导专用车，另一类是公用车。如总务省2000多名工作人员，拥有52辆公务车，其中24辆是领导专车，另外28辆是公用车，局长级别的公务员就算有公务车接送上下班，竟然也只接送到地铁站、公交站等公共交通枢纽。

通常，包车和租车占公务用车较大的比例。政府机构也不开班车接送工作人员上下班，鼓励职工乘坐公共交通工具，并给予一定的交通补贴。

在日本国会，根据众参两院事务局的统计，两院目前的公务车辆分别为众议院133辆、参议院97辆。除正副议长、各委员长的专属车之外，可供415名众议院议员和189名参议员共同使用的公务车数量分别为73辆和49辆。按照规定，这些公务车的每次使用时间都被要求限制在3小时以内。但因曾曝光过有议员仅数百米距离也要乘公车的事例，“取消公用车这一议员特权”的讨论之声，也开始在日本媒体中此起彼伏。

首尔市政府只有4辆“官车”

韩国首都首尔市人口1200万，拥有近300万辆车。为解决交通问题，首尔市政府采取了一系列以身作则的措施，其中最重要的一项便是把“官车”数量砍到只剩4辆。这4辆“官车”的分配情况是，市长一辆，3位副市长各一辆。4辆“官车”的任务是确保市级领导各种公务活动的交通所需及上下班的接送。在完成一天的公务后，“官车”必须返回市政府并登记就位。

目前，首尔市政府机关共有47辆车，除4辆“官车”外，还有43辆公务车，其中5辆礼宾车，18辆公用车以及20辆多用途车。为确保政府工作效率，市政府建立了一套高效的公务车运营管理机制。

德国司局长愣没专车

在芬兰，能使用公务车的人极少。政府中只有总统、总理、外交部长、内务部长、国防部长享受配备固定车辆和固定驾驶员的待遇。而在该国首都赫尔辛基市，只有市长一人享有专车待遇。

德国只为联邦级的领导人和各部部长、国务秘书配备公务用专车。司局长级的官员只保证公务用车，不配备专车。国防部和各州主管部门为节省开支，都尽量减少公车数量，公车中还有相当数量是租赁的，连接待来访外国元首用的车，有时也是临时从汽车公司租赁的。

瑞典财政部请专家设计了一套由电脑控制的“公务汽车监控系统”，即在每辆公车上安装了带双按钮的计程器和代码发射器，一个按钮上刻着“公务”，另一个按钮上刻着“私用”。任何人用车时，必须先按下两个按钮中的一个，车才能启动。按钮按下后，代码器就将该车的特定代码发往监控卫星，卫星再把代码及汽车所在的方位信息传向中央监控台。是公干还是私事经核实后，据此对开车者收费或罚款。

在博茨瓦纳繁忙的公路上，民用车挂的是白底或“黄底黑字”车牌，而公务车则挂“红底白字”车牌。每逢星期六、星期日，公路上只有民用车行驶，见不到公车行驶，因为博政府严格实行只准在工作时间因公务需要才能使用公车的规定。

另外，政府所设的公车加油站加的汽油也与众不同，呈粉红色。一到节假日，这种加油站都休息，不给公车加油。人们把公车叫做“廉政车”。

伦敦市长午夜骑车救“美”

午夜时分，伦敦的街头霓虹灯闪烁，马路上车水马龙，都市的喧嚣并没有随着夜幕的降临而变得宁静。但是在远离繁华闹市的街巷此刻却开始入“眠”。街巷的路灯昏暗，四周悄无声息。

这时，只见一位身材修长，相貌端庄，穿着风衣的女士从出租车跳下来，

迈着轻盈的脚步，朝街的深处走去。

忽然，从街巷的另一头，闪出一群黑影。黑影渐渐清晰，原来这是一帮刚在酒吧喝了酒，带着醉态的男女青年。从相貌上看，他们还不到20岁，但从打扮上看，这帮人一个个都是嬉皮士的劲头儿。他们一边说笑，一边打闹着，朝那位穿风衣的女士迎面走过来。

突然一个穿着甩帽衫的女孩晃动着身子，恶作剧般朝这位女士撞了过去。女士被她的突兀举止惊呆了，急忙向后一闪。没等她看清楚这帮人的脸，十几个青年男女蜂拥而上，朝她扑过来，有的扯她的风衣，有的拽她的胳膊，有的脚下使绊儿。女士被推倒在地，两把白晃晃的刀子在她面前闪动，吓得她高喊救命。

眼看她就要遭到这帮人的暴打，危急时分，只见街口冲过来一个戴着头盔，骑着自行车的英武男子。男子大喊一声：住手！从自行车上跳下来，朝这帮人跑过去。

这帮男女流氓见状，撇下那位女士，撒腿朝街上跑得无影无踪。

真是英雄救美人，女士在危难之际得救了。男士表现出硬汉的英勇无畏。

这看上去很像是好莱坞大片中的一个镜头。其实是生活中的真事。时间是2009年11月2日晚上，那位女士是

纪录片女导演弗兰妮，而“救美”的英雄则是伦敦市的市长鲍里斯。

那天晚上，女导演弗兰妮是在下班回家的路上被这位市长大人救了的。

次日，这档子事，成了伦敦各个报纸的头条新闻。当记者采访弗兰妮时，她坦言：以前对这位救命恩人并没什么印象，甚至在2008年的市长选举中，也没有投他的票，现在她好像重新认识了市长在人们心中的位置。

她说：“如果你在黑暗的巷口遭遇到意外，大声呼救时，就会发现鲍里斯比其他人更能指望得上，他简直就是坐在闪亮自行车上的一个骑士。”

布隆伯格是亿万富翁，自2002年正式就任纽约市长开始，布隆伯格就一直选择骑自行车或以地铁为交通工具。最初纽约人把这看做是“矫情”的政治作秀。一名在距离布隆伯格家最近地铁站开书报亭的小老板更发誓说，数年来一次都没看到过市长大人。

《纽约时报》对此作了跟踪调查，结果是市长大人并不选择仅离家4

个街区的地铁站搭乘，而是由一辆豪华型雪佛兰巨无霸，将他接到离家22个街区的59街地铁站，而他的司机则在下一个站口等他出站并将他送至步行5分钟路程的市政府办公厅。开车去地铁站，然后搭一站地铁上班，无论如何，为倡导公交出行，这位亿万富翁市长用心良苦。

绿色出行别无选择

西方国家的市民，也是选民。某些市长大人为了赢得选民的信任，用各种方式包括乘地铁和公交车、骑自行车，以示对市民的亲近，在有些人看来，确有“作秀”之嫌。但不管怎么说，一个城市的市民看到市长每天都坐地铁或骑着自行车上下班，绝对不会说这位市长不怎么样。相反，会对自己每天坐地铁或公交车上下班，觉得理所当然。

也许当一个城市倡导绿色出行、公交出行时，再没有比市长的以身作则更有影响力了。

尽管我们不能说，每天坐地铁或公交车上班的市长，就一定是好市长。因为市长作为一座城市的管理者，他要干的工作很多，坐公交车或乘地铁未必就能体现出他的政绩，但谁又能说他的这种带头作用是没有感召力呢？

也许市长每年坐几次地铁或公交车，体验一下民情，会比一百句一千句空洞无物的口号和倡议书更有说服力。北京的老百姓至今还对40年前周恩来总理乘坐公交车的事津津乐道。由此可见领导人坐公交车，在老百姓心中的印象有多深。

9月22日是中国城市无车日，据国内媒体报道，2010年的这一天，有几个城市的市长及政府官员乘坐公交车上班，市民为这样的行动拍手叫好。

2010年12月23日北京的“治堵新政”正式出台，拉开了城市交通治堵的序幕。

其实，目前全国堵车的城市越来越多，12月22日起，广州亚运会期间实行的“单双号”限行正式解禁，全市连续出现堵车，早高峰小堵，10点后交通流量反弹，晚高峰大堵，连续3天无一例外，广州的机动车拥有量已达235万辆，专家称广州道路实际上已经饱和，只要车流量一有增加，整个交通就会崩溃，广州市交通部门也在研究治堵方案。新政也将在广泛听取民众意见后出台。

另据了解，上海、南京、成都、武汉等城市也在研究治堵措施，因此看来，治理城市交通拥堵，不只是首都北京，而是全国各大城市面临的问题，而且解决城市交通拥堵没有什么新鲜的高招，出路只有一条，大力优先发展城市公共交通，鼓励市民绿色出行。

汽车时代的来临为我们的生活提供了很多方便，但是当这种方便演变成交通拥堵甚至瘫痪时，方便也就成了不方便，面对这种尴尬的境地，我们别无选择，只能后退一步，选择公共交通。